公/共/传/播/文/丛/·/译/著　主编　胡百精

取 悦 公 众

COURTIER TO THE CROWD:
IVY LEE AND THE
DEVELOPMENT OF PUBLIC
RELATIONS IN AMERICA

公关之父艾维·李和美国公关发展史

〔美〕雷·埃尔顿·赫伯特（Ray Eldon Hiebert）/ 著
胡百精　顾鹏程　周卷施 / 译

中国传媒大学出版社

艾维·莱德拜特·李

总 序

现代公共关系事业发轫于19世纪末20世纪初的美国工业化、城市化进程之中。此间大抵60年,包含了所谓镀金时代、进步主义时代、一战、战后黄金十年和20世纪30年代的大萧条。在社会巨变中,通过宣传和沟通来化解矛盾、达成共识、建立信任,以及推销观念、政策和产品,成为商业、政治诸领域迫切、显著和专门化的需求。巴纳姆(P.T. Barnum,1880—1891)、艾维·李(Ivy Lee,1877—1934)和伯内斯(E.L. Bernays,1891—1995)于历史变革中脱颖而出,在观念和实践层面为现代公共关系事业作出了奠基性贡献,三人同被奉为"公关之父"。

自20世纪80年代起,中国公关学界在引渡西方公关理论时就高度关切三位公关之父的思想,却只知其人,未闻其声。譬如,学界公认艾维·李在1906年发布的《原则宣言》确立了现代公关事业的核心信条和道德基准,而始终未见对宣言完整、妥帖的译介;又如,伯内斯所著《舆论的结晶》(1923)与李普曼(Walter Lippmann)的《公共舆论》(1922)堪为姊妹篇,后者在中国传播学界风行数十年,前者唯见只言片语的引述。至于巴纳姆,更因年代久远而只留下几段传说和公案。

历史母题、理论渊源和"原初价值"的缺席与含糊,导致了国内公关理论和实践一直面临着"从何而来"、"向何处去"的困境,学界和业界因此持续遭受合法性危机之苦。学术之贫弱和浮躁,实践之喧嚣和无序,不过是合法性危机的同病别发。同现代社会很多具有"公共性"的事业一样,公关亦应有卓越的思想者,他们须有智慧、有见识,要纯粹、厚实;也要有杰出的实干家,他们须有精明的头脑、庄重的理想和进步的意志，在实践中发明工具、开辟道路，并确立行业自身的气质和尊严。巴纳姆、艾维·李和伯内斯正是这样的人，他们既是大时代里创造性的思想者，也是公关事务中引领性的实干家。

这套"公共传播文丛·译著"包括《每一分钟诞生一位顾客》、《取悦公众：公关之父艾维·李和美国公关发展史》、《舆论的结晶》和《宣传》四本反映巴纳姆、艾维·李和伯内斯公关思想的著作。《每一分钟诞生一位顾客》呈现了巴纳姆提出的有关成功宣传和商业制胜的"黄金法则"，按照这些法则，他把镀金时代前后的宣传观念、资源和策略运用到了极致，缔造了自己的商业帝国。尽管巴纳姆并未提出"公共关系"这个概念，但他的确是最早自觉、专业、系统地利用公关手段获利的人。在公关领域，他的思想火花至今依旧燃烧，他设计的剧目不断重演。

《取悦公众：公关之父艾维·李和美国公关发展史》记述、研究了艾维·李的一生和他的公关思想。艾维·李从普林斯顿大学毕业的时候，正值美国进步主义运动的高潮，媒体"扒粪"和大众抗争风起云涌。这场运动旨在解决财富激增背后的经济垄断、阶层分化、贪腐盛行、环境破坏、道德沦丧和信仰凋零等问题，促进公平正义，重新整合社会，实现物质和精神的对等繁荣。艾维·李认识到企业、公共机构和它们的公众之间鸿沟深堑，他愿意充当居间者、协调者的角色，沟通各方，弥合裂痕。在"人民登基为王"的时代，他倡导企业和公共机构讲真话，奉行"凡有利于公众的才有利于组织"的互惠原则。他相信一旦公众知晓足够多的事实和真相，就会作出理性、进步的判断，企业和公共机构也将因此获得同情、理解和真正的自由。

《舆论的结晶》和《宣传》是伯内斯的经典之作。伯内斯认为公共关系的价值在于通过告知和说服，整合公众态度和行为，协调社会关系，形塑社会认同。告知即让各方意见在观点的市场相遇，真理存乎意见交换之中，是"各种欲望斗争和妥协的产物"；说服即建立组织与公众关系之间的"双行道"，强调相互理解和彼此调整，"以说服和建议来取代暴力威胁和恐吓"；整合与协调即平衡不同社会主体的利益关系，而私人利益应当服从公共利益，个体的追求必须顺应"共同的善意"。如是，公关既坚持了民主观念中"自由"、"平等"的一面，也强调了其中"秩序"、"认同"

的一面。伯内斯提出，这些目标要靠像他这样的"少数聪明人"、"舆论专家"、"公关顾问"来实现，因为他们可从"大处思考"，引领大众，制造认同。

巴纳姆全面尝试了现代公关的各种策略和手段，诸如新闻报道、制造事件、公共演讲、游说精英等，因而在"人类伟大的馈赠者"、"广告之王"、"营销天才"等名号之外，人们把"公关行业开山鼻祖"的头衔也献给了他。艾维·李在1903年创办了世界上最早的独立、专业的公关公司，并在严格意义上确立了现代公关的信条和准则。他在一个利益关系和社会问题越来越复杂的时代，以简单、纯粹的道德钥匙开启了利益集团、新闻媒体和社会公众之间的沟通之门。伯内斯确立了现代公关的核心价值、哲学基础、思维框架和行动路径，创造了百年公关史上的辉煌案例，并于1923年在纽约大学开设了世界上最早的公关课程。如是而观，三位行业之父实至名归，他们于历史的大风大浪中积累的智慧和经验，堪为我们今日远行的资粮。

然而历史的另一张面孔是，三位先驱都曾深度卷入道德困境，这些困境也表征了现代公关事业的坎坷命运和曲折进路。人们认定巴纳姆为了推销马戏团和博物馆而愚弄、欺诈公众，有人指责他讲过一句令人发指的话——每一分钟都诞生一个笨蛋。尽管传记作者瓦伊塔尔（Joe Vitale）提出"查无实证"，但是这句来自"公共关系黑暗时期"对公众的诅咒还是被归罪于巴纳姆。艾维·李试图把他的公关观念和策略应用于国际事务之中，却因呼吁美国承认苏联政府、受雇于德国企业而被认定服务共产主义和纳粹。在他自己鼓吹的"民意的法庭"上，艾维·李被宣判为国家叛徒，最后抑郁而终，英年早逝。伯内斯的精英主义饱受批评，哈贝马斯、乔姆斯基等人认为他不但在理论上仰承了勒庞（Gustave Le Bon）、特洛特（Wilfred Trotter）、李普曼等人的衣钵——如他们一样蔑视大众，而且把"操纵大众思想"当作实践工具来达成商业和政治目的。有人甚至提出，奉行伯内斯的公关律令，简直是认贼作父，是行业的耻辱。

公关道德问题之严峻，不仅源于功利性传播自身的是非陷阱和善恶风险，而且在于其对社会道德不可避免的捆绑和滥用、对公共领域的重构和殖民。在一个多世纪的发展进路中，公关促进了真相的发布、真理的发现还是反其道而行之？是增益了善治和繁荣还是加剧了危机和罪恶？是形塑共识、认同还是施加头脑和心灵控制？是美好、和谐之共同体的引领者，还是喧嚣、争斗、狂欢、狂怒之欲望同盟的操纵者？三位公关之父回答了这些问题中的一部分，尚有一些问题有待于新的历史实践提供答案。

中国公关业自然也是答题者。如果一直闪避公关的核心价值和道德准则问题，而谋求所谓"跨越式发展"，这个行业将一直处于危脆的发展状态——越繁荣，越狼藉。公关以沟通为业，而以公关为业者更应加强自我沟通。首先是学界和业界的沟通。前者要消了虚浮，不惑于概念和观念；后者要灭了急进，不困于奔波和迷乱。其次是中国与西方的沟通。"言必称西方，行必践本土"的口号是可疑的，言者未必深读过几部西方经典，行者也难说发展了"有中国特色的"公关体系。我们需要老老实实地学习人家的良心和技艺，然后才能做得如他们一般体面；我们更需要认认真真地走好自己的每一步，有自己的立场和立意。向人学习，不是简单换上别人的衣服；于己忠诚，也不是拿特殊性和复杂性当借口。最后是历史和现实的沟通。我们要复活一些往日的灵魂和思想，这要求我们拥抱历史经验的各个方面，特别是抓取那些积极向上的东西。复活所追求的是自我确认，是头脑改进，是出发前告慰和请教先辈的精神。这套文丛的主旨也恰在此处。

本套文丛采取了集体协商、合作的翻译方式。《每一分钟诞生一位顾客》的译者有胡百精、雷嘉雯、陆慧泉、冯雯婷，胡百精和郭闻捷合写了导读《每一分钟诞生一位顾客》。《取悦公众：公关之父艾维·李和美国公关发展史》第一稿的译者是顾鹏程、周卷施，第二稿和第三稿的译者是胡百精，黄彪文校对了第一稿，胡百精和吴杨盈荟合写了导读《真相与自由：艾维·李与现代公共关系的诞生》。《舆论的结晶》第一稿的译者是董晨宇、井水玉、曲洁昊，第二稿的译者是胡百精、赵铿冰，第三稿的译者是胡百精，郭闻捷、杨奕、井水玉、吴杨盈荟校对了第二稿，胡百精和董晨宇合写了导读《伯内斯公共关系思想的研究与批判——兼论现代公共关系的哲学基础与民主悖论》；《宣传》第一稿的译者是董晨宇，第二稿和第三稿的译者是胡百精，导读撰写者与《舆论的结晶》相同。陈明子、孙沛、黄丽丽、王赫然也加入了策划、翻译、校译工作。陈明子和赵铿冰做了大量文献清理和组织协调工作，陈明子实际上扮演了这套译丛副主编的角色。每一位团队成员的贡献都不仅限于此,没有他们的信任和鼓励,我可能在三年中的任何一刻放弃这项工作。我们的工作显然不完满,期待收获所有人真诚的批评。

感谢我的师长赵启正、刘继南、涂光晋、郭庆光、倪宁、高钢、喻国明诸教授;感谢廖为建、郭惠民、程曼丽、李兴国、齐小华、纪华强、孟建、陈先红、黄懿慧、吴宜蓁、张依依等多位师长;感谢人大新闻学院的同事们;感谢我的几届研究生和所有亲爱的同学们;感谢中国传媒大学出版社蔡翔社长、闵惠泉总编辑、司马兰主任和责任编辑姜颖昳老师。

我还要专门感谢新势整合传播机构的徐保元、顾江、王丰斌、陈俐等业界先进,他们为我提供了必要的研究支持和一批奋力向上的听众。我相信,他们的耐心、勇气和智慧将让他们更加天高地阔且一直令人尊敬。

以上每一组名字都可以列举更多,每一个名字都意味着对我的关心和宽容。

最后,我把这几本并不精致的译作献给我的母亲,在我还不懂得送给她一份礼物的时候,她就离开了这个世界。

胡百精

2013 年 5 月 15 日,于人大明德新闻楼

目　录
CONTENTS

导读　／001

序　／017

第一章　前言　／020

第二章　宣传家的遗产　／025

第三章　资本主义信徒的教育　／036

第四章　报纸与"扒粪运动"　／046

第五章　声名鹊起的新闻代理人　／053

第六章　缔造公关职业　／060

第七章　解读铁路公司　／068

第八章　运费运动　／077

第九章　拉德洛惨案　／087

第十章　洛克菲勒家族的公众形象　／097

第十一章　公关思想　／105

第十二章　公关艺术　／113

第十三章　扩大实践　／121

第十四章　功成名就的20世纪20年代　／ 130

第十五章　危险的煽动家　／ 138

第十六章　国际公关　／ 150

第十七章　俄国：客户还是个人兴趣？　／ 157

第十八章　商业政治　／ 164

第十九章　最后的战役　／ 175

第二十章　结语　／ 186

附录：资料来源　／ 192

附件一　／ 195

附件二　／ 203

附件三　／ 207

参考文献　／ 214

导 读

真相与自由：艾维·李与现代公共关系的诞生

胡百精 吴杨盈荟

"我们的计划是，诚实和公开地代表企业和公共机构关切的利益，及时和准确地向美国人民和新闻界提供关乎公共利益、对公众有价值的信息。"[①] 1906 年，艾维·李发布了公共关系《原则宣言》，致力于协调企业、公共机构与公众之间的利益关系。此前两年，他创办了美国第一家独立、专业的公关公司，宣告了现代公共关系事业的诞生。在艾维·李奠基公关事业的年代，美国正处于疯狂的工业化和城市化进程中，政治与商业、精英与大众、财富与心灵之间的传统关系和秩序遭到动摇、瓦解。繁荣背后的危机逐渐在历史的舞台上清晰显现：经济垄断、阶层分化、贪腐盛行、环境破坏、道德沦丧、信仰凋零。此间，新闻媒体发起了声势浩大的"扒粪运动"——揭露商业和政治的罪恶，来自底层大众的抗争运动更是风起云涌，动辄卷入数万、十几万人的罢工和流血冲突使所谓的"美国梦"和整个资本主义体系面临着破灭、颠覆的风险。

[①] Ray Eldon Hiebert: *Courtier to the Crowd: Ivy Lee and the Development of Public Relations in America*, Doctoral Dissertation, University Maryland, 1962, p.77.

记者出身的艾维·李在社会巨变中脱颖而出，他愿意扮演居间者的角色，促进利益集团、媒体和公众之间的沟通，以维系哪怕最低限度的理解、共识和信任。他相信"人民已经登基为王"并且不是愚昧的群氓，而大企业及其政治联盟亦非罪不可赦，现代社会所真正匮乏者乃是沟通。他设计的公关正是以沟通为业，连接不同的主体和世界，弥合各方的裂痕。艾维·李并非公关事业的第一个奠基者，巴纳姆之前已经尝试了现代公关的诸多策略和手段。而作为"公关之父"，艾维·李的贡献在于从总体上确立了公关事业的观念、道德和路径，并且把公关嵌入现代社会系统运行之中。

一、进步主义运动与公共关系的诞生

从 1877 年出生到 1934 年去世,艾维·李生逢美国社会巨变时期,经历了镀金时代、进步主义时代、一战、战后黄金十年和大萧条时代的剧烈变迁。1865 年南北战争结束后,美国迎来了"镀金时代",第二次工业革命兴起,经济腾飞,财富激增。美国工业总产值在 1894 年超过英国,并于 1913 年在工业总产值和人均总产值上均达到世界第一位。作为国家价值观,"美国梦"在镀金时代茁壮成长,它许诺所有人以平等的机会,鼓励每个人抓住机会攀上财富和成功的巅峰。当然,只有少数人梦想成真。他们建立了美国最早的一批大型垄断企业,譬如美孚石油、福特汽车、美国钢铁、花旗银行、摩根大通、通用电气、美国电话电报公司等。这些企业成为国民经济的支柱,也因此垄断了国家的大部分财富。"54% 的财富掌握在 1% 的美国人手中。在每 100 个家庭里面,有 1 个家庭能够买下其他 99 个家庭的所有财产,其财力仍然绰绰有余"[1]。

艾维·李在美国梦的教化下长大,他发自内心地认同美国的核心价值观:政治上民主平等,经济上自由竞争,个人层面天道酬勤。而当他在 1896 年拿到普林斯顿大学的录取通知书时,垄断及与之相伴而生的政治腐败和社会矛盾几乎断送了美国梦。镀金时代的浮华最终遮不住工业化、城市化滋生的各种病症和异化,"扒粪"媒体和知识分子将其层层揭开,发现它们已然是沉疴痼疾。"'扒粪者'对大企业和政府腐败的曝光,点燃了人民大众的愤怒之火,"[2]社会底层发起了激烈抗争,劳资冲突席卷垄断行业。精神世界的破败加剧了大众的迷惘、惶恐和愤怒,"传统道德和精神信仰黯然失色,人们无所依凭地生活在根基未稳的新世界"[3]。

企业巨头对崛起的大众和"扒粪"的媒体既蔑视又恐惧。铁路大亨范德比尔特(Cornelius Vanderbilt)在一次采访中诅咒说:"该死的公众!"这句叫嚣随后被刊登在数百家报纸的头条,它恰当地反映了那个年代的统治精英对待"群氓"的态度:公众不过是该死的劳工,是被愚弄和操控的对象。记者的境况也很糟糕,"商业大亨们常常表现出高人一等的姿态,记者身上有令人掩鼻的气味,经常酩酊大醉,言行举止失当……有着猎犬的嗅觉和公共刽子手的

---

[1] Ray Eldon Hiebert: *Courtier to the Crowd: Ivy Lee and the Development of Public Relations in America*, Doctoral Dissertation, University Maryland, 1962, p.45.

[2] Ray Eldon Hiebert: *Courtier to the Crowd: Ivy Lee and the Development of Public Relations in America*, Doctoral Dissertation, University Maryland, 1962, p.54.

[3] 胡百精、杨奕:《现代公共关系伦理史纲》,载《现代传播》,2013 年第 1 期。

性情"①。摩根（John Pierpont Morgan）曾在轮船上邂逅一位衣着考究、戴着白手套、谈吐优雅的绅士，他惊讶于对方"竟然"是一名记者。在大亨们看来，记者不但可鄙而且是麻烦的制造者，因此干脆采取"绝缘"策略，躲避、拒绝记者采访。及至大众抗争和"扒粪运动"愈演愈烈，大亨们的傲慢、躲避逐渐被深切的焦虑和恐惧所替代，小洛克菲勒（John D. Rockefeller, Jr.）在向艾维·李寻求公关帮助时说："我觉得我父亲和我深深地被这个国家的媒体和人民误解着。"②

艾维·李发现了机会，或者说确认了自己的历史使命——大亨与媒体、利益集团与社会公众之间鸿沟深堑，正等待他去连接和跨越。1903年前后，在纽约干了几年记者的艾维·李决意创办一家新闻社或宣传机构，"充当发布新闻的报纸和发生新闻的大亨之间的中介"。艾维·李的中介、居间、协调意识由来已久：他的父亲詹姆斯·李是一位虔诚、博学、有名望的牧师，毕生致力于协调人和上帝、教会和世俗以及内战后美国南方和北方的关系；詹姆斯·李一家的亲密朋友——那些开明的报纸编辑和作家们一直努力向南方解释北方、向北方介绍南方，他们教会艾维·李通过宣传、演讲、推销乃至煽动来愈合社会伤口；在普林斯顿，青年艾维·李信奉卡耐基的财富福音论和改良思想——勤勉工作、追求财富，进而贡献社会、造福大众，如是调和个体与社会、富人与穷人的关系，达及公共之善与和谐之治。这一切把艾维·李"造就为一个妥协者、适应者，在不同的世界之间架起桥梁，为各方进行辩护"③。

当恢宏的时代舞台需要一个必不可少的居间者角色时，艾维·李以其智慧和德性抓住了机会。1904年年末，他和合伙人帕克（Judge Paker）在纽约证券交易所附近正式开办了"帕克和李公关公司"。彼时，华尔街的金融寡头、工业领域的垄断巨头正在饱受舆论审判之苦。"即使那些一直反对企业运用公共关系的人现在也终于明白，公关不仅无法避免，更是必需之物。"④

大企业所面对的，是媒体"扒粪"、大众反抗与政府对垄断的打压形成汇流，一场以"进步主义"为旗帜的社会改良运动如火如荼地展开了。进步主义的主旨在于解决社会转型危

① Ray Eldon Hiebert: *Courtier to the Crowd: Ivy Lee and the Development of Public Relations in America, Doctoral Dissertation*, University Maryland, 1962, p.57.

② Ray Eldon Hiebert: *Courtier to the Crowd: Ivy Lee and the Development of Public Relations in America, Doctoral Dissertation*, University Maryland, 1962, p.114.

③ Ray Eldon Hiebert: *Courtier to the Crowd: Ivy Lee and the Development of Public Relations in America, Doctoral Dissertation*, University Maryland, 1962, p.24.

④ "Karen Miller Russell and Carl O. Bishop: Understanding Ivy Lee's Declaration of Principles: U.S. Newspaper and Magazine Coverage of Publicity and Press Agentry, 1865–1904," *Public Relations Review*, 2009.

机，改善民生，促进公平正义，谋求整体性社会进步。原罪、贪婪和残暴，加上封闭、保守和傲慢，使大企业在进步主义运动中几乎成为"人民公敌"，纽约街头的演讲家煽动民众"像打死一条狗一样干掉洛克菲勒"①。政府起初奉行社会达尔文主义和自由放任政策，认为大企业和垄断经济乃是竞争的必然产物，是资本主义体系合法性的基石，腐败则进一步加固了政府和财团的同盟。而当罗斯福（Theodore Roosevelt）总统上台时，他发现人民的理解、信任和认同才是国家利益和政治合法性的根本依凭，于是主动开启改革，通过立法和强势政府干预来消除垄断和社会不公。在政府、媒体和大众的合围下，大亨们从广厦豪宅被推挤到舆论中心，从财富巅峰跌落至道德泥潭。

艾维·李决定站在"人民公敌"一端，为大企业辩护并敦促巨头们顺应改革，用今天的话来说就是让既得利益者自身成为主动的改革者。艾维·李提出的辩护方案不是单单立足于美化大企业，而是从"说"和"做"两方面入手，推动大企业在与媒体、公众的沟通中辨识民意、消除误解，当然最重要的是革除自身的弊端。在一篇演讲中，他强调公共关系不是"让你躲避舆论风雨的保护伞"，亦非"外表光鲜的斗篷，以之遮掩里面畸形、病变的躯体"。在他看来，公关应该被看作是"包扎伤口的绷带"、"消毒药水"、"X光"，它能够发现并处理"真正的麻烦"、"困境的根源"，并将之"展现在医生——公众的眼前"。他进一步清晰地指出，企业和公共机构要通过公共关系让自己的"骨头、组织以至心脏统统暴露在我们眼前"，"没有人能够为了一己私利而试图去运用实践公共关系，除非他已经做好了承担一切后果的准备。"②

艾维·李主张企业和公共机构应寻根问药并以公众为医生，这种革命性的观念使他所开创的公共关系事业和先前的新闻代理人实践分道扬镳。"纵观整个19世纪，新闻代理人在美国人的生活中扮演着重要角色，但他们要么通过歪曲事实来愚弄媒体，要么通过隐瞒事实以妨碍报道。"③杰克逊（Andrew Jackson）总统的新闻顾问肯德尔（Amos Kendall）、马戏团和博物馆的推销者巴纳姆是新闻代理人的著名代表，他们主要为政客、演出提供美化、夸饰的宣传服务，甚至直接欺诳、操纵大众。巴纳姆留下了现代公关史上的一段公案：他系统地实践了诸如新闻宣传、制造事件、精英游说等现代公关手段，

---

① Ray Eldon Hiebert: *Courtier to the Crowd: Ivy Lee and the Development of Public Relations in America*, Doctoral Dissertation, University Maryland, 1962, p.118.

② 艾维·李：《应用于公共服务企业的公共关系》，见本书附录。

③ Ray Eldon Hiebert: *Courtier to the Crowd: Ivy Lee and the Development of Public Relations in America*, Doctoral Dissertation, University Maryland, 1962, p.69.

有人奉其为比艾维·李还要早的公关之父；同时，他也被指认为愚弄大众的典范，引领了"公共关系的黑暗时期"，据称他讲过"每一分钟都诞生一个笨蛋"这样招人诅咒的话。

艾维·李在创业初期也从事过推销马戏团之类的生意，但是他很快推动了公共关系事业的历史转向：从"公众该死"的时代过渡到"公众理应知晓"的时代。"李为企业的公共事务带来了一些新东西，当他还是一个年轻记者时，纽约城里有大量媒体代理人宣传戏剧和舞台明星，但并没有专门为促进大资本家们与公众平等协商的公关专家。李的一生跨越并直接推动了这个变化。"[①]以当时流行的观念来看，艾维·李成功地帮助企业和公共机构"从新教伦理转向了社会伦理"，使19世纪的自由放任竞争和垄断力量"不得不被20世纪合作的力量所替代"[②]。为了摆脱传统的新闻代理人形象，艾维·李衣冠楚楚，举止优雅，雄辩滔滔，出入高级场所，会见重要人物。当然，他能够完成历史性跨越的根本原因，绝非外表和口才，而是他坚信在崭新的20世纪将是"人民登基为王"。他把握了时代脉搏，并和它一起跳动。

① Cott M. Cutlip and Allen H. Center: *Effective Public Relations*, Englewood Cliffs, N.J.：Prentice-Hall, Inc., 1952.

② Ray Eldon Hiebert: *Courtier to the Crowd: Ivy Lee and the Development of Public Relations in America*, Doctoral Dissertation, University Maryland, 1962, p.152.

二、人民登基为王与公共关系的信条

1906年，宾夕法尼亚州的铁路主干线上发生了一起严重车祸，宾夕法尼亚铁路公司一如既往地封锁了事故信息。公关顾问艾维·李对此表示坚决反对，他建议铁路公司检查路基，防范事故重演；赔偿死难者，承担伤者医疗费；公开、诚实地回应媒体关切；对事故原因给出专业、权威的解释，甚至对记者们没有问到的信息也加以补充；为媒体实地采访创造各种方便，向记者提供现场照片。在他的努力下，宾夕法尼亚铁路公司得到了媒体自"扒粪运动"以来最公正的报道和最富善意的评价。与之形成直接对照的是，不久后纽约中央铁路公司遭遇了翻车事故，公司因坚持掩盖事实而招来媒体铺天盖地的痛批。艾维·李总结说："公众所拥有的对真理的判断力会为你带来真正的自由。"[③]

③ Ivy Lee, *Publicity: Some of the Things It Is And It Is Not*, Industries Publishing Company, 1925.

同年，美国无烟煤矿业又面临着一次大罢工，劳资冲突一触即发。煤矿管理者聘用艾维·李应对危机，后者在接受委托前提出了两个条件：有权参加最高决策层会议和有权向社会公开全部事实真相。最终，艾维·李力挽狂澜，既化解了煤矿管理者的倾覆之灾，也受到了媒体的欢迎。对记者们来说，再也没有比煤矿管理者许诺"向新闻界提供一切可能的信息"更开心的事了。在罢工事件中，艾维·李发布了具有公共关系行业"法典"性质的《原则宣言》：

"这不是一个秘密的新闻机构。我们完成的所有工作都对外公开。我们致力于提供新闻。这不是一个广告公司，如果你认为我们的任何一条新闻（matter）与你们的生意相关，请不要使用它。我们提供的消息力求清晰准确。我们将迅速提供更多与此话题相关的细节，从而为所有编辑提供帮助，让他们乐于直接验证我们所提供的事实表达是否真实。在调查之前，我们都将以当事人的名义，提供与他们有关的所有信息，以满足那些关注于此的编辑们的兴趣。简言之，我们的计划是，诚实和公开地代表企业和公共机构关切的利益，及时和准确地向美国人民和新闻界提供关乎公共利益、对公众有价值的信息。企业和公共机构发布了许多信息，却在其中找不到任何的新闻点。毋庸置疑，公众是否接受这些新闻，同组织是否传播这些信息同样重要。我为所发出的信息提供所有细节，以帮助编辑亲自查证。我随时准备为您服务，目的是让您能够获得更加完整的信息，这些信息的指涉对象在我的文本中已经提及。"①

《原则宣言》确立了公共关系的核心信条和准则：讲真话；凡有利于公众的才有利于组织。前者要求组织面向媒体和公众主动、及时、公开、真实地传递信息和表达意见；后者强调组织在满足公众权利和公共价值的基础上实现自我价值，这种互惠原则与进步主义运动的价值观紧密呼应，"要么全体上升，要么一起沉沦"②。艾维·李的传记作者赫伯特（Ray Eldon Hiebert）评价说："彼时，以民粹主义和进步主义之名，公众对抗大资本家甚至成为一种流行，企业面对不断强化的公众和政府干预，不得不将政策从'公众该死'逐渐转向'公众应被满足'。在这一转向中，正是李充当了引路人"③。

在变革的洪流中，艾维·李的一个基本判断是，公众已经崛起并且值得信任。1914年，艾维·李在美国铁路同业公会发表演讲时提出：

---

① Ray Eldon Hiebert: *Courtier to the Crowd: Ivy Lee and the Development of Public Relations in America*, Doctoral Dissertation, University Maryland, 1962, p.77.

② Theodore Roosevelt: *Progressive Principles*, New York: Progressive National Service, 1913, p.310.

③ Ray Eldon Hiebert: *Courtier to the Crowd: Ivy Lee and the Development of Public Relations in America*, Doctoral Dissertation, University Maryland, 1962, p.70.

"人民才是当今时代的统治者。人民群众取代了君王，获得了神圣的权利。人民登基为王。"①尊重和信任公众的理性判断能力是艾维·李全部公关策略的根本出发点，他认为在和公众打交道时应当遵守两条公理：人民很聪明，他们不愿接受那些强加在他们身上的东西；人民很公正——只要他们了解事实。在他看来，如果社会诸领域的事实得以完整呈现，那么公众最终能够做出正确的决定。而公众的决定有如"民意法庭"的审判，它在重要性上与司法审判几乎等同，前者关乎政治、商业和社会的根本合法性，后者涉及具体社会事务的合法性。"在一个民主社会中，舆论就像法院一样拥有必然和最终的判决权。"②

一点也不奇怪，艾维·李对待公众的态度遭到了大企业的强烈质疑和批评。1916 年，艾维·李受邀在电气铁路协会大会上发表演讲，几位来自大企业的协会高管严厉指责他太相信人民。他们说："大众盲目地被煽动家牵引着，无限制地对企业提出过分的要求和不公的限制，而对商业问题毫无见识。"③对于艾维·李所服务的大多数商业大亨来说，彻底信任人民无疑是痴人说梦，与他们自身经验相悖。大亨们亲历了煽动者、"扒粪者"引领的大众反叛，暴躁、疯狂、无节制的大众动辄摧毁一切既定的规则和秩序，非此即彼，不留余地。

对此，艾维·李首先告诫那些保守的企业和公共机构，公关意味着组织与大众的实质联系，倘若不顺应于此，终将成为时代的弃儿。"当今世界上的每一个产业都建立在崭新的基础之上。这种革命性的影响正在发挥作用。对这种影响置若罔闻，或者拒绝承认已经由时代的气压计清楚显示出来的经济气候变化，无异于自取灭亡。"④艾维·李进一步指出，大众之所以活在感性、偏见和冲动之中，是因为他们无权获知真相，"让人民知晓真相，如果人民认为你是正义的，那么你将获得胜利"⑤。他一生都在重复类似的主张，"我一直坚持的信念是：将你的故事告诉公众……让大众知晓一切，如果你是对的，你会成为赢家"⑥。从根本上看，艾维·李的政治哲学是"如果我们不相信人民，先生们，恐怕我们就要重新考虑民主政府本身是否存在了。除非我们相信人民，否则民主政府就将处于

① Ivy Ledbetter Lee: "Human Nature and the Railroads," *Philadelphia* (E. S. Nash & Co., 1915), p.8.

② Ray Eldon Hiebert: *Courtier to the Crowd: Ivy Lee and the Development of Public Relations in America, Doctoral Dissertation*, University Maryland, 1962, p.154.

③ Ray Eldon Hiebert: *Courtier to the Crowd: Ivy Lee and the Development of Public Relations in America, Doctoral Dissertation*, University Maryland, 1962, p.158.

④ Ray Eldon Hiebert: *Courtier to the Crowd: Ivy Lee and the Development of Public Relations in America, Doctoral Dissertation*, University Maryland, 1962, p.151.

⑤ Ray Eldon Hiebert: *Courtier to the Crowd: Ivy Lee and the Development of Public Relations in America, Doctoral Dissertation*, University Maryland, 1962, p.157.

⑥ Ivy Lee: *Publicity: Some of the Things It Is And It Is Not*, Industries Publishing Company, 1925.

危险之中"①。自法国社会心理学家勒庞在19世纪末宣告"大众时代降临"起，大众是否值得信任就成为一个纠缠不休的议题。在艾维·李大展拳脚的20世纪20年代，李普曼和杜威针对公众的理性和建设性问题展开了一场令人瞩目的学术论战。李普曼认为事实本身的多样性和传达渠道的复杂性使公众无法了解事实的真相，而人们脑海中的成见不仅难以克服，相反更会固化，无法做出理性判断。"今日的普罗大众如同坐在剧院后排失聪的观众，他本应关注舞台上展开的故事情节，实则无法使自己保持清醒。"②相反，杜威对公众的心智和能力持乐观态度，他相信只要将知识和科学广泛、充分地传播给人们，真正有组织的公众和成熟的共同体就会形成，"重点在于完善辩论的方法，扩大讨论的空间，改良劝服的方式。这正是当下公众的问题所在"③。显然，艾维·李和杜威一样是乐观派，而另一位公关之父伯内斯（E.L. Bernays）则是李普曼的拥趸——他们主张精英民主和由少数宣传专家、公关顾问实行"隐蔽的治理"。伯内斯的理由是，"从理论上讲，每位公民都可以在公共议题和私人事务上做出自己的决定。而实际上，如果人们必须在艰深的经济、政治、道德范畴内对所有问题进行考量，他们会发现自己什么结论也得不出来。我们已经自发达成了这样的共识，允许这种隐蔽的治理为我们筛选数据、凸显重点，最终让我们的选择范围被缩小到可供操作的程度"④。宗教家庭出身使艾维·李更习惯在道义上反驳伯内斯，"人类社会拥有强大的自净化能力，能够不断完善自身"⑤。

三、新闻价值与宣传价值

当"人民登基为王"时，尊重公众并与之沟通便成为企业和公共机构必然的历史选择。艾维·李为洛克菲勒家族处理拉德洛事件的公关实践，正是这一时代大势下的典范。1913年9月，科罗拉多州南部矿区的9000多名矿工举行罢工，向煤矿企业——主角是由洛克菲勒家族控股的科罗拉多煤钢公司——提出了包括改善工资、劳动时间、安全境况和工会地位等条件。数月之中，罢工者与企业雇用的警卫之间频发暴力事件。及至1914年4月20日，一次意外的

---

① Ray Eldon Hiebert: *Courtier to the Crowd: Ivy Lee and the Development of Public Relations in America*, Doctoral Dissertation, University Maryland, 1962, p.158.

② Lippmann, Walter: *The Phantom Public*, 1925, Transaction Publishers, New Brnnswick, New Jersey, 1993, p.3.

③ Dewey, John: *The Public and its Problems*, New York: Holt, 1927, p.208.

④ Bernays, E.L.: *Propaganda*, NY, Horace Liveright, 1928, p.10.

⑤ *New York Times*, December 29, 1927.

枪声使冲突演变为激战，导致 11 名妇女和儿童失去了宝贵的生命，随后几天双方共有几十人伤亡。总统威尔逊派遣联邦军队强行进驻矿区，才平息了混乱局面。

各大报纸对洛克菲勒家族群起攻之。克利夫兰的《传媒》写道："数十名妇女和儿童烧焦的尸体，向我们展示着洛克菲勒是如何为了获得胜利而不择手段的。"著名"扒粪"作家辛克莱（Upton Sinclair）在洛克菲勒家门口发起示威，斥责这个罪恶的家族。许多人争相向小洛克菲勒献策，包括在报纸上购买广告版面以抵消批评浪潮，办一份自己的新闻报纸为自己辩护，请记者写一本澄清洛克菲勒名誉的书……唯有艾维·李与众不同，他提出的策略只有一个关键词：坦诚。他强调，"所有公共关系计划的第一个且最重要的特质在于，它必须确保绝对的坦诚。换言之，不应采用哪怕不正当的手段；"付费广告是"最不明智的做法"，"不应该花任何一分钱，企图以任何方式直接或间接地影响媒体的立场；"相反，煤矿管理者"应该亲自表达、坦诚表达、完整表达"。

小洛克菲勒最后选中了艾维·李的方案，"这是我听到的唯一不包含任何不正当手段的建议"①。艾维·李的坦诚原则使洛克菲勒家族在拉德洛事件中救赎了名誉和道德，当然也验证了"讲真话"、"凡有利于公众的才有利于组织"等公关信条。事实上，坦诚正是连接这些信条与实践的梯子。拆了这架梯子，公关轻易便可沦为滥用互惠和共善之名的鼓吹、愚弄和操纵。在艾维·李看来，只有坦诚才能重建公众的信心，而"公众的信心是我们唯一可依靠的堡垒"②。

① Ray Eldon Hiebert: *Courtier to the Crowd: Ivy Lee and the Development of Public Relations in America*, Doctoral Dissertation, University Maryland, 1962, p.119.

② Ray Eldon Hiebert: *Courtier to the Crowd: Ivy Lee and the Development of Public Relations in America*, Doctoral Dissertation, University Maryland, 1962, p.100.

在坦诚原则的指引下，艾维·李确立了现代公共关系的基本业务规范：实现宣传价值与新闻价值的统一。企业和公共机构不应偏执于自身的宣传价值，而必须契合和满足媒体所追求的新闻价值。"赢得媒体善意"是艾维·李公关理论的核心观点之一，贿赂记者并不能实现这一目标——这只会导致客户和媒体一起沉沦，而应向记者提供具有充分新闻价值的信息，让他们顺利完成本职工作。记者出身的艾维·李能够准确判断、筛捡那些新闻价值显著的信息，并将之主动发布给媒体。如是，他在为媒体克服采访障碍、创造报道便利的同时，也最大限度地传达了自己所代表机构的声音。在整个公关生涯中，艾维·李从未被指责以任何方式收买媒体，他自己也得意地宣称"在过去 20 年里踏入媒体办公室的次数总共不超过4次"①。

艾维·李的公关公司以"准确性、真实性、趣味性"作为业务准则，受到了新闻界的热烈欢迎。记者们早已厌倦了"无可奉告"和通过暗访方能获取新闻，厌倦了企业和公共机构安排僵化刻板的采访、讲述完全一边倒的故事。经过艾维·李的协调，记者们在重大事件中几乎每天都能收到准确的事实动态和权威观点。在细节上，记者的报道工作被大大简化，"他们不再对会议将在何处举行、讨论何种话题一无所知，他们不仅能够提前获得关于会议的完整信息，而且在会议结束之后不久即可拿到全面记述议程的新闻通稿"②。

拉德洛惨案发生后，艾维·李策划了一系列以"为工业自由而斗争"为主题的新闻简报。他相信"为工业自由而斗争"符合新闻价值和公共利益，可以争取广泛的媒体报道和公共讨论，可以激发工人的崇高情怀、消除积怨。他要求所有简报尽可能以记录在案的文件或其他能被接受的证据来支撑，因为最好的宣传就是真实、客观、完整地报道新闻。"李的新闻简报至少达到了一个目的：它们带来了'广泛的讨论'。公众对事件的两面都展开了讨论，意见在讨论中得到了一定的中和。"③ 1914年12月，罢工者投票决定复工。

艾维·李还创造性地使用了一些操作技巧突出所发布信息的新闻价值。他向媒体提供的文稿以标准的新闻体写就，通常印成报纸常规专栏的尺寸，并像报纸一样分成数栏，以方便编辑完整引用。每一份将要发布的新闻稿抬头部分都附有一句提示语："致编辑，下面这则新闻通讯稿保证准确。"不仅如此，艾维·李形成了一种稳定的新闻写作风格，并将之推广至公司的所有员工，"他写的新闻稿总是很简短，直指要点，以客观公正的基调、练达清晰的语言和结构见长"④。

在发现和增益新闻价值上，艾维·李的另一个秘诀是影响有影响力的人。在研究宾夕法尼亚铁路公司的利益相关者时，他发现了一批与公司只存在间接联系却至关重要的公众，这些被他称为意见领袖（leaders of opinion）的名人能够吸引、影响记者，进而影响大众的认知和态度。他们包括众议员、参议员、市长、大学校长、经济学家、银行家、作家、演讲家和牧师等，他们都被列入了艾维·李

---

① Ray Eldon Hiebert: *Courtier to the Crowd: Ivy Lee and the Development of Public Relations in America*, Doctoral Dissertation, University Maryland, 1962, p.214.

② Ray Eldon Hiebert: *Courtier to the Crowd: Ivy Lee and the Development of Public Relations in America*, Doctoral Dissertation, University Maryland, 1962, p.76.

③ Ray Eldon Hiebert: *Courtier to the Crowd: Ivy Lee and the Development of Public Relations in America*, Doctoral Dissertation, University Maryland, 1962, p.124.

④ Ray Eldon Hiebert: *Courtier to the Crowd: Ivy Lee and the Development of Public Relations in America*, Doctoral Dissertation, University Maryland, 1962, p.189.

的通讯录，持续收到后者寄送的新闻简报。简报文采飞扬、旁征博引、逻辑清晰、论点鲜明、说服力强，成为这些名人面向媒体及大众发言时的素材和"炮弹"。在"铁路提价运动"、"科罗拉多罢工风波"、"红十字会战时动员"等公关事件中，艾维·李都利用新闻简报影响通讯录上的名人。通讯录承载着为数众多的美国和欧洲社会精英的关系网络，时刻等待他去激活，并在公共舆论中兴风作浪。他善用意见领袖而不去谄媚他们，他是"为数不多的能够让百万富翁等他的人"。艾维·李与人建立友谊的才华和品质应该来自父亲，他经常给所辖教众和主日学校的每个教师写信，寄送自己喜欢的剪报，并随信附上刚采下的花朵。儿子把父亲的传教和交际之道，成功地转化为公共关系职业技巧。

《编辑和出版人》杂志在1908年赞扬艾维·李说，"不过三年，由于受到美国编辑和出版人的尊重，他的宣传机构已经牢牢确立了自己的地位。"在这家杂志看来，艾维·李不仅事功卓越，而且以德服人，"帕克和李公司从未采取任何欺诈的做法，""没有在任何一家报纸的专栏中为植入客户信息而付费"。在业务上，艾维·李向媒体提供的新闻素材"永不哗众取宠、永不损人利己，总是精确而值得信任，可读性很强"①。他之所以"清高"如是，是因为他从不做客户的传声筒。在与宾夕法尼亚铁路公司合作时，他要求决策层确保自己的独立顾问角色和独立见解，而非成为他们的傀儡。公司总裁阿特伯里（G.W. Atterbury）忆及："他（艾维·李）是我所认识的公关专家中唯一能够在觉得我错了的时候会站起来和我争辩的人。"②

艾维·李开启了一个新纪元，他使宣传家和新闻界达成了前所未有的和谐互动关系。他的成功迅速吸引了一大批训练有素的新闻工作者投身公共关系领域。据他的朋友彭德尔顿·达德利（Pendleton Dudley）说，模仿者"全部都是报纸记者，之前在一流的都市日报工作。在这些报社工作，敏锐的思想是必备条件。哪怕获得消息的途径再艰难，这些记者仍能找出具有新闻价值的事实和事件。一旦有了新闻线索，他们就知道如何明确、客观地进行报道"③。这些来自新闻界的追随者、加盟者，在一定程度上确保了美国公共关系行业在其童年期即遵守新闻规律、重视新闻价值，并以之平衡公关伦理和新闻伦理之间的关系。换言之，以艾维·李为代表的美国现代公关事业奠基者从一开始就强调

① Ray Eldon Hiebert: *Courtier to the Crowd: Ivy Lee and the Development of Public Relations in America*, Doctoral Dissertation, University Maryland, 1962, p.80.

② Bronson Batchelor: *Profitable Public Relations*, New York: Harper & Brothers, 1938, p.190.

③ Pendleton Dudley: "Current Beginnings of Public Relations," *Public Relations Journal*, Ⅷ, April, 1952, p.9.

"负责任地说话","从话语建构上看,组织利益仍是基本尺度,而主要表现为知情权的公众利益也得顾及;媒体价值开始作用于公关话语,主要表现为具有公共属性的新闻价值和基于公关主体的全局意识、历史眼光的宣传价值"①。

四、权利的表达与真相的幻影

总体而观,艾维·李所设计的公关理念和实践逻辑大抵可以归结如下:一是在"说"的层面,企业和公共机构要讲真话,主动、公开告知公众以事实,从而消除误解和偏见;二是在"做"的层面,企业和公共机构要信守自身与公众之间的互惠原则,即"凡有利于公众的才有利于组织";三是在德性上,前述两项原则皆倚重于企业和公共机构的坦诚——社会关系和发展问题越是复杂,越是要仰仗简单、纯粹的道德钥匙开启时代之门;四是在手段上,现代公关主要通过与媒体打交道来影响公众,企业和公共机构所追求的宣传价值必须适应、符合新闻价值;五是从效果上看,一旦媒体、公众掌握足够的事实和真相,就会做出理性、进步的判断,企业和公共机构也因此获得同情、理解和真正的自由。

艾维·李的逻辑至少需要满足如下三个假设才能在实践中运转:企业和公共机构愿意开放、平等地与利益相关者"人格化"相遇;公众是理性的;公共关系能够传播事实和真相。艾维·李成功地实践了第一个假设,并因此在美国公关史、商业史和政治史上做出了不可磨灭的贡献;他在第二个假设上自我矛盾,却也成就斐然;而在第三个假设上,他陷入了真理相对主义的泥潭,最终断送了自己的名誉甚至生命。

在艾维·李开创公关事业的最初十年,"公众被'煽动家'和媒体'扒粪者'鼓动和误导着。同时,那些理应为获得商业成功而争取必要自由的企业家代表们,却采取了无可奉告、缄默退缩的策略"②。在艾维·李看来,大企业的傲慢和垄断经济的扩张无疑是一种过度膨胀,而公共舆论的狂躁和蛮横同为过度膨胀,二者将导致社会秩序的彻底崩溃。他认为公共关系是"防止私人企业和公共舆论都过度膨胀的一种手段,公关既能缓和二者的冲突,又能保证它们各自的自由"③。问题的关键在于,如何使利益集团和大众之间破坏性、颠覆性的冲撞,转向

---

① 胡百精:《公共关系的话语形态与社会责任》,载《国际新闻界》,2009年第11期。

② Ray Eldon Hiebert: *Courtier to the Crowd: Ivy Lee and the Development of Public Relations in America*, Doctoral Dissertation, University Maryland, 1962, p.152.

③ Ray Eldon Hiebert: *Courtier to the Crowd: Ivy Lee and the Development of Public Relations in America*, Doctoral Dissertation, University Maryland, 1962, p.150.

开放、平等、建设性的相遇?

赫伯特评价说，艾维·李一方面真诚地信奉资本主义，认为自由经济是工业增长和商业成功的必要条件，因而要尽量减少对企业竞争的政策干预和舆论干预；另一方面他也彻底地信奉民主，强调政府以民意为根基，因而公共舆论"强大且天然正确"。如是，艾维·李深切地忧虑大企业和公共舆论之间日益增长的矛盾，"悲剧往往并非正确与错误之间的冲突，而是正确与正确之间的相互较量"。为了避免悲剧，他希望通过公共关系教化大众，也训导资本家。

艾维·李所实施的教化和训导，其实就是在激荡的工业化、城市化浪潮中坚守和拓展一些基本常识，比如"公司，就像个人一样，为公众做得越多，越是利用机会为公众服务，公众也就越会报答公司。给公司雇员的待遇越好，雇员就越忠诚和有效率"。在艾维·李看来，这样一种"协同与激励"政策不过是对"常识的一种拓展"罢了。① 在艾维·李的各种演讲中，"人"总是被反复提出和强调。他认为，想要实现企业与公众的良性互动，企业应该将员工和顾客视为最为重要的"人"，给予他们人性化的重视和关怀。他告诫铁路公司管理层，"让我们把眼光放在一个个具体的人上。从规章制度或者机器技术那里永远找不到真正的安全，铁路公司真正要做的，是为每一个勤勤恳恳的人提供尽职而热情的服务"②。艾维·李怀着极大的热情赞扬了宾夕法尼亚铁路公司的一个小举措。在一个寒冷的冬季，铁路公司总经理给每个道班领班都发了一份通知：在火车到来时，领班吹响警报哨子后还必须确认每一个工人都听到了他的哨声，而不是当一天和尚撞一天钟——吹哨了事。工人带着厚厚的耳套，很可能由于未听到哨声而酿成事故。艾维·李把这件事推向媒体，全美国都知道了铁路公司对员工的慈悲和保护。这个故事乃是人本思想的胜利，"为人们尽可能提供最好的服务是任何和谐公共关系的基础"③。

艾维·李致力于企业巨头自身的"人格化"，即让公众明白他们同样也是有血有肉的人，而不是冷血、无良的赚钱机器或是抽象、神秘的庞然大物。他成功地帮助洛克菲勒家族扭转了大众对他们的刻板印象——阴险狡诈、暴虐贪婪的"强盗大亨"，并将之还原、塑造为平易近人、心怀众生的商界领袖。他的策略一如既往地简单、直接，那就是让洛克菲勒家族看起来不那么抽象和庞大，而且直面

① See Ray Eldon Hiebert: *Courtier to the Crowd: Ivy Lee and the Development of Public Relations in America, Doctoral Dissertation*, University Maryland, 1962, p.93.

② Ray Eldon Hiebert: *Courtier to the Crowd: Ivy Lee and the Development of Public Relations in America, Doctoral Dissertation*, University Maryland, 1962, p.106.

③ Ivy Lee: *Publicity: Some of the Things It Is And It Is Not*, Industries Publishing Company, 1925.

危机、担当责任。1915年，美国产业关系委员会启动对拉德洛事件的调查，小洛克菲勒将出席听证会。当大家讨论小洛克菲勒应从纽约市政厅哪个门进入会场时，一位职员不假思索地说"那当然是后门了"。艾维·李则坚决反对，"先生们，走后门的日子已经过去了。洛克菲勒先生将和其他人走同样的门进去，必须的"①。小洛克菲勒不仅走的是大门，而且穿过拥挤的中心通道，和那些著名的罢工领袖、"扒粪"记者和其他曾经公开批评他的人们一一握手。最后，他征服了气势汹汹、充满敌意的法庭。

拉德洛事件之后几个月，小洛克菲勒亲自前往科罗拉多探访工人的生活和工作境况。他与矿工交谈，拜访他们的家庭，参加他们的集会。在某次活动中，小洛克菲勒发表了简短致辞，随后竟提议与大家一起跳舞。当晚，他几乎和每一位出席活动的矿工妻子都共舞了一曲。这打破了洛克菲勒一贯神秘、严肃的传统形象，让人们大跌眼镜。一群记者见此情景纷纷冲向电话机，争先恐后地向报社报告这条爆炸性新闻。之后数年，小洛克菲勒常在大学、基督教青年会、商业年会等各种场合发表演讲，演讲主题都与艾维·李的公关思想紧密相关：要在资本家和劳工之间建立更加亲密的"人与人"的关系。小洛克菲勒为自己赢得了荣誉——他被认为代表了"产业关系中的新声音"。

老洛克菲勒也从艾维·李的公关策略中受益，他在报纸上一度被刻画成一个吝啬的老头，为了榨取一个铜板而践踏人民。艾维·李游说老洛克菲勒更加开放地面对新时代，特别是要把自己人性化和善尽社会责任的一面展示给媒体和公众。"当洛克菲勒家族进行慈善捐赠时，李会给报纸准备一份精心策划、可以发表的新闻通稿。此外，他还会准备一些专题报道，记录洛克菲勒打高尔夫球、与邻居交谈、去教堂礼拜的场景。"②老洛克菲勒的公共形象发生了逆转，20世纪的头十年，报纸报道他的标题是"洛克菲勒：人还是兽？"、"肮脏的金钱"、"洛克菲勒面临正义的惩罚"，20世纪二三十年代则变成了"洛克菲勒向失业基金再捐100万元"、"洛克菲勒基金会在佐治亚州和红斑病做斗争"、"洛克菲勒的散财之道"。

在深入开展这些公关实践的过程中，艾维·李逐渐认识到公众并不理性。他在论及社会心理学时说，自古至今的政治家、布道者和战士若想领导公众，就要坚持如下原则：与公众打交道的要诀在于赢得他们的信任；赢得信任的关键在于激发公众的想象、组织公

① Ray Eldon Hiebert: *Courtier to the Crowd: Ivy Lee and the Development of Public Relations in America*, Doctoral Dissertation, University Maryland, 1962, p.125.

② Ray Eldon Hiebert: *Courtier to the Crowd: Ivy Lee and the Development of Public Relations in America*, Doctoral Dissertation, University Maryland, 1962, p.141.

众的想法:"由于公众并不理性,塑造或激发公众的想法,唯有依靠象征符号和修辞"①。显然,这一论断与他之前提出的信条相悖。他曾对公众充满信心,认为公众基于完整事实可以做出理性抉择、靠近真理,而今则强调"不要试图与人民讲理"。他似乎倾向于赢得公众的情感,并且认为这远比向他们说理更重要。在与通讯录上的3000多名意见领袖联系时,他常在新闻简报的左上角引用林肯的一段话:"公众的情感就是一切。赢得公众的情感,无往不胜;反之,一事无成。因此,形塑公众情感的人往往比政策制定者或决策者走得更远,他可判断法令或决议是否可行。"②

也许艾维·李对自己的矛盾之处浑然不觉,或者将之视为道德理想和社会现实之间无可避免的落差。他提出企业、公共机构要在自己和公众之间建立一条"双行道",而公关以"富有活力、建设性的行动策略"和专业、成熟的修辞技巧发布信息,取悦公众,进而达及前述"各自的自由"。换言之,艾维·李可能一直乐观地对待公众的心智和能力,认为公众只是需要公关的"教化"和砥砺。

随着艾维·李越来越成功,与财富和声望相伴而来的批评也越来越多。自这位先驱起,公关行业始终承受着一个魔咒或者讽刺——这个行业"漂白"了无数人,却一直未能"漂白"自己。人们怀疑艾维·李在为企业巨头服务的过程中说谎,欺骗媒体和公众。克里尔(George Creel)指责艾维·李是"公共舆论的下毒者",辛克莱直称他为"毒药艾维",还有人叫他"有钱人的小弟"、"百万富翁的吹鼓手","李站在幕后,操纵着这个世界上最伟大的实业家们,帮助他们解决难题"③。1915年春天,艾维·李四次在法庭上接受拉德洛事件的质询,听证结果显示他的确坚持讲真话,即使在策略上有所调整"也是为了帮助公众更好地了解真相"。小洛克菲勒也在法庭作证:"如果公关负责人没有讲真话,我绝对不会让他们留在我身边。"④

然而,艾维·李不可能一点瑕疵也没有,他无法从根本上改变以下状况:他发布给媒体和公众的事实,大多基于雇主提供给他的素材。这至少意味着两种风险:一是如果雇主说谎、欺瞒或输出了片面的信息,他纵然勇气、正气长存,也不可能总是幸运地发现它们;二是即使他信守坦诚原则,所给出的也不过是事实,而事实未必就是真相。人们指责艾维·李用一块块客观事实拼接出有强烈立场倾向的主观图景。在拉德洛事件中,他就曾误用煤矿管理者提供的片面

① Ray Eldon Hiebert: *Courtier to the Crowd: Ivy Lee and the Development of Public Relations in America, Doctoral Dissertation*, University Maryland, 1962, p.160.

② Ray Eldon Hiebert: *Courtier to the Crowd: Ivy Lee and the Development of Public Relations in America, Doctoral Dissertation*, University Maryland, 1962, p.198.

③ See Ray Eldon Hiebert: *Courtier to the Crowd: Ivy Lee and the Development of Public Relations in America, Doctoral Dissertation*, University Maryland, 1962, p.131.

④ *New York Times*, January 28, 1915.

信息，招致不满者的持续批评。至于第二种风险，他解释说："公关是对一个观点或者一种情况的表达……我唯一能做的事情就是将我对事实的阐释告诉你。"① 他认为真理总是相对的，两个人同时从一个房间出发到同一条大街上转了一圈，回来后两人所描述的景象肯定大不相同，人永远不能摆脱对事物的主观理解。

坚持真理相对性的艾维·李最终遇到了大麻烦。在政治和国家利益等大是大非的斗争中，他被认为失去了绝对底线性的原则和立场。20世纪20年代，他曾经六次造访苏联，公开呼吁美国承认苏联共产主义政权，并为此发起了大规模的宣传和游说运动。1929—1933年，艾维·李受雇于德国法本公司，为其处理在美国的公关事务。彼时的他热衷国际关系，频繁访问德国，甚至还与希特勒、戈培尔（Joseph Goebbels）会晤。他觉得自己要像做大企业的医生一样，扮演国际关系的协调者、沟通者和顾问者角色，促进各国人民相互理解。他认为要向世界说明美国，就要摒弃罗斯福"温言细语、手持大棒"的外交政策，"如今，人们应该大声说话、清晰表达，但是背后不再挥舞大棒"②。

在20世纪30年代，共产主义和纳粹都是美国在意识形态领域的"洪水猛兽"，这是政治正确的红线。艾维·李公然踩上红线，并试图让不同主权国家跨越红线，正如他当初使大企业和公众穿越彼此的边界。他惹祸上身了。人们认定他受雇于"邪恶的敌人"，推销共产主义和纳粹。他因此两次遭到正式调查，而官方证明了他的清白。但是，被意识形态和民族主义之火点燃的媒体和大众却不准备原谅他，舆论排山倒海般袭来。在民意的法庭上，一生致力于取悦公众的艾维·李被宣判为"国家叛徒"。

1934年10月29日，纽约圣·鲁克医院迎来了一位声名显赫的病人——艾维·李。医生们紧急会诊，判定他的病为脑瘤。根据医生报告，肿瘤形成于4个月以前，也就是公众认定他与纳粹德国存在联系的那段日子。12月9日，艾维·李抑郁而终。葬礼在纽约麦迪逊广场的基督教长老会教堂举行，现场没有悼词，只有一篇简短的祷告文："感谢上帝赐予我们艾维·李，为他和善的愉悦，为他朴素的信仰，为他刚毅的品质，为他促进人与人互相理解的娴熟技巧，为他对世界和平的祈盼和行动。"③

① Ivy Lee: *Publicity: Some of the Things It Is And It Is Not*, Industries Publishing Company, 1925.

② Ray Eldon Hiebert: *Courtier to the Crowd: Ivy Lee and the Development of Public Relations in America, Doctoral Dissertation*, University Maryland, 1962, p.267.

③ Ray Eldon Hiebert: *Courtier to the Crowd: Ivy Lee and the Development of Public Relations in America, Doctoral Dissertation*, University Maryland, 1962, p.294.

序

我第一次接触到宣传和公共关系时还是一名报社记者兼编辑。日复一日，一堆堆的文稿从我的书桌上滑过，其中多数最终都被我丢进了椅子旁边的废纸篓。当然，并非所有宣传品的命运都如此，于是我开始感兴趣这些以宣传为目的的新闻一般会对媒体和社会产生什么样的影响。在我阅读相关书籍时，一个名字经常出现：艾维·莱德拜特·李。在我所阅读的书中，很多作者都称赞他不仅完善了宣传，而且发展了公共关系。

"任何一本有关公共关系的著作如果没有包含艾维·李的事迹，都是不完整的。"① 爱德华·L·伯内斯（Edward L. Bernays）在其权威教科书中写道。

"艾维·李，所有宣传家景仰的对象，他让约翰·D·洛克菲勒这个当时的巨贾变得人性起来。"② 赫伯特·M·鲍思（Herbert M. Baus）如是写道。

"（他是）现代公共关系之父。"③ 罗兰·E·沃尔西里（Roland E. Wolseley）和劳伦斯·R·坎贝尔（Laurence R. Campbell）在他们编写的大学教材中也这样说。

事实上，几乎没有一本有关新闻或公关的书不把李的名字和20世纪公共关系的发展联系起来。然而，有关李的生平及其贡献的研究却只有零散的片段。李在世时尚有一些有关其工作情况的报纸或杂志文章，而在他去世之后，除了几篇未发表的、不完整的学生论文外再无介绍李的文章。从未出现一项有关艾维·李的详细研究。

我的工作旨在完成一份有关艾维·李的完整记录。不幸的是，

① *Public Relations*, Norman: University of Oklahoma Press, 1952, p. 69.

② *Publicity in Action*, New York: Harper and Brothers, 1954, p. 294.

③ *Exploring Journalism*, The Third Edition: Englewood Cliffs, N.J.: Prentice-Hall, Inc., 1957, p.470.

这本书只囊括了所有公开的资料，因为李的私人事务文件依然尚未向公众和学者开放，甚至这些文件再无重见天日的可能。尽管如此，将所有公开的记录收集起来依然是一件非常有意义和极其重要的事情，尤其是考虑到公共关系在今日美国人生活中扮演的重要角色，以及李对公共关系发展的关键作用。

我要感谢那些在这项研究工作中给过我直接或间接帮助的人。感谢马里兰大学美国文明项目的卡尔·伯德（Carl Bode）和奥托·比尔（Otho Beall）教授，感谢他们的体贴与鼓励。感谢保罗·孔金（Paul Conkin）、贺拉斯·梅林（Horace Merrill）、大卫·斯帕克斯（David Sparks），这几位来自马里兰大学历史系的教授就这段时期内的历史及历史撰写中的许多问题提供了洞见。要把所有影响、帮助过我以及和我讨论过这项研究的教授与同事一一列举，是不可能完成的任务，但有两位值得特别提出：威利·M·开普敦（Willett M. Kempton）教授，美国大学新闻与公关系主任。他对我研究中的问题十分了解，并给了我很大鼓励；拉尔夫·加布里埃尔（Ralph Gabriel）教授，曾在耶鲁大学、现在美国大学负责美国研究项目，专注于研究19世纪美国民主所面临的基本问题，而正是这些问题导致了公共关系在20世纪的兴起。他的研究为我提供了灵感，加深了理解。

最后，那些曾帮助我收集资料的人们也需要特别感谢。首先是托马斯·罗斯，李与罗斯公司（艾维·李在纽约的公司）的高级合伙人。尽管出于可理解的原因，罗斯并未提供全部的资料，但是他已经给予了诸多帮助。最后，我还要感谢普林斯顿大学、美国大学、马里兰大学和国会图书馆的管理员。

雷·埃尔顿·赫伯特
1962年4月

公众的情感就是一切。赢得公众的情感无往不胜，反之则一事无成。因此，形塑公众情感者比立法者或决策者走得更远，他可以判断法令或决议是否可行。

> 亚伯拉辛·林肯
> 与史蒂芬·道格拉斯的辩论，1858年8月21日

人民才是当今时代的统治者。人民大众取代了君王，获得了神圣的权利。人民登基为王。新上位的君王拥有自己的臣仆，他们如中世纪君王的宠臣一般，小心地诏媚和护持着人民。

> 艾维·莱德拜特·李
> 在美国铁路协会的演讲，1914年5月19日

第一章
前言

时间回到20世纪20年代末的一个下午，根据当时一位杂志主笔的描述，宾夕法尼亚铁路公司（Pennsylvania Railroad）的管理层在费城召开每周例会。他们听取了一些汇报，其中有一份是关于如何让公司更加经济地运行、维护的提案。这份提案建议，如果将乘客车厢窗户的平板玻璃换成压缩玻璃，将为公司节省一大笔资金。

事情的起因是，由于火车站和铁路沿线经常出现各种难以避免的突发事故，每年都有大量的火车窗户被砸碎。起草这份报告的负责人认为，如果使用便宜的压缩玻璃，每年能为公司节省大概10万美元的支出。

在管理层从各种角度讨论这一提议之后，公司运营副总裁转而向在整场讨论中都保持沉默的一位男士问道："你认为公众会怎么看？"

这位被提问的男士正是艾维·莱德拜特·李（Ivy Ledbetter Lee）。李目前是以宾夕法尼亚铁路公司资深顾问的身份来参加会议的。在这个公司担任要职的他，几乎每周都坚持参加这样的例会，对有关公司发展及其如何服务公众等重要事务提供决策建议。

李回应道："在我回答之前，我想问一下，压缩玻璃会不会造成视觉扭曲？"

提交报告的职员回答说："的确会有，但是这种影响非常细微，不会出现严重的扭曲。"

"那么，在这种情况下，"李说道，"我觉得不应允许采用压缩玻璃。我的判断基于如下情况：既然这种玻璃会导致乘客眼睛疲劳，那么我们就根本无权采用，即使损害非常微小，以至于乘客无法发现。

我认为，这也会是公众的看法。"

据这位杂志主笔介绍，宾夕法尼亚铁路公司最终认可了艾维·李的观点。在李陈述自己的观点之后不久，采用压缩玻璃的提议被彻底否决。①

在20世纪的前30年，正是由于艾维·李持续对民意的关注，确保了美国铁路的私有化。而且在关注民意和持续影响民意的实践中，他建立了现代公共关系的诸多准则。

宣传、促销、广告以及其他为了公共关系而被运用的诸多手段，在被系统化、完善和命名之前，就已经成了美国人生活的重要元素。民意在美国历来占有重要的一席之地，而公共关系自发轫之初就在努力影响民意。

最早一批美洲的殖民者采用宣传性的广告，通过画册和海报等方式，吸引更多欧洲人定居北美大陆。他们极其重视舆论的力量，迅速创建了各种报纸和杂志，将他们认为重要的事实和想法告知公众。他们利用这些报纸激起民众对英国统治者的愤怒，煽起革命的火焰。在独立战争胜利之后，为了争取民众支持新的政府组织形式，《联邦党人文集》的作者们（实际上是18世纪的宣传家们），通过向报纸提供新闻稿来传播观点、塑造民意。

美利坚的缔造者们运用公共关系的技巧建立了一个民主政府，这个政府内在要求人人皆应有权公开表达自己的观点，并以此争取他人的支持。在18世纪和19世纪，自由放任资本主义（laissez-faire capitalism）占据统治地位并赢得了公众的支持。艾维·李生活在美国历史上资本主义民主达到建国以来的巅峰时代。然而正是在这个巅峰，针对资本主义民主制度的批判和反抗浪潮愈演愈烈，几乎摧毁了资本主义制度赖以生存的基础，特别是19世纪科学家发现并论证的自然主义（naturalism）观点。自由放任资本主义向来强调人性本善，人是理性的，人有能力打理好自己的工作并进行自我约束。然而自然主义却证明人类生性堕落，具有动物的本性，容易被大企业利用和驱使。

李是美国新民主运动（neo-democratic movement）的实践先锋。新民主运动始于20世纪的第一个十年，旨在通过一系列的社会运动和产业控制，恢复自由、民主的传统观念。李直接参与了资本主义制度的改良运动，使资本主义制度最终得以持存，就这一点而言，他的贡献可能超过其他所有美国人。他努力促使资本主义从19世纪

第一章
前　言

① See M.K.Wisehart: "How Big Men Think and Act," *The American Magazine*, CⅧ, July, 1929, p.30.

民意在美国历来占有重要的一席之地，而公共关系自发轫之初就在努力影响民意。

李直接参与了资本主义制度的改良运动，使资本主义制度最终得以持存，就这一点而言，他的贡献可能超过其他所有美国人。他努力促使资本主义从19世纪的帝国主义无良转变为20世纪的道德慈善，从19世纪的个人利益至上转变为20世纪的强调公众、组织和社会协同发展。

的帝国主义无良转变为20世纪的道德慈善，从19世纪的个人利益至上转变为20世纪的强调公众、组织和社会协同发展。

正是由于李发起的改良运动，美国的资本主义制度在社会主义和共产主义的冲击下得以持存延续。要知道，在世纪之交的美国，社会主义和共产主义运动曾经迅猛发展。这种发展势头得以迅速中止，应当大部分归功于艾维·李。他不是为新资本主义著说立言的理论家，然而他是第一个——也许是最彻底的一个——将新资本主义理论付诸应用的实干家。

艾维·李是一个彻头彻尾的美国人。他在佐治亚州的边远地区出生并长大，是一个中产阶级的卫理公会牧师的儿子，他最终一跃成为美国最有影响力和最遭嫉恨的人。和所有充满浪漫主义色彩的英雄一样，李做事的方式天生异乎常人。他凭借自己的努力先后在普林斯顿、哈佛和哥伦比亚等顶尖大学就读。他曾是《纽约新闻报》（New York Journal）、《纽约时报》（New York Times）、《纽约世界报》（New York World）等最著名报纸的记者。他成为华尔街和金融报道的专家，部分是因为巧合，但更多的是因为华尔街和金融业造就了全美最有权势的人物和最大单的生意。

"大人物"（big man）是李最喜欢的词语之一，他一生培养了无数的大人物。他是美国最有权势的一批人的代言人，其中包括乔治·威斯汀豪斯（George Westinghouse）、托马斯·福琼·瑞安（Thomas Fortune Ryne）、约翰·D·洛克菲勒父子（John D. Rockefeller Senior and Junior）、查尔斯·施瓦布（Charles Schwab）、沃尔特·克莱斯勒（Walter Chrysler）、亨利·古根海姆（Henry Guggenheim）、乔治·华盛顿·希尔（George Washington Hill）。他还担任过全美最大和最有影响力的一些公司的顾问，比如宾夕法尼亚铁路公司、美孚石油公司（Standard Oil）、伯利恒钢铁公司（Bethlehem Steel）、克莱斯勒公司（the Chrysler Corporation）、街车公司（the Street Companies）、煤业托拉斯（the Trust）、糖业公会（the Sugar Interests）。

他成为国际领袖、参议员、大使、州长、总理们的知心朋友。他曾与多国要人讨论他的理论，包括意大利的墨索里尼（Mussolini）、尼蒂（Nitti），苏联的李可夫（Rykov）、拉德克（Radek），德国的里宾特洛甫（Ribbentrop）和希特勒（Hitler）。作为对公共关系实践的扩展，他直接为波兰、罗马尼亚政府以及间接为德国政府提供公共关系和宣传政策方面的建议。

他是无数法案的主角，这些法案旨在约束他的行为。从市到州，再到整个联邦，他都是政府的重点调查对象，众议院"非美国人活动委员会"（House Un-American Activities Committee）对他的调查甚至可能导致了他英年早逝。

通过公共关系实践，他赚了很多钱，但也花了很多钱。他死时的遗产并没有比创业之初多出多少。他是一位不知疲倦的旅行家，在他一生的大部分时间里，每年至少要去一次欧洲，有时一年还会去好几次。他和他的家庭出行极有排场，乘坐满载朋友和亲属的私人火车在美洲大陆旅行。就连他的兴趣爱好也很独特，他对哥特式大教堂、法国歌剧以及苏联情有独钟。

李通常并不确定自己的职业是什么，但在大部分时候，他都称自己为宣传家（publicist）。然而，他绝不是狂野（wild-eyed）、聒噪的推销员。他很少制造宣传的噱头。他有思想，有智慧，海量阅读，措辞精炼，说话柔和。他和他的家庭无疑处在社会的最顶层。

他的工作带来的一个成果是，宣传的角色和惯用的做法在美国被彻底改变了。他的人生轨迹，擘画了他的同行们称之为"公共关系"的崭新职业。这不仅在商业方面，而且几乎在所有方面深刻地影响了美国人的生活。李并不是公共关系的第一个实践者，也不是唯一的实践者。但是，正如历史学家默尔·科蒂（Murle Curti）所说，艾维·李是这一领域最伟大的人物，为后来的公关顾问们提供了榜样。[①]如果他算不上是公共关系的开创者，也肯定是先驱之一。

纵观他的一生，他对人类关系（human relationships）的所有方面都极有兴趣，其中包括交易关系、雇佣关系、政府关系和国际关系。如今，通常公共关系一词仅被通俗地指代为李开创的技艺，而非基于关系视角的对全部人类活动的深刻认知，而这些认知才是李真正关注的。

今天，整个政府系统毫无例外地遵循着李开创的工作模式。没有哪个公司或行业，不会每年在公关活动上花费大笔预算。大学、教会、商业协会、专业团体、慈善基金会、城市与社区中的诉求活动（civic and community endeavors），无论美国人在20世纪中期聚集在一起的哪个场合，都发现需要采用那些由艾维·李首创的诸多策略，利用那些由艾维·李广泛运用的技巧。因此，今天的美国是

① See Merle Curti: *The Growth of American Thought*, Second Edition; New York: Harper &Brothers Publishers,1951, pp.652-653.

一个由重视公共关系的少数人操纵的文明社会。

公共关系职业到底意味着什么？一种实践、方法、技巧，还是其他？这一问题可以通过摸索公共关系在美国的发展历程而获得最好的理解，而如欲认识美国公共关系发展史，艾维·李无疑是绕不过去的人物。虽然他的故事与公共关系的发展密不可分，但对于所有要分享他的故事的读者来说，他背后的社会语境比他本人更加重要。同样需要强调的是，艾维·李的故事也是一战结束到大萧条中期的美国社会的写照，他的一生跨越了这段历史的大部分光景。

第二章
宣传家的遗产

1886年11月7日的上午,一位30多岁的帅气男子昂首阔步地走入了《亚特兰大宪章报》(Atlanta Constitution)的大楼。表情一向严肃的他此时显得更加凝重。他挥舞手中的一封电报,对聚在周围的人群说:"朋友们,我收到一份邀请,是让我去纽约做一个关于'新南方'的演讲。我是否应该赴约呢?"①

这个人就是亨利·伍德芬·格雷迪(Henry Woodfin Grady),《亚特兰大宪章报》的总编辑,同时也是"新南方"理念的主要鼓吹者。他手中的这封电报意味着,开启美国南部新时代的高潮即将到来。

① Raymond B. Nixon, Henry W. Grady: *Spokesman of the New South*, New York: Alfred A. Knopf, 1943, p.239.

格雷迪的报纸是亚特兰大、佐治亚州乃至整个美国南部最核心的一份报纸。报社所在的这栋两年前刚刚落成的大楼,是当地条件最优越的新闻生产基地之一。楼内配备了电灯、暖气、电梯、电话和打字机等最新设施。报社的编辑部位于大楼的四层,紧挨着格雷迪的办公室。编辑部里一片忙乱,纸张胡乱堆在办公桌上,有些还散落到地上。办公室里总是回响着电话的蜂鸣声和打字机的敲击声,空气里弥漫着报纸油墨的味道。墙上钉着一排地图,包括亚特兰大市地图、佐治亚州地图、南方邦联地图、北方地图、美国地图和世界地图。

这些办公室里的人们深刻地影响着他们置身其中的世界。他们编辑事实和观点,他们形塑读者的意见,他们挑起议会争端,他们牵动着大企业的神经。他们深谙此道。

《亚特兰大宪章报》的办公室有一位常客,他就是亚特兰大三一监理会——可能是这座城市最为重要的教会的会督詹姆斯·怀德曼·李(James Whideman Lee)牧师。他刚刚30岁出头,已然在亚特兰大和周边地区声名远播。《亚特兰大宪章报》新闻办公室里的人们都是他最好的朋友，很多人还是他的教众。李相信他们的观点，正如他们从未怀疑李的布道一样。

《亚特兰大宪章报》的这一群人都非常年轻，他们中的一部分人名扬佐治亚州内外。除了格雷迪之外，还有社论主笔乔尔·钱德勒·哈里斯（Joel Chandler Harris），人们记住他是因为他那本广泛流传的小说《瑞摩斯叔叔系列故事》（*Uncles Remus Stories*）。此外，还有记者兼评论员华莱士·P·里德（Wallace P. Read）、诗人兼专栏作家弗兰克·L·斯坦顿（Frank L. Stanton）、记者及后来的编辑部主任克拉克·豪厄尔（Clark Howell）、总编埃文·P·豪厄尔（Evan P. Howell）。

李牧师的身边常常跟着他的两个儿子，当时九岁的艾维·莱德拜特（Ivy Ledbetter）和四岁的小詹姆斯·怀德曼（James Wideman, Jr.）。虽然完全不能理解父亲和这些名流们交谈的价值和含义，但两个孩子仍然被这种紧张、愉快、激情四射的对话深深吸引，沉醉在他们的音声笑貌之中。这种谈话的氛围潜移默化地渗入他们的血液，使他们一辈子都直接、间接地与新闻连在了一起。

1886年11月的那个上午，格雷迪获得的不仅是一份莫大的荣誉，更是一次难逢的机会。美国北方人希望他去那里做一次演讲，阐述他的"新南方"思想。"新南方"思想是他在《亚特兰大宪章报》上首先提出，并积极在整个佐治亚州奔走呼号的。但真正到了北方人邀请他前往介绍这一思想时，他反而有点犹豫了。于是他向朋友和同事们征求意见，"去吧，"他得到了众口一词的回答。

这些人已经很难记起旧南方——南北战争前的那个南方。在南北战争时期，他们尚处童蒙之中。在他们中，乔尔·钱德勒·哈里斯可能对那些往昔岁月印象最为深刻，他现在也和同事们一起为建立一个"新南方"而奋斗。他和他的朋友李牧师都出生在佐治亚州的农村，两人的故乡相隔不过数十英里，年龄相差也不过几个月，恰好都出生在19世纪的中叶。

他们的童年在旧南方度过，那里有西瓜地、桃树园、李树园，还有棉花和烟草种植园，园子里有松鼠、蓝色的松鸡以及兔子，还有劳作的奴隶和农民。他们在阳光下听着田地里安详的虫鸣，享受着闲适的时光。黑奴带着他们喜欢吃的姜汁蛋糕、玉米饼、羽衣甘蓝菜和饺子，以及准备好的柿子酒和肉汤到园子里干活。

第 二 章
宣传家的遗产

1849年11月28日，詹姆斯·李出生在一个叫石桥（Rockbridge）的小镇上。他的父母——扎卡里·J·李（Zachery J. Lee）和艾玛·H·怀特曼·李（Emma H. Wideman Lee）——虽然并非与"神圣的弗吉尼亚李家族"同宗，却也拥有高贵的血统。① 没有太多资料能够了解詹姆斯的童年生活，但应该不会和乔尔·哈里斯以及其他佐治亚州的白人男孩有太大差别。这些男孩天资聪慧，对精神世界充满兴趣。但李的家庭更为成功，能够为年幼的詹姆斯提供更好的教育。他们把詹姆斯送到鲍斯维尔学院（Bawsville Academy）就读，直到南北战争结束之后。

哈里斯接受的教育则较为普通，他大部分靠自学。有一天，他在当地邮局看到《乡里人》报（The Countryman）刊登了一则小小的分类广告，上面写着"寻找一名聪明的白人男孩学习印刷业务"。不满十岁的哈里斯，申请并得到了这份工作，开始了他的职业生涯。

《乡里人》报在约瑟夫·A·特纳（Joseph A. Turner）的种植园里出版。作为南方仅存的真正的种植园主之一，特纳身上充分体现出南方种植园主的没落。他的种植园广达数千英亩，拥有充足的奴隶和白人雇工，在这个自给自足的庄园内，铁匠铺、商店一应俱全，甚至还拥有一份自己的报纸。《乡里人》报是特纳的骄傲，它的格调和内容显得很有学问、不落俗套。在《乡里人》报的那段时间，哈里斯开始尝试最初的文学创作，尽管写作的诗歌和散文仍然未脱青春稚气，但已展现出一定的魅力和远大前途。

特纳自己是一位律师和学者。像其他种植园主一样，他把自己视为南方的知识分子领袖。他拥有一个数千册藏书的图书馆。每当完成了印刷工作，哈里斯就会安静地泡在图书馆里，沉浸于经典作品的阅读之中。

但是南北战争最终蔓延到了佐治亚州。威廉·W·谢尔曼将军（General William T. Sherman）②的部队，在著名的"向海岸进军"（"march to the sea"）③行动中，扫荡了特纳的种植园。联邦军队在特纳的种植园驻营，简直摧毁了地面上的一切，将其焚为焦土。当联邦军队离开时，只留下了被破坏殆尽的种植园。《乡里人》报的出版人很快尝试恢复出版，但是最终放弃了努力。在最后一期报纸上，特纳亲自

① See Henry F. Pringle: "His Master's Voice," *The American Mercury*, Ⅸ（October, 1926）, p.147.

② 美国南北内战时期北方著名将领，攻陷亚特兰大市后，放火烧毁了整座城市。——译者注

③ 在美国内战中，谢尔曼将军率领的部队在占领亚特兰大之后，向海边的萨瓦纳进军，沿途实行"三光"政策，摧毁所到之处的所有物资和设施，杀死牲畜和所有抵抗的居民。——译者注

撰写了《告别》一文，他写道：

> 《乡里人》创刊之初，我是一个南方的种植园主，处于社会的最高层，而且我一直坚信，世界就应该是这样的。上帝啊，通过战争的严厉惩罚，我已不再是一个南方的种植园主。这类人永远地消失了，我再也没有自己的家园和田园。我不过是一个被放逐者和流浪汉，生活在我曾经生活的地方。独立的乡村生活和种植园主的家已经永远离去，《乡里人》报也将随之远去。再见了。①

① Ivy Ledbetter Lee: *Memories of Uncle Remus: Joel Chandler Harris as Seen and Remembered by a Few of His Friends*, New York: by the author, 1908, p.35.

南方人充分认识到，旧秩序已经消亡，新世界正降临到他们身上。乔尔·钱德勒·哈里斯多次召集他儿时的朋友，其中就有李牧师，向他们讲述原来的种植园和种植园主的故事。这种生活吸引着年幼的艾维·李。然而，哈里斯同样提到了内战，提到了被战争摧毁的种植园和北方来的投机分子，提到了奴隶们参与投票，还提到了黑人与白人一起担任公职。关于旧秩序坍塌的知识，是艾维·李继承的遗产的一部分，这就像旧时的玉米饼和饺子一样来得十分自然。曾经那个由位居上层的少数人主导的社会已经远去，取而代之的是个体被整合起来，大众、群体拥有最高的统治权。

李的家产也在内战中被毁于一旦，詹姆斯不得不从鲍斯维尔学院退学，进入位于格兰特维尔的一家公立高中完成中等教育。通过打工和接受来自舅舅艾维·瑟维尔（Ivy Sewell）的资助，詹姆斯设法凑够了进入埃默里学院（Emory College）的学费，并最终在那里完成了自己的教育。埃默里学院是一所教会监理会创办的学校，使命是培养未来的牧师。埃默里学院坐落在牛津，周围被静谧、安宁、古典的建筑环绕。这些建筑从1838年——埃默里学院建校之初——就矗立在那里，表征着南方希腊建筑艺术的复兴。

1874年毕业之后，詹姆斯很快加入了佐治亚州的监理会分会。翌年，1875年12月26日，他娶了雪松镇（the Cedar Town）一位杰出的监理会牧师L.L.莱德拜特（Rev. L. L. Ledbetter of Cedar Town）的女儿为妻。这种结合以当时南方的婚姻情况看再正常不过，但他的妻子艾玛·尤法拉·莱德拜特当时才12岁。

《乡里人》报停办之后，乔尔·钱德勒·哈里斯供职于多家报社，辗转于佐治亚州的乡村。与此同时，詹姆斯·李完成了教育，开始了一段相似的旅程。1876 年，他被任命为牧师，开始为亚特兰大周边的小教堂服务。这些教堂分布在斯普林克里克、洛克马特、隆坎、克罗尔顿、达尔顿和罗姆。10 年之后的 1886 年，他终于安顿在亚特兰大市市区。

彼时，美国南方经历了历史上最为黯淡的时期——战后重建。这不仅是因为南方一切都被毁灭殆尽，还因为北方人希望南方维持这种战败状态，彻底改造它的旧道路。从政治上看，北方的共和党人想重建南方的民主党，并将其归于自己的统治之下。从社会层面看，北方的人道主义者希望改造南方的激进派和当地士族（aristocrats），强迫他们与被解放的奴隶、社会底层达成政治上和社会权利上的平等。从经济上看，为了弥补在南北战争中的损失，北方的工业家们急于重建南方经济，他们迫切要求出台减少关税的法律，建立健全货币政策，维持宽松的信贷，还希望政府提供补贴，以满足他们在南方拓展业务的需要。

大部分南方人理所当然地抵制重建运动。抵制的努力最终随着新一代南方领袖的崛起而失败。这些新的领袖们，或者所谓的"波旁派"（the Bourbons），通过和北方的工业家合作，在重建的阵痛中寻找出路。他们懂得如何通过更加迂回的方法，保持旧的生活方式。他们赞成从往昔种植园的废墟上建立商业化的南方社会。他们知道，最终的结果并不会有太大区别，工业化造就的士族（aristocracy）终将取代农业社会的士族。与原来那些种植园主不同，波旁派理解新的秩序。他们了解若要重新积攒实力以维持其政治和经济特权，唯有通过夸张的南部演讲辞令（spread-eagle southern oratory），煽动并重新集结那些农民和贫穷的白人，改变这些刚刚获得解放而充满力量的群体。种植园主已经被这些煽动家们赶出了历史舞台，原来有势力的特纳家族等被韦德·汉普顿家族（Wade Hamptons）、本·蒂尔曼家族（Ben Tillmans）和汤姆·沃森家族（Tom Watsons）所取代。

19 世纪 70 年代晚期和 80 年代，波旁派统治下的"新南方"，商品贸易、资本放贷、工厂兴建、铁路发展、资源开发要比此前的烟草、棉花等种植经济重要得多。波旁派推翻了重建时期法律规定的社会福利政策。他们要求政府降低工作人员的工资，提供更低的税收和关税，扩大州权，实行自由放任的经济政策。即使是在重建时期最黑暗的日子里，北方和南方的商人们也发现，彼此之间的共同利益诉求要比因梅森—迪克逊线①划分的其他群体显著得多。于是到了19世纪80年代，波旁派越来越多地向北方的资本家求助，甚至主动邀请他们出任"新南方"商业和工业方面的领袖。伴随"新南方"工业化进程，伯明翰被称为南方的匹兹堡，同时，格雷迪、哈里斯和李牧师生活的亚特兰大被称为南方的纽约。

毫无疑问，亨利·格雷迪是工业化的"新南方"最受尊敬的辩护者，也是推动"新南方"一词流行的主要宣传家。他在报纸上刊登真实的新闻报道，指出进一步工业化的需求，撰写评论平息针对工业化的争论。"他不是平和地促进企业发展、鼓励工业进步，"一位和格雷迪生活在同一时代的人写道："他热烈地推动企业和工业的发展，直到它们能够像武装着的征服者一样披荆斩棘。"②

正是格雷迪的正直、诚实和极强的表达能力，让这位《亚特兰大宪章报》的编辑成为那个时代最有影响力的人物之一，尽管他仅仅活了39岁。艾维·李后来从他身上学习并继承了这些品质。1886年12月，当格雷迪在纽约发表演讲时，听众虽然都是北方的政治和经济领袖，但这个南方人还是能够赢得积极的回应，包括掌声和泪水。"南方没有什么要道歉，"格雷迪直率地说道，"她相信州与州之间最后的争斗只是战争，这不是反叛、革命，更不是阴谋，她对信仰的坚定如在座各位一样赤诚。南方并不需要挽回什么。"

但是，格雷迪将谢尔曼将军描述为"一个杰出的人"，只是"不小心忽略了属下的纵火行为"③，这样自然赢得了听众的心。

格雷迪不能被简单视为粗野的波旁派或是出卖南方的内奸（quisling）。从根本上讲，他其实是一位调解人，一位妥协者，一位协调关系的专家。他在纽约关于"新南方"理念的演讲是公共关系的一部杰作。他赞扬林肯是最真诚的美国人，是清教徒（puritan）和骑士（cavalier）的结合体。他描绘了一幅南方种族关系的浪漫图景："总体而言，我们发现解放了的黑人比他们作为奴隶时要忙碌得多。"但是，他提醒北方的听众们，这些解放的黑人并没有消除原罪。他说道："你们的父亲，把他们的奴隶卖给了我们的父亲。"④

---

① 梅森—迪克逊线是为解决1763—1767年英属北美殖民地之间的边界争端而划分的，是美国宾夕法尼亚州和马里兰州的分界线，也是南北战争之前美国的南北方分界线。该名称是为了纪念18世纪的英格兰探险者 Charles Mason 和 Jeremiah Dixon。
——译者注

② Oliver Deyr, in his "Introduction" to Henry W. Grady's The New South, quoted from C. Vann Woodward, Tom Watson, Agrarian Rebel, New York: The Macmillan Company, 1938, p.90.

③ Henry W. Grady: "The New South," published in Nixon, op.cit. p.348.

④ Henry W. Grady: "The New South," published in Nixon, op.cit. p.346.

格雷迪奔赴纽约的目的，在于劝说北方的有钱人到南方投资。他做到了。他的演讲在全国广为接受，激起了强烈的情感共鸣。报纸在头版头条报道和评论这场演讲，充溢着一边倒的赞誉。他成了这片土地上的一位英雄。当他回到亚特兰大时，有铜管乐队和数千位民众迎接他。《亚特兰大宪章报》写道："他的成功，是适应了新条件、新希望和新成就的南方思想的胜利。"①

① Henry W. Grady: "The New South," published in Nixon, op.cit. p.248.

第 二 章
宣传家的遗产

以上便是1886年初李牧师把全家搬到亚特兰大时的社会境况。李牧师全家在亚特兰大一直生活到1893年，起先在三一教堂（the Trinity Church），后来则在帕克街教堂（the Park Street Church）。原来生活在"新南方"边缘的他，现在终归主流。他与哈里斯、格雷迪等人的友谊结出了丰硕的果实。尤其是辗转边远乡村十年之后，在亚特兰大的时光对于李牧师的知识积累至关重要。与作家和报纸编辑们的交往，无疑为李牧师接下来一生中的写作和编辑生涯提供了帮助，造就了一位宗教畅销书作家，同时他还贡献了许多重要的理论文献。

也许最重要的是，与格雷迪和其他南方领袖一样，李牧师拥有南方人天生的修辞和演讲天赋。甚至在来到亚特兰大之前，他已经因其振奋人心的布道而闻名。在格雷迪被邀请到北方向工业巨头发表演讲的同年，李牧师被邀请到北方向宗教领袖们发表演说。1886年，在接管三一教堂之后不久，他受邀在新泽西举办的美国基督教哲学年会上发表演讲。他的听众和其他演讲者都是当时最重要的一些宗教思想家，包括大学校长、教授、哲学家、主教和牧师。对于这位来自佐治亚州的牧师来说，这是一次难忘的盛会，也是给予任何南方神职人员的无上荣誉。

他演讲的主题被指定为"精神力量的相关性"（The Correlation of Spiritual Force）。正如他所说，对于他这个"学会会员中的初学者"而言，这是一个极富挑战性的主题。牧师霍华德·亨德森（Howard Henderson）博士随后在《西方基督教倡导报》（The Western Christian Advocate）上发表了对李牧师演讲的解读文章，该文将李牧师称为"传教士、诗人、哲学家"，还把他描述为"面部光滑，长得几乎有点孩子气，明显有些羞怯，开场显得犹疑不定"，"英俊潇洒，衣着光鲜，风度翩翩，举止看起来并不像是一位智者，这些都引来了人们的怀疑而非信任"，亨德森补充道，"而且，他来自南

他论述的结构就像大教堂一样牢固而庄严，又像大教堂里的透明窗户和彩色圣像般灿烂辉煌。

方,南方人哪能知道什么形而上学?"①

然而,当李牧师进入演讲正题时,这些听众头脑中固有的北方人的偏见和质疑被一扫而空。亨德森写道:"他论述的结构就像大教堂一样牢固而庄严,又像大教堂里的透明窗户和彩色圣像般灿烂辉煌。"李牧师让他的哲学"散发着华丽辞藻的光芒","他那柔和而严肃的语调,在他的唇边与听众的耳中恣意流淌,甚至连利未人②(the Levite)吹奏的白银小号,也无法与之相比"。从那一个成功的时刻起,亨德森写道:"李博士作为哲学家和诗人的地位得到了确立。"③

在南方,李牧师变成了像亨利·沃德·比彻(Henry Ward Beecher)④一样的人。李牧师因口才和写作能力而广为人知,并将这些才能传授给了他的儿子艾维·李。他在职业生涯中进行过很多次演讲,并经常被人模仿和引用。1893 年,他在芝加哥举行的世界宗教会议上发表了题为"上帝是宇宙的法则"的演讲,随后被收入大会的文集。1905 年,俄勒冈州的波特兰市举办了"刘易斯和克拉克"博览会(Lewis and Clark Fair)。他在博览会上发表了关于"什么是科学"的演讲,激起了一场深入透彻的讨论并获得了认可。1909 年,他在亚特兰大的一场特别纪念活动中发表演讲,题为"对亚布拉罕·林肯的颂词"。作为"新南方"自由主义者对林肯的有说服力的论述,这篇演讲获得了广泛的关注。1908 年,他在亚特兰大举办的监理会年会上发表了名为"南方的未来"的演讲,成为开启南方腾飞愿景和规划的重要论述。

1893 年,李牧师被调到圣路易斯,担任圣约翰大教堂的牧师,并出任他所在教会圣路易斯地区的首席长老。他一直觉得亚特兰大和那里的人才是他真正的教区和心念所在,但是在 1906 年到 1910 年期间,他仍然非常开心地回到了三一教堂和帕克街教堂。他人生的最后时光是在圣路易斯度过的。在这些年里,他撰写了一些重要的理论著作,尤其是《人类的创生》(The Making of Man,1892 年)、《科学的关系:人类未来的信仰》(The Relation of Science: The Faith of the Coming Man,1912 年)和《圣经与生活》(The Bible and Life,1916 年)。他的主要理论贡献在于,努力调和新的科学

---

① Quoted in Ivy Ledbetter Lee: "Introduction," James Wideman Lee: *The Geography of Genius*, Second edition; New York: Fleming Revell Company, 1920, p.XVII.

② 利未人是《圣经》里以色列族长雅各与利亚的第三子利未的后人,负责以色列人的祭祀工作。——译者注

③ Quoted in Ivy Ledbetter Lee: "Introduction," James Wideman Lee: *The Geography of Genius*, Second edition; New York: Fleming Revell Company, 1920, p.XVII.

④ 亨利·沃德·比彻(1813—1887):美国杰出的牧师、社会改革家和演说家。比彻是他所在时代最雄辩的演说家之一,在美国和英国做了关于道德和公共事务的大量讲演,并积极投身社会改革事业,在南北战争期间多次发表演说支持北方。——译者注

变革与旧的新教信条。这与他的儿子稍后在其他领域的努力并无二致。

因为热爱旅行，这位牧师在某些方面还是一位国际主义者，他对旅行的激情后来也传递到了艾维·李身上。1894年，他进行了第一次重要的国际旅行，告别牧师工作到巴勒斯坦度假。他在那里指导了与耶稣生活有关的标志、地点和纪念碑的拍摄工作。他整理出版了《加利利人的尘世足迹》（*The Earthly Footsteps of Man of Galilee*，1895年）一书，迅速成为销量超过100万册的畅销书。在那个时代与巴勒斯坦有关的著作中，本书销量最大。

稍后，他撰写了《巴勒斯坦的浪漫》（*The Romman of Palestine*，1897年）、《耶路撒冷的历史》（*The History of Jerusalem*，1904年）和《天才的地理学》（*The Geography of Genius*，1915年），第三本书是他旅行散文的选集，内容是他去过的一些地方，包括欧洲、亚洲、俄罗斯和墨西哥。他的主要观点是："没有地方是显赫的……除非他们与某些伟大的人物、战役或事件相关。"① 这种对卓越人物和大事件的痴迷同样传递给了他的长子。

① Quoted in Ivy Ledbetter Lee: "Introduction," James Wideman Lee: *The Geography of Genius,* Second edition; New York: Fleming Revell Company, 1920, p.Ⅶ.

当他纵贯墨西哥旅行时，曾经短期担任《亚特兰大宪章报》国际新闻记者。他是《卫理公会插图史》（*The Illustrated History of Methodism*，1900年）的联合作者，还编辑了四卷本的《自我阐释的〈圣经〉》（*The Self-Interpreting Bible*，1897年），《青年基督的民间生活》（*Young Folk's Life of Christ*，1902年）以及《年轻人的〈圣经〉》（*Young Folk's Bible*，1904年）。从1899年到1902年，他还是圣路易斯新出版的一本杂志——《美国卫理公会画报》的首席编辑。

李牧师最终将自己定格为美国"新南方"的领袖之一。同格雷迪和哈里斯一道，他致力于向世界展现南方的全新面貌。他们三个人始终是极其亲密的朋友，即使死神很快就将他们分开。格雷迪在1889年意外逝世，李牧师在他的葬礼上发表演说，之后还为格雷迪撰写了传记，题目为"亨利·W·格雷迪：编辑、演说家和大丈夫"（Henry W. Grady, Editor, Orator, and Man），被认为是"对格雷迪品性最毫无保留的歌颂"②。当哈里斯于1909年逝世时，他再次在葬礼上发表了纪念讲话，温暖而真挚地称赞了他的朋友。当这位牧师在1919年逝世时，是他的儿子艾

② Nixon, op.cit., p.23.

第 二 章
宣传家的遗产

维·李——再合适不过的人选——撰写了他的悼词。

对于年轻的艾维·李而言，他们都是英雄。他没有多少恋母情结，反而对他的父亲心怀崇敬。他模仿了父亲的很多言谈举止，借用了很多技巧，学到了很多想法和感受，继承了父亲的很多才能。也许父亲对他最大的贡献，在于赋予了艾维·李整合多样的观点并寻找妥协之道的能力，正如他父亲试图调和"新南方"与"旧南方"、"新宗教"与"旧宗教"那样。如果不理解他的父亲，就不可能完整地理解艾维·李。

如果说李牧师是艾维·李的人生导师，那么亨利·格雷迪就是他最为崇拜的偶像。在《亚特兰大宪章报》的编辑部里，艾维·李观察格雷迪的举止，聆听他的言说。经历了这段时光之后，艾维·李对其他行业的了解都远比不上新闻界。格雷迪一直关注华尔街、股市、银行业和投资，还对大生意和小人物的关系感兴趣。艾维·李从格雷迪身上学到了这些兴趣。后来，李将自己在公共关系方面的很多成就归功于格雷迪，其原因就在于他从格雷迪身上学到了如何影响公众。①

格雷迪不是盲目的保守派。他为革除南方农业和工业中的弊端付出了巨大的努力。他有着人道主义和自由主义的特质，这让他超越了汉普顿、蒂尔曼或者汤姆·沃森这样的南方贵族。他的朋友圈子同样如此。李牧师、乔尔·钱德勒·哈里斯和亚特兰大乃至整个南方与他们相似的人，包括伍德罗·威尔逊（Woodrow Wilson）、沃尔特·海恩斯·佩奇（Walter Hines Page）、乔治·华盛顿·凯贝尔（Geoge Washington Cable），都变得越来越自由主义。他们一直致力于普及黑人教育，推行更有力的民权政策和争取更多积极的政府项目。

格雷迪是预言"新南方"的先知，哈里斯则是旧南方的记录者。年幼的艾维·李经常坐在哈里斯的脚边，带着对过往的敬畏，了解南方生活的一面，人性的一面，更温和、更有同情心的一面。他后来撰写、发表了一篇纪念哈里斯的文章，记述了这位友善的作家对未来的宣传家的影响。

哈里斯总是对黑人的困境非常敏感，同情普通人，尤其是农民和劳工。虽然他在作品中会刻意强调南方，但是与南方文学的粗鄙不同，他有着更博大的文学和政治情怀。在最后的岁月里，他编辑、出版了《瑞摩斯叔叔之家》杂志。他说道，这本杂志旨在造就"视

---

① Nixon, op.cit., p.23.

野宽广、热爱祖国的美国人,并阐发整个国家最好的思想"。尽管他提到"乡土气息是英语文学最主要的魅力之一",但他仍然坚持"这本杂志的负责人将与流行于北方、东部、南方和西部的乡土气息没有任何关系,乡土气息往往代表着无知和盲目的偏见,呈现了狭隘的视野和令人不快的闭塞观点"①。

① Quoted from I.L. Lee: *Memories of Uncle Remus*, p.70.

第 二 章
宣传家的遗产

年轻的艾维·李心目中的这些英雄,没有一个是粗鄙的南方人。他们拥有不局限于南方的智慧和远见。他们耗费了生命的大部分时光,试图弥合北方和南方之间的裂痕。从根本上看,他们向南方解释北方,也向北方介绍南方。很多年之后,他们年轻的门徒——艾维·李——试图做相同的事情,弥合大资产者和普通人之间的裂痕,并在这一过程中,开启了一个新职业。

这些就是艾维·李继承的遗产和他成长的社会环境。他成长于"新南方",演讲和煽动、宣传和促销在这里乃是促进社会伤口愈合的最有效疗法,它们把不同的事物整合到一起,并使之尽善尽美。"新南方"理念有很多对立面,年轻的艾维·李深受如下二元对立的影响:重建和守旧、波旁派和自由主义者、没落的贵族和崛起的大众、资本家和改革者、重农主义者和工商主义者、旧势力和新势力。正是这样的双重性,将艾维·李造就为一个妥协者、适应者,在不同的世界之间架起桥梁,为各方进行辩护。

> 他成长于"新南方",演讲和煽动、宣传和促销在这里乃是促进社会伤口愈合的最有效疗法,它们把不同的事物整合到一起,并使之尽善尽美。

第二章
资本主义信徒的教育

1877年7月16日，李牧师和他的妻子艾玛（Emma）喜获他们的第一个孩子。孩子的母亲当时还差一个月才满14岁。这是一个男孩，父母给他取名为艾维·莱德拜特·李，其中"艾维"是为感谢那位曾经帮助孩子的父亲念完大学的叔父，而莱德拜特则是遵从母姓。随后数年，艾维·李的两个兄弟——詹姆斯二世和莱维斯——以及三个妹妹也降临到了这个家庭。

艾维的童年是在佐治亚州附近的牧师公馆度过的。他的生命经历和上一代人大不相同。他听着乔尔·钱德勒·哈里斯撰写的往昔美国南方的故事长大，而当全家搬到亚特兰大时，更是可以常常听作者亲口讲这些故事。哈里斯非常羞涩，那些不熟悉哈里斯的崇拜者，甚至包括美国总统，都觉得很难理解这位曾写就《瑞摩斯叔叔和兔子兄弟》的著名作家。可是对孩子们来说，却完全是另一回事。"孩子们并不知道哈里斯有多天才，他的一切在孩子们眼中都显得如此自然，"艾维·李若干年后写道，"因而所有与他打交道的人都对他生出亲近感，觉得与他志趣相投。"①

但是，艾维对于旧时美国南方的了解也就仅限于这些故事了。荆棘地（briar patches）与玉米饼（corn pone）都只存在于李想象的田野上。在现实中，艾维·李的家一直是附近乡村的社交和学术中心，同时还是小镇的宗教中心，在这里，所有的事情都被认为应该是正当且有序的。宴会雍容优雅，如有可能，还总要配上餐巾。谈笑有鸿儒，往来无白丁。举家搬到亚特兰大后，来访者往往都是名人：格雷迪和哈里斯都是他父亲的教友，豪厄尔斯经营着《亚特兰大宪章报》，

---

① Quoted from I.L. Lee: *Memories of Uncle Remus*, p.15.

还有教堂的主教们、政治家以及各路生意人。人们谈致高涨，想法大胆，观念激越，充满南方特色的言辞在恣意流淌。

艾维自两岁起就在周末被带到教堂去。在那些小镇上，教堂总是白色的建筑架构，衬着古希腊式的简约线条，窗户上的几块彩色玻璃就是主要的装饰了。而在稍大的城市里，教堂则由一根根高耸的柱子撑着，更显坚实牢固，赫然提醒人们，这也是复兴希腊之美的一种尝试。年幼的艾维要一直坐在教众的前排硬座长椅上，等待父亲做完布道。每当艾维在其间表现得过于不安分时，作为牧师的父亲便会暂停布道，在讲坛上训斥这个小男孩。

即使是面向教众的寻常布道，李牧师也总是言辞华丽，铿锵有力。年幼的艾维必须坐着听完所有布道词，它们充斥着文学与《圣经》典故，穿插着对哲学家名言的引用，以及对世界各地的描绘。在一篇典型的布道文中，李牧师不仅会引用《圣经》中的大量章节，而且还会引用包括约翰·阿丁顿·西蒙兹（John Addington Symonds）①、罗伯特·伯恩斯（Robert Burns）②和但丁以及赫伯特·斯宾塞（Herbert Spencer）③在内的名家名篇。他在布道中谈论米开朗琪罗（Michelangelo）和拉斐尔（Raphael）的作品，描绘圣·马克和总督府（Doge's palace）、威尼斯的河道、荷兰的郁金香原野、科罗拉多和加利福尼亚的金矿，以及印度的泰姬陵。

① 约翰·阿丁顿·西蒙兹（1840—1893），英国历史学家，主要著作是《意大利文艺复兴》，此书资料丰富，内容广博，观点新颖，为学术界所称道。另为但丁、米开朗琪罗、薄伽丘、莎士比亚、惠特曼等文化名人立传，并有若干诗集行世。——译者注

② 罗伯特·伯恩斯（1759—1796），苏格兰诗人，著名作品有《友谊万岁》、《羊肚脸颂》等。——译者注

③ 赫伯特·斯宾塞（1820—1903），英国哲学家，社会达尔文主义之父，把达尔文的生物进化论应用于社会发展领域，主张自由放任，适者生存。——译者注

李牧师多数的布道词都宣扬节俭、纯粹、仁慈、勤劳和道德义务。而在亚特兰大与圣路易斯举行的更高雅的圣会中，他则会探讨一些更复杂的神学问题。与当时众多的神学家一样，他尤其关心神学和科学之间不断扩大的鸿沟。

在19世纪的早些时候，查尔斯·达尔文的著作对新教主义造成了巨大的破坏性冲击，如同内战毁灭了美国南方一样。对于多数人来说，他们要么从对宗教的迷信中彻底醒悟过来，要么就对反宗教的科学愤怒不已。李牧师和比彻、华盛顿·格拉登（Washington Gladden）和其他很多神学家，则着力使宗教适应科学开启的新时代。就像格雷迪尝试使南方适应工业化的新时代一样，艾维·李在后来也努力使资本主义适应社会变革的新时代。

李牧师试图证明人类之进化并不与《圣经》教诲相矛盾，相反，

进化过程只是上帝展示其神迹的一个途径。更进一步，建立一座"与科学研究方法相一致的神学大厦"也并非不可能。他说："在这样一种结构之下，我们可以安置和重新整理所有的宗教信条，但同时保持神学的教义与实践真理间的分立。"他反复宣称，布道者讲述的神谕能在实际经验中得到证实，而宗教的信条也能在日常生活中变得具体化，恰如研读物理学的学生能在现实事务中验证自己的结论一样。最重要的是，李牧师认为"基督教文明是动态发展起来的，而非福音书上的教条所造就的"。需要强调的是，李牧师终其一生，从未放弃过对于基督之神性与《圣经》之权威的信仰，正如格雷迪之于美国南方的信念，以及后来艾维·李之于资本主义的信念。

上述这些便是年幼的艾维·李在他父亲的教堂里所接触到的思想。牧师家庭的生活也是重要的教育。对于年幼的艾维来说，这意味着人际关系的研习，而他的父亲正是此中高手。李牧师顾念他人，而别人也热爱他。他的"毫无瑕疵的友谊与始终如一的乐观，"一名传记作家写道，"对于许多熟人来说都很有吸引力。""来自不同社会阶层、不同地区的数百人，都主动证实李牧师对他们曾产生巨大影响。"①

李牧师能够把他的人际关系转化为募捐的实际成果。根据艾维·李的记述，他的父亲在其当过牧师的所有教区都留下了令人瞩目的业绩。②他在达尔顿新建了一座牧师公馆。在佐治亚州罗马区担任牧师期间，他募资并督建了本州最庄严壮观的一座教堂。事实上，他还重建了亚特兰大的三一教堂。他初到达帕克街区教堂，就又修建了一座新教堂。当他在圣路易斯州圣约翰教堂工作时，他募集了 20 万美元，建造了这座城市造价最高的教堂。担任圣路易斯教区的监督长老期间，他最主要的贡献就是募集慈善和教育资金。

李牧师摸索出许多技巧以保持良好的人际关系，他的儿子艾维后来采用大量同样的技巧，并发展出了一个新行业。牧师是所属教区家庭的常客。艾维·李的父亲知道并记得每个人的名字，不仅仅是其教众，甚至当地主日学校（Sunday Schools）所有孩子的名字他都了如指掌。在旅行途中，李牧师习惯给孩子和他们的父母寄明信片。他在圣路易斯担任牧师期间，曾去过巴勒斯坦，并在那里给圣约翰教堂的所有教众及主日学校的每个老师写信，

① C.C. Pearson: "James Wideman Lee," *Dictionary of American Biography*, Vol. XI, New York: Charles Scribner's Son, 1933, p.111.

② See I.L. Lee: "Introduction," *The Geography of Genius*, op. cit., p, xv.

还随信附上从客西马尼花园（the Garden of Gethsemane）①采摘的花朵。他还时常将自己觉得有趣的剪报和文章寄送给朋友和同事。总之，"他和自己教区的所有教众都保持着联系，从最初的那批开始，他44年如一日地关注着自己所有的教众"。他的儿子写道。②

尽管牧师公馆拥挤喧嚷，艾维·李却总表现得安静而用功。比起邻家男孩们玩的粗野游戏，艾维更喜欢和他的朋友们一起骑马玩。当一天骑马穿越小镇街道时，他从马背上掉了下来，摔断了一条腿。数月之后，情况并未好转，看起来断腿没有接好，只能把腿重新弄断续接。这最终导致艾维·李的断腿比另一条短了一小截，使他一辈子都看起来有些跛脚。

艾维·李的童蒙教育始自伊拉街区小学（Ira Street School），他的老师妮娜·米切尔（Nina Mitchell）对他产生了极大影响。艾维很喜欢这位老师，而米切尔老师在世时也一直关注着艾维的职业发展，并和他保持着频繁的联系。艾维的同事之所以说他后来在老师面前总显得有些底气不足，主要也可以追溯到他早年与米切尔老师的这段关系。

在亚特兰大读高中时，艾维·李在老师和同学的眼中都是个优秀的学生。他的高中老师威廉·M·斯莱顿（William M. Slaten）在1915年给李的父亲写信称赞道，艾维在学校孜孜不倦，正直诚信，学业优异。老师认定他是"确定无疑的、值得尊敬的可造之材"。李总是"很容易就被他的同学认为智力超群"。斯莱顿自己也曾表示过对艾维·李的欣赏，因为"他在我教过的所有学生中，获得了最高的社会地位，产生了最大的社会影响"③。

当艾维·李于1893年举家迁往圣路易斯时，他还没有念完高中，这使他不得不到一个全新的环境中继续学习。而一年之后，艾维·李还是顺利地从格兰大道上的圣路易斯中心高中毕业了。随后，他的父母将儿子送回佐治亚州，进入父亲的母校，位于牛津的埃默里学院（Emory College）。这所学院当时由沃伦·A·坎德勒主教（Bishop Warren A. Candler）主持，他的兄弟阿萨（Asa）不久之后将凭借一种神秘的饮料配方，一跃成为美国南方最大的资本家，他把这种饮料命名为**可口可乐**。

由于腿脚不便，艾维·李不能参加各种体育运动，但在埃默里学院这些都没有关系。"在那时候的南方学院中，"一名作家后来写

第 三 章
资 本 主 义
信 徒 的 教 育

① 客西马尼，基督被犹大出卖后的被捕之地。——译者注

② I.L. Lee: "Introduction," *The Geography of Genius*, op. cit., p, xv.

③ Letter from William M. Slaten to The Rev. Dr. James Wideman Lee, January 5, 1915, quoted in Arnold M. Berlin, "Ivy Lee"（unpublished senior thesis, School of Public and International Affairs, Princeton University, 1947）, p.5.

道,"名声是在辩论社里赢得的,而非来自橄榄球场。"① 李在说和写两方面的天分超乎常人,当然这与他的成长经历有很大关系。他获得了辩论冠军,并成为《亚特兰大宪章报》的一名记者,骄傲地延续着他的偶像亨利·格雷迪所开创的传统。

但是,小小的埃默里学院远远不能满足艾维·李的抱负,他渴望征服更广阔的世界。普林斯顿大学是当时南方富家子弟的第一选择,也成为艾维·李梦寐以求的殿堂。佐治亚州可以骄傲地宣布,在当地望族子弟中,毕业于普林斯顿的学生比其他任何北方大学都要多。除此之外,不久前还是亚特兰大地区一名年轻律师的伍德罗·威尔逊,已经正式成为普林斯顿大学的教授,艾维·李也正开始阅读他的著作。

李张罗推荐信,最终被普林斯顿录取,并得到了一小笔奖学金。他是"一名能力出众的年轻人",其中的一份推荐信中如是描述了艾维·李。② 而在北上入学前,他再一次摔断了腿。尽管如此,这样的小事没能阻止艾维·李继续前行。1896年,他忍着疼痛,拄着拐杖,来到了位于新泽西的普林斯顿大学注册报到。

普林斯顿大学和耶鲁大学在19世纪的后半叶乃是美国资本主义研究的学术中心,美国新贵阶层的子弟们都被送到这里来接受教育。南北内战之后,美国大多数学院和大学的学术风气都被苏格兰常识哲学(Scottish Common-sense philosophy)③所笼罩,而普林斯顿大学和耶鲁大学却拥有自己的领袖,分别是詹姆斯·麦克科什校长(James McCosh)④和诺厄·波特校长(Noah Potter)⑤。

个人主义、免遭政府干涉的自由、财产权、获得财富的权利,这些是普林斯顿大学的基本信条。在李入校之前不久,普林斯顿大学校长麦克科什曾写道:"上帝赋予我们独特的权利和天分,任何人都不能任意剥夺或横加干涉。任何试图剥夺我们这些权利的行为都形同盗窃。所有试图剥夺我们追求财富之权利的行为或试图剥夺我们以自洽的方式来行使权利的行为,在本质上都可以同归一类。"⑥

这一信条与勤勉、节俭的信念完全契合,而这些信念在极大程度上与李的成长背景相契。像他的父亲这样的督教卫理公会的巡回

---

① Woodward, op. cit., p.28.

② Letter from John D. Davis to the Rev. John D. Duffield, September 25, 1896, quoted in Berlin, op. cit., p.8.

③ 又称苏格兰常识派,因为他们自称根据常识立论,是18世纪后半期到19世纪初英国主要哲学流派之一。该流派反对唯心主义和怀疑论,强调外部世界和心灵世界的真实存在。——译者注

④ 詹姆斯·麦克科什(1811—1894),苏格兰常识派的重要思想家,在1868—1888年担任普林斯顿大学校长。——译者注

⑤ 诺厄·波特(1811—1892),美国哲学家,在1871—1886年担任耶鲁大学校长。——译者注

⑥ James McCosh: *Our Moral Nature*, New York, 1892.

牧师遍布美国，他们以弗朗西斯·阿斯伯里（Francis Asbury）①为榜样，传播加尔文主义信条，认为每个人的道德义务，就在于勤勉努力地从事自己在尘世间的职业。如果你想赢得生命的竞赛，为造你之主增添荣光，你就应该努力工作，勤俭节约。詹姆斯·怀德曼·李（艾维·李的父亲）在埃默里学院攻读学位、为自己的牧师生涯作准备时，上述这些教条就已经涵化了他的思想。后来，他又在无数次的布道中，将这些信条传给了自己的儿子。

① 弗朗西斯·阿斯伯里（1745—1816），美国卫理公会的先驱传教士。——译者注

第 三 章
资 本 主 义
信 徒 的 教 育

对于美国内战后的南方来说，这些信条有着独特的含义。李牧师和他的同事们是一群拥有共同宗教背景的人，他们引领了一场拯救南方的运动，试图通过辛勤工作和努力奋斗，超过战前南方的发展水平，开创一个崭新、伟大的繁荣时代。当年幼的艾维和他父亲的教友们一起唱道"努力工作，因为夜晚即将来临"时，这句歌词既包含南方的地域意义，也包含卫理公会的宗教内涵。勤勉和节俭不仅是作为一名南方人理应善尽的道德义务，也是他的政治责任。

当艾维·李进入普林斯顿大学后，他感受到了一种遍在的氛围，这种氛围能为自己道德和政治上已然成熟的观念提供哲学和学理基础。这一哲学被调和得与达尔文主义相一致，正如艾维·李的父亲努力调和宗教与进化论一样。进化的观念与勤勉的信条之间大抵可以实现无缝对接。尘世之中，适者生存。激烈的市场竞争淘汰弱小者和无力者，而遴选出那些凭借首创精神、远见卓识、正确判断和组织能力而获得天父垂青的个人，强者以此势位富贵。

> 进化的观念与勤勉的信条之间大抵可以实现无缝对接。尘世之中，适者生存。激烈的市场竞争淘汰弱小者和无力者，而遴选出那些凭借首创精神、远见卓识、正确判断和组织能力而获得天父垂青的个人，强者以此势位富贵。

麦克科什在普林斯顿大学就职期间教导学生，所有的国家领袖都是通过自然竞争的手段上台的，在他们上台后，国家就成了维护统治秩序以及保护既得利益的工具。如是，一方面国家自然会尝试干预商业并增加自身的影响力；另一方面，个体也会不断地保护自己免受这种干预的伤害，正是这两种力量间的相互作用——国家和个人之间的斗争，确保了民主政体中各方的平衡。

在艾维思想形成的年月里，这一哲学思潮正弥漫在安静、庄严、常青藤所覆盖的普林斯顿大学校园。这种哲学被精辟地总结在了一个短语之中："财富的福音书"（the gospel of wealth）。这一短语诞生在艾维·李来到新泽西之前七年。美国当时的商业大亨安德鲁·卡内基在《北美评论》（*North American Review*）发表了一篇题为《财

富》的文章，用短语"财富的福音书"对这一思潮作出了最充分的论述（1889年6月）。

卡内基的文章产生了极大影响。它恰切地概括了艾维·李一家所遵奉的卫理公会的信条，也很好地反映了兴盛于美国南方的新工业主义（the new industrialism）。李通过乔尔·钱德勒·哈里斯与卡内基取得了联系。卡内基十分欣赏哈里斯，而哈里斯也对卡内基颇有好感。这主要可能是因为卡内基这位来自北方的百万富翁在与哈里斯这位南方作家见面时，毫不炫耀，亦不做作——两个曾经的穷小子，如今的社会名流，互相拜访沟通，仅此而已。

19世纪的最后几十年里，美国深处一个极端年代，既有一些人变得惊人地富有，同时贫民窟、匮乏、社会病症也随处可见。根据财富福音书的说法，一方面贫困源自懒惰，另一方面文明产生于勤勉。剩下的问题就是，怎样才能通过追求财富来阻遏社会病症？怎样才能通过追求财富达致公共之善（common good）？

在卡内基看来，问题的答案在于富人们应善尽责任。首先，他们有责任"作出表率，过低调、朴素的生活，远离炫耀与浮夸，对于那些依赖自己生活的人所提出的合理要求，要给予有分寸的满足；除此之外，对于那些从自己受命管理和严格执行的信托基金中所获得的额外收益，应该予以精确考量，以使其能对社会产生最大化利益"。对卡内基而言，这是解决社会病症、缓解分配不公、调和贫富冲突的唯一通途。他认为这将带来"和谐之治"（reign of harmony），"这是另一条道路，与共产主义全盘否定我们现有的文明不同，理想的情况应该是在现有基础上的进一步改良。"①

公共关系正萌芽于此处。以上论述之中潜藏着理解艾维·李思想的钥匙。李所有贡献的核心价值，在于他提出了卡内基思想的全新实践手段和话语体系，使得这些思想在政治、经济、社会都远比19世纪后期更为复杂的20世纪前半叶，依然具有旺盛的生命力。在其他人都试图通过共产主义革命来"彻底推翻当下文明"以解决财富分配不公的问题时，李还在致力于推动"在现有基础上的进一步改良"就更显弥足珍贵。

许多和卡内基一样的百万富翁也已经开始执行卡内基有关财富福音的建议，其中包括最富有的约翰·D·洛克菲勒。在艾维·李被普林斯顿大学录取的那年，这位美孚石油公司的老总就已经退休并

---

① Andrew Carnegie: "Wealth," in *Democracy and the Gospel of Wealth*, ed. Gail Kennedy, Boston: D.C. Heath and Company, 1949, pp.6-7.

决定余生将投入慈善事业。在那 10 年里，尽管鲜有人知，洛克菲勒已捐出了大约 1000 万美元，建成了芝加哥大学。面对一群大学生，他用诗意的语言道出了自己的财富福音书："若使一株美国红蔷薇（American beauty rose）绽放绚烂色彩，散发浓郁芳香，观者赏心悦目，必须要牺牲掉长在花侧的别的小花苞。"①

伍德罗·威尔逊从另一角度分析了这个问题。他如今是普林斯顿著名的法律与政治经济学教授，并且是李的主要导师之一。威尔逊也是一个日益关注北方的南方人。他于 19 世纪 80 年代初在亚特兰大担任律师时，被认为是一个明显的保守主义者，他甚至加入了波旁党②，公然抨击《布莱尔法案》（Blair Bill），该法案旨在通过联邦资助消除贫困州的文盲现象。从他的有关美利坚民族历史五卷本著作中，可以清楚地看到英国保守主义思想家埃德蒙·伯克（Edmund Burke）和"自由放任主义"鼓吹者赫伯特·斯宾塞（Herbert Spenser）的影子。

而在普林斯顿，威尔逊亦逐渐开始关注社会病症和公共之善。尽管威尔逊是李的老师，但他自己此时也处于思想转型阶段，后来他成了美国历史上最著名的自由主义者之一。他逐渐抛弃了过去对政府的怀疑，最终笃信颇为流行的德国思潮，认为政府是于社会有益的机构，能够调和个人权利、公共义务与社会发展之间的矛盾。1912 年，威尔逊第一次竞选总统，这位来自亚特兰大的律师、曾经的保守主义者说道：

对于政府干预个人行为的情况，我们依旧难以容忍，除非这样的干预是为了让人民更自由……但如果没有政府的严密监管，没有政府的强制措施，在个人与庞大的托拉斯组织之间，根本不存在任何的公平可言。自由在今天绝不仅仅意味着放任不羁。一个自由的政府所实施的干预在当下是积极有效的，而非消极无为的。③

此时的艾维·李也在论说几乎相同的内容，但是他站在了与威尔逊不同的阵营中。威尔逊始终都对艾维·李产生着影响，甚至在后来二人都赞同的国际主义问题上也是如此。④

以上提及的人和思想凝聚了普林斯顿大学的众多学者们，从经济、政治到历史、神学，这些人和思想几乎在所有的课堂上都被强调。作为深受影响的一员，艾维·李

第三章
资本主义
信徒的教育

① Quoted in Harvey Wish: *Society and Thought in Modern America*, New York: Longmans, Green and Co., 1952, p.178.

② Bourbons，喻指政治上的极端保守主义者。——译者注

> 自由在今天绝不仅仅意味着放任不羁。一个自由的政府所实施的干预在当下是积极有效的，而非消极无为的。

③ Havey Wish: *Sociey and Thought in Modem America*, New York: Longmans, Green and Co., 1952, p.61.

④ 也有证据显示，李也对威尔逊产生过影响。国会图书馆中许多关于李的物件都是来自威尔逊及其妻子的礼物。

生活于福音书与信条之间。他刻苦学习，努力工作，节俭度日。他希望自己能够平步青云，并且在伟大的美利坚文明史上留下自己的印记。

和高中时代一样，艾维再次在新闻与辩论中大获成功。在忙碌的生活中，他依然抽出时间来从事新闻工作，不仅担任了《普林斯顿校友》（Alumni Princetonian）杂志的编辑，而且也是《普林斯顿日报》（Daily Princetonian）——一份由本科生主办的深受尊敬的报纸——的编辑。除此之外，他还担任几份纽约报纸的校园记者，以此赚取生活费。正是这几份工作，带来了他职业生涯中的第一条独家新闻。

李在普林斯顿大学读书期间，格罗弗·克利夫兰（Grover Cleveland）已经离开了白宫，从公共生活中隐退，住在普林斯顿的家中。按照典型的19世纪惯例，退休后的克利夫兰拒绝任何的公开演讲；事实上，他如此重视个人隐私，以至于记者们在试图采访他时总是惶恐于他的易怒。一天晚上，年轻的艾维·李和他的一帮同学们来到了镇上巴亚德和赫奇路口的克利夫兰家门口。在那里，他们为这位美国前总统唱起了校园歌曲，为他欢呼喝彩，而克利夫兰也被这场景打动了，最终走出庭院，站在门廊上对着这群大学生发表了简短演讲。李站在第一排，手拿记者的速记本，写下了克利夫兰说的每个字。这是克利夫兰离职后的首次公开演讲。李将报道发给了纽约的报纸，成为很多报纸次日的头条新闻。

除了新闻，年轻的李在辩论场上同样十分活跃。在普林斯顿读大四那年，他意识到演讲才华能使自己在法律界取得比在新闻业更大的成功，因此他决定从普林斯顿毕业之后，到哈佛法学院继续深造。而此间的一个障碍因素是资金问题。带着扬基式的自力更生（Yankee Ingenuity）精神[①]，作为美国克里欧辩论会（American Cliosophic Society）中辉格代表团（Whig Hall deligation）的一员，他参加了林德辩论赛。艾维最终赢得了辩论，并获得500美元奖金，这对于享有普林斯顿优秀毕业生头衔的艾维·李来说，继续求学哈佛已经足够了。

普林斯顿大学永远都是艾维·李教育履历中最重要的一部分。他自己也感觉到母校留给自己难以磨灭的印记。"我总是认为，"他后来写道，"当一名新生来普林斯顿报到时，他不仅是在'注册'四年

---

① 指的是美国新英格兰早期殖民者身上体现的自力更生精神，代表了一种利用手头资源积极行动起来的生活态度，强调在资源匮乏的条件下，亦应通过创造性的灵感适应和克服困境。——译者注

的大学生活,而且要注定成为普林斯顿式生活的一分子。成为普林斯顿传统的一部分,这必将是件美妙的事;看到普林斯顿无价无形的财富传递给我们的子孙、我们的国家,乃至整个世界,这必将是一项荣耀的特权。"①

李在一生中经常回到普林斯顿大学校园,参加足球周末和其他各种活动。他的儿子也理所当然地被送到普林斯顿大学学习。并且在此期间,艾维·李还在附近的远景大道(Prospect Avenue)拥有一套公寓,时刻关注着这座古老的大学。他甚至把普林斯顿大学吸纳为自己的客户,为学校的宣传和资金募集贡献自己的建议。

离开普林斯顿之后,李来到哈佛法学院继续深造。但是,他在哈佛仅仅待了半学年时间,其中的一个原因是入不敷出。随后艾维·李转身上路,奔向了一个年轻人可能以最快速度获得最多财富和名望的地方:纽约。

此时的艾维·李高大瘦削,英俊潇洒,目光锐利,一头黑发被精心地梳向脑后,脸型周正,胡须刮得很干净,给人以真诚坦率的印象。他目标明确:他是一个急切渴望成功的年轻人。行走时略有跛脚并没有阻滞他的前路,反而使他看起来颇具英雄范儿。

当艾维·李来到这座美国的工业、金融中心城市,资本主义似乎正处在历史上最风光的时刻。保守党人麦金莱刚刚击败激进的布莱恩,从19世纪70年代延续至19世纪90年代的恐慌与萧条,已经被明显地克服了,而那些年头里的劳工运动和改革行为也在此刻得到了有效控制。财富的福音书作为资本主义哲学的核心,也正统治着美国的工业、政治和社会。艾维·李所接受的所有教育都被证明是正确的,他对于美国进入20世纪后依然能够取得持续的进步抱持乐观态度。

① "Class of 1898 Notes," *Princeton Alumni Weekly*, XVI February 22, 1946, p.10.

第 三 章
资 本 主 义
信 徒 的 教 育

第四章
报纸与"扒粪运动"

1899年年初，21岁的艾维·李来到了纽约。他之前带着获奖得到的500美元来到哈佛大学，不过现在已经全部花光。据说他到达纽约的时候，身上仅有一件雨衣，一张普林斯顿大学的毕业证，一份对成功的渴望，还有5.25美元。随后，他花5美元支付了一间公寓两个星期的房租，另外花了20美分买了一个三明治、一个派和一杯咖啡，并用最后5美分搭乘地铁，逛了逛纽约的商业区。

在普林斯顿大学读书期间，艾维·李曾为一些纽约的报纸担任校园记者，并结识了《纽约日报》的一位夜班编辑。因此，《纽约日报》成为他求职的第一站。这位夜班编辑恰好知道金融版需要一名记者，就雇用了李。虽然这是李的第一份全职工作，但是他很快就在证券市场记者的岗位上崭露头角。

艾维·李1898—1903年①期间一直在纽约担任报纸记者，此时恰逢美国历史上前所未有的工业大并购时代。《谢尔曼反托拉斯法》（The Sherman Antitrust Act）已遭摒弃并逐渐失效，为大资本家服务的精明律师们，轻轻松松就能找到绕开管制的办法。1897年，美国只有12家大型托拉斯，资本总额远低于10亿美元。而到了1904年，美国有超过440家大型的工业和运输业托拉斯，它们吞并了数千家小企业，资本总额大大超过了200亿美元。②

最大的托拉斯包括联合铜业公司（Amalgamated Copper）、国际航运公司（International Mercantile Marine）、美国冶炼公司（American Smelting and Refining）、统一烟草公司（Consolidated Tobacco）、美国炼糖公司（American Sugar Refining）、美孚石油

---

① 应包括做校园记者。——译者注

② See Harold Underwood Faulkner: *American Political and Social History*（Fifth Edition: New York: Appleton-Century-Crofts, Inc., 1948）, pp.600-601, and C.C.Regier: *The Era of the Muckrakers* Chapel Hill: University of North Carolina Press, 1932, pp.4-5.

公司和美国钢铁公司。所有这些公司都建立于1898年之后，得益于大资本家们津津乐道的《新泽西州公司法》。让人觉得意味深长的是，1898年美孚石油公司进行的并购，发生在洛克菲勒从日常管理中退休并投身于慈善事业之后。1901年美国钢铁公司的兼并，基本上也是由于安德鲁·卡内基从钢铁行业退休并同样致力于慈善事业。美国钢铁公司的控制权从卡内基转移到J·皮尔庞特·摩根和他的律师艾伯特·H·加里手中，而后者乃是最早具有公共关系意识的企业主管之一。

即使洛克菲勒和卡内基退休了，他们仍然和摩根一道，被认为是对美国经济具有举足轻重影响的人物。他们缔造的公司控制了美国大部分的制造业和交通运输业，并借助这一地位控制了美国的农业和物流。仅以铁路为例，1901年，全美95%的铁路掌握在由14位大资本家控制的6个集团手里。①

① See Regier, p.4.

华尔街是上述一切资本活动的中心，自然也是李作为《纽约日报》的记者经常活动的中心。的确，要想获得金融新闻，再没有比华尔街更合适的环境了。大人物聚集在这里，震动全球的重大事件发生在这里。若干年后，李的一位同事彭德尔顿·达德利（Pendleton Dudley）描述了当时的情形："李和我都对各种人抱有浓厚的兴趣，尤其是那些做事大张旗鼓的。"他说道："因为当时的华尔街是商业活动的中心舞台，商界在此风云际会（the clash of big business personalities）。正如马戏团吸引小男孩一样，华尔街也深深地吸引了李和我。"②

② Pendleton Dudley: "Current Beginnings of Public Relations," *Public Relations Journal*, VIII（April, 1952）, p.9.

基于所有的实用的考量，华尔街成为这个国家事实上的首都。它在幕后同时操纵着政府和商业。特别是在威廉·麦金莱（William McKinley）③执政时期，用威廉·艾伦·怀特的话说，一个"超越宪法的政府"统治着这片土地。一个宪政政府会惩罚任何直接侵害个人权利的暴力罪行，然而由大企业控制的"超越宪法的政府"，则会包庇那些直接侵犯公众权利的狡诈罪行。

③ 威廉·麦金莱（1843—1901），美国第25任总统。1897年当选为总统，采取提高关税和稳定货币政策，使美国的经济有了很大起色，获得了"繁荣总统"的美名。他发起了"美西战争"，1901年被刺身亡。——译者注

在垄断资本主义时代，国家财富迅猛增长，铁路网纵横交错，商业中心拔地而起，制造工厂机器轰鸣，电力提供了更强大的动力和照明，燃油支撑了更好的供暖。尽管人口数量激增，从1800年到1900年，美国人均拥有的财富仍然从200美元增加到1200美元。然而在繁荣的背后，一半人实际上一无所有，而1/8的人拥有社会

54%的财富掌握在1%的美国人手中。在每100个家庭里面，有1个家庭能够买下其他99个家庭的所有财产，其财力仍然绰绰有余。

047

第 四 章
报 纸 与
"扒粪运动"

上7/8的财富。实际上，54%的财富掌握在1%的美国人手中。在每100个家庭里，有1个家庭能够买下其他99个家庭的所有财产，其财力仍然绰绰有余。①

19世纪的最后10年，大工业企业迅速发展的同时也伴随着严重的社会问题。由于移民和农民以前所未有的速度涌入新的制造业中心，城市得以迅速发展，结果产生了众多的贫民窟。这些贫民窟居住条件极差，缺少公共卫生设施，传染病横行，酗酒的人屡见不鲜。一大群四处迁移、面孔陌生的美国人，在工业化生产的新型工厂中工作。这类工厂用大规模生产的流水线作业取代了传统的个人手艺和创造，并向工人施加了单调无聊的操作规程。工人的工作时间很长，几乎没有休假，得到的薪水却少得可怜。为了满足家庭开支，孩子们往往在十三四岁之前就被送到工厂。民主制度赋予他们的选举权常常被卖掉，或是被操纵于政治大佬之手，而这些政客自己也不过是工厂老板们的棋子而已。

一切的一切还是为了获取利润，正直的人应该为获利而不懈努力。为了赚取利润，可以牺牲人类生活和自然资源。每年大约有50万工人死亡或致残。据说发明家可以轻易将一台节约生产时间的设备卖给20家工厂，却卖不出一台可以延长工人寿命的设备。每年都有数千人在铁路道口被撞死，铁路公司却没有花一分钱改造道口或安装必要的警示设备。在一家工厂里，如果一个工人的双腿被卷到机器里面，经理会马上意识到，把人完好无损地救出来需要拆开机器，并因为停产而带来数以千计的损失。如是，经理会截掉工人的双腿来保证生产时间，这位工人则被解雇，并在得不到公司任何赔偿的情况下被送到医院。

资本家的这些做法当然不会公之于众。媒体被隔绝在生产活动之外。公众一旦了解上述事实，对大企业的运行无疑是致命的。因此，真相总是被打压下去。

尽管这些内幕通常并不为公众所了解，但是仍然有很多改进这种境况的努力，譬如限制托拉斯的权力，又如组织工人联合罢工以争取更高的报酬和更好的工作条件，再如发起解决贫民窟问题、反对酗酒和抗击疾病的社会运动。当然，也有很多人尝试让有关真相大白天下。

其中，让公众了解真相是最重要的一种尝试。这一尝试可以称得上是新闻界的一场革命。特别是在19世纪90年代，报馆老板和

① Regier, op. cit., p.5.

编辑们开始扮演全新的角色：曾在 18 世纪作为报纸立足之本的评论功能，在 19 世纪中期被事实报道所取代。这一切转变都由詹姆斯·戈登·贝内特（James Gordon Bennett）等人在便士报①流行的年代里所开创。及至 19 世纪末，记者们意识到，他们所能做的不仅仅是呈现事件，他们也能通过策划某些事件来制造新闻。值得注意的是，在世纪之交，艾维·李曾为三家影响最大的报纸服务，接受了三位新闻界大腕的指导。给了他第一份工作的《纽约日报》，隶属于威廉·兰道夫·赫斯特（William Randolph Hearst）创办的报系。之后，他从《纽约日报》跳槽到《纽约时报》，这份报纸的创办得益于阿道夫·奥克斯（Adolph Ochs）的天分和奉献精神。后来他又从《纽约时报》跳槽到约瑟夫·普利策（Joseph Pulitzer）拥有的《纽约世界报》。

相比其他出版人，普利策的过人之处在于他意识到涌入美国城市的移民和农民，所需要的不仅仅是沉闷的评论文章。他的报纸通过刊载大量照片、连环漫画（comic strips）争取了大量新读者。这份报纸有生动的新闻报道、引人入胜的文章和别具一格的故事。

赫斯特采纳并进一步发展了普利策的技巧，将其普遍推广开来。他认为，如果现实中没有足够生动和有趣的事件来确保读者持续购买报纸，那么报纸可以自己制造事件。通过派遣内利·布莱（Nelly Bly）环游世界，普利策制造了读者感兴趣的新闻。同样通过发起反对贪污腐败的运动，他激起并维系了读者的兴趣。赫斯特同样用耸人听闻的手法报道社会运动和惊人的社会事件，吸引了成千上万新读者的支持。出格的是，他甚至煽动民众愤怒的火焰，挑起战争以制造新闻。

奥克斯和他的编辑卡尔·范安达（Carr Van Anda）强化了报纸报道新闻的新功能，坚决反对采用哗众取宠的报道方式。正如《纽约时报》的信条——"刊载一切适于发表的新闻"，事实至上是《纽约时报》最重要的原则。

所有这些报纸和塑造报格的人们都影响着艾维·李，在他一生从事的工作中留下了难以磨灭的烙印。他到《纽约日报》工作时正值黄色新闻（yellow journalism）②的高潮期，《纽约日报》刚刚助推了美西战争，一直见证和报道战事直到胜利。在这一过程中，《纽约日报》赢得了其与《纽约世界报》的发行战，日

① 便士报（penny press）是产生于 19 世纪 30 年代美国的廉价报纸，因为购买报纸只需要 1 便士，故称便士报。——译者注

② 黄色新闻，是新闻报道和编辑的一种方针。在理论上，以煽情主义新闻为基础；在操作层面上，注重犯罪、丑闻、流言蜚语、灾异、性等问题的报道，采取种种手段以达到迅速吸引读者注意的目的。——译者注

销量创纪录地超过 150 万份。

更重要的是，19 世纪 90 年代的记者们认识到，通过对场景和事件的真实性报道，描述社会运动，曝光社会阴暗面，他们能够更加强势地影响公众的思想，效果远胜于之前在评论版发表意见。他们发现，曝光政府和大企业的贪污贿赂行为，不仅能够提高报纸销量，还能改变整个世界。1906 年，西奥多·罗斯福把揭露企业、政府贪腐行为的努力称为"扒粪者的工作"。

> 1906年，西奥多·罗斯福把揭露企业、政府贪腐行为的努力称为"扒粪者的工作"。

李的整个记者生涯，都处于"扒粪运动"时期。这是林肯·斯蒂芬斯（Lincoln Steffans）和雷·斯坦纳德·贝克（Ray Stannard Baker）的时代，同样也是艾达·塔贝尔（Ida Tarbell）、厄普顿·辛克莱（Upton Sinclair）、塞缪尔·霍普金斯·亚当斯（Samuel Hopkins Adams）、弗兰克·诺里斯（Frank Norris）和其他很多人的时代。这些人可能永远不会被冠以改革领导者的荣誉，然而不可否认的是，正是因为他们凝结了舆论，使得这些改革得以实现。斯蒂芬斯对市政、政治腐败行为进行的揭露，与城市改革运动直接相关，削弱了政治大佬和工业巨子的力量。贝克和塔贝尔对大企业尤其是对铁路和石油托拉斯的揭露，很大程度上推动了新的立法，保证了反托拉斯措施得以强制实行。辛克莱对于肉类加工业的曝光和亚当斯对专利药品的攻击，促成了《纯净食品及药物法案》（Pure Food and Drug Act）的诞生。

尽管在李做记者期间，新闻界的主流风气是"扒粪"，但李自己并不是一位"扒粪"记者。如果一定要把他归类的话，他更愿意去保护那些被攻击的组织和人，而不是参与对他们的攻击。李清楚地认识到，正是资本家自身奉行的政策，招致他们受到持续攻击。不论他们对待公众的做法是否道义，他们都不知道如何应对揭露他们的媒体。

与当时很多报人不同，李不是波西米亚风格的乐天派。他聚精会神地工作，把目光放在了长远的目标上——追求成功。"他做了大部分报人都不会做的事情，"他的同事、记者芒福德（John K. Mumford）说道："他要创造一个属于自己的事业（made a business of his business）。"①

① John Kimberly Mumford: *A Physician to Corporate Bodies*, New York: Industries Publishing Co., 1925, p.10.

李自己有一个报纸资料室。他经常剪下报纸上有意思和重要的内容并存档，以备自己参考。

他总是全身心地把自己投入到每一条新闻的采写中。当他被派到布鲁克林采访时，芒福德叙述道，他不会像大部分记者一样，搭乘最近的有轨电车穿过东河，而是先动身去公共图书馆或者一家开放的法律事务所，在那里研究所报道的事件的背景。为了一次采访，李常常抱着半打大部头书籍，芒福德说，这样的情形简直再常见不过了。①

在一次与华尔街无关的报道中，李的任务是采访一位名叫汤姆·夏基（Tom Sharkey）的拳击手如何训练。李没有单单采访夏基，而是相约住在一起，与他一起在拳击场训练，甚至在他长跑时骑着自行车跟随其后。这种独特的体验让李从此成为一名资深的拳击迷。

李最出名的报道，可能是一篇关于突袭迪克·坎菲尔德经营的赌场的新闻。事件发生在一个晚上，当时李正在报道一个富人区的晚宴。当他返回报社时，夜班编辑听到了消息，便派他去报道这次突袭行动。当时没有记者能够得到更多关于坎菲尔德和突袭行动的信息，要写作相关报道就成了"无米之炊"。不过对于李却不是这样，凭借惊人的预见性，李在过去的一年多时间里收集了大量与坎菲尔德有关的简报和其他数据。这使他能够坐下来撰写一篇专栏，用大半篇幅介绍坎菲尔德过去和现在的活动。这篇报道被放在报纸头条，成为当天的独家新闻。

争抢新闻版面的竞争非常激烈。当时记者的大部分工资根据报道的版面大小计算。在那个年代，写一篇专栏能赚10美元。正因如此，根据李的一位同事丹尼尔·T·皮尔斯说，李在报道时把必要的和重要的事实紧密地缝制在整篇报道之中。②这种技巧使得懒惰的校对员难以删减他的报道，从而增加了他的收入。不过，这也教给他在后来的公共关系职业生涯中一个非常重要的技巧。

总而言之，李在做记者时并没有写过非常重要的新闻。他的同事把他称为"一个有能力却并不杰出的记者"③。"他是一位优秀的财经记者，但是很穷，"皮尔斯说道。④他的大部分记者同行，总是愤世嫉俗地鄙视出现在头版的或有德行，或有劣迹的杰出人物。与他们不同，李对地位显赫或有新闻价值的人总是推崇有加。他抓住了绝大部分机会来培养自己与杰出人物的联系，并且在他们面前成功地展现了自己的才智和品格。

做夜班记者时，李注册参加了哥伦比亚大学在白天举办的研究生班。他接受了政治学、文学等方面的课程训练，并对一位名叫乔治·E·伍德伯里（George E. Woodbury）的教授产生了特别的兴趣。

第四章 报纸与"扒粪运动"

① John Kimberly Mumford: *A Physician to Corporate Bodies*, New York: Industries Publishing Co., 1925, pp.10-11.

② Berlin, op.cit., p.39.

③ Pringle, op.cit., p.149.

④ Berlin, op.cit., p.37.

> 他的大部分记者同行，总是愤世嫉俗地鄙视出现在头版的或有德行，或有劣迹的杰出人物。与他们不同，李对地位显赫或有新闻价值的人总是推崇有加。他抓住了绝大部分机会来培养自己与杰出人物的联系，并且在他们面前成功地展现了自己的才智和品格。

伍德伯里教授既是作家又是诗人。贯穿职业生涯始终，李与他的父亲一样保持了一个爱好：引述小说家和诗人的著作，并向他们致敬。

李没有在纽约的寄宿公寓待太久。在和他的同事、记者芒福德成为朋友后不久，他被邀请住进了芒福德家里。芒福德把他介绍给另外一位记者路易斯·毕格罗（Louis Bigelow），三个人一起租住在曼哈顿的上西城，以便到哥伦比亚大学上课。毕格罗来自明尼苏达州的圣保罗（St. Paul），当他1900年回家过感恩节时，邀请了与他同屋的李一同前往，并与全家一起度过感恩节。

正是在圣保罗，艾维·李遇到了路易斯·毕格罗的妹妹科内莉亚·巴特莱特·毕格罗（Cornelia Bartlett Bigelow），两人马上互生爱慕之情。毕格罗一家是圣保罗一个历史悠久、受人尊敬的家族。科内莉亚是一个具有社会意识、举止得体、聪明而又可爱的女孩。李则是南方式谦谦君子的化身。他高大瘦削，英俊潇洒，头脑敏锐，激情四溢地追求成功。除此之外，他还有许多优点。艾维·李开始追求科内莉亚。1901年，他们在圣保罗喜结良缘。

艾维·李是一个拥有远大"美国梦"抱负的年轻人。他告诉妻子，他想成为一家乡村小报纸的编辑和所有者。他让妻子相信，这将是可能实现的最令人满意的生活方式。如是，他可以说任何他想说的话，成为当地举足轻重、极具影响力的人物。他将完成自己想做的事情，同时一年赚1万美元。最重要的是，他将有时间写一部伟大的美国小说。①艾维·李年轻的妻子会心地微笑，对他深信不疑，她对他一生信任如斯。

这位年轻的记者和他的新娘一道返回纽约，一切又回到了日常生活的轨道。在经历旋风般的浪漫、求婚、梦想之后，李倍感失望。靠着撰写10美元一篇的专栏实现梦想，是一个漫长而又乏味的过程。1903年，科内莉亚怀孕了。他手头开始拮据，时间对他而言更加珍贵。由于无力过上想要的生活，他把年轻的妻子送回圣保罗的老家。妻子的父母将会为他们第一个孩子的出生提供良好的帮助。另外，他需要时间思考，寻找从记者转行出去的机会。当把科内莉亚送上去圣保罗的火车时，他告诉科内莉亚，他将利用这段时间写一本小说，这肯定能让他们在纽约站稳脚跟。

数周之后，艾维·李和科内莉亚的第一个孩子降生。他们给女儿取名叫艾丽斯。李从未动手写小说，而是离开了新闻界，并开启了一个新行业。他缔造的这个新行业，将被证明是一项全新的事业。

---

① 以19世纪末20世纪初的美国作家弗兰克·诺里斯为代表的一批文学批评家，从形式和内容两方面出发，倡导建立一种能代表美国文化身份的"伟大的美国小说"。——译者注

第五章
声名鹊起的新闻代理人

及至 1903 年，美国大企业间的并购遽然减速。在股票市场中，连续六年的飞速增长导致了一系列过度扩张和投机倒把现象，从而引发了一场短期的经济萧条。或许更重要的是，此时麦金莱总统已经被暗杀了，而西奥多·罗斯福正挥舞着大棒，打击各种托拉斯组织。

"扒粪者"（the muckrakers）对大企业和政府腐败的曝光，点燃了人民大众的愤怒之火，并导致了从 1903 年开始的一系列改革运动，其中的推动者包括来自威斯康星州的国会参议员罗伯特·拉福莱特（Robert LaFollette）和总统泰迪·罗斯福（Teddy Roosevelt）①本人。在首场国会演讲中，罗斯福就清楚地阐述了自己对待大企业的态度。他说自己注意到"广泛存在着一种观念……认为大企业身上有一种确定不移的趋势，会对公共福利造成损害，"他坚持认为大企业"不应该被禁绝，而应该加以监管，并置于合理限度的控制之下。"②罗斯福依然是一名共和党人，并且像其他保守派一样，支持高关税、金本位和帝国主义。但与麦金莱不同，罗斯福认为政府必须保护自己的人民，哪怕这意味着政府的干预。他并不信奉自由放任主义。

① 即西奥多·罗斯福，泰迪为其昵称。——译者注

② Quoted in Faulkner, op. cit., p.602.

而李对自由放任主义却青睐有加。1903 年，在妻子回到圣保罗生下他们的第一个孩子期间，艾维·李辞去了他在《纽约世界报》记者的工作。李并不真正打算立刻撰写"伟大的美国小说"（the great American novel）。他想成为一种全新的媒体代理人，为大企业说话，为企业带来商业利益，以抵消"扒粪者"给企业造成的损失，当然，最终也可以拿到比自己做记者时更高的薪水。

起初，李对自己的这一打算并没有十足的把握。在与朋友的一次会面中，朋友鼓励他去尝试自己的想法。"哪怕别的都失败了，你也可以随时回来为杂志写那些迫于生计而粗制滥造的报道。"这位朋友如是说。① 不过李对自己的生计与未来从来都很谨慎小心，他与朋友争论以后去见了自己所供职报纸的编辑比尔·赛耶（Bill Thayer）。李并没有提出辞职，相反他希望赛耶能够允许自己离职一段时间，他还承诺在杂志社需要的任何时候，他都会回来工作。得到了赛耶的肯定答复后，李才真正开始了自己的全新事业。

美国商业正处在剧烈的转型期。在19世纪的最后10年里，商业已经发生了非常显著的变化。这个时期的企业家，或具体来说，华尔街的投资银行家们，已经着手补救经济上自由放任主义制度导致的贯穿美国整个19世纪的罪恶——罪恶源于过度竞争。工厂主们首先消灭了小作坊，然后彼此之间展开竞争，进而实施大规模兼并。在大萧条的严重时期，大量工厂走向倒闭。哈佛大学一名商业史学家（business historian）指出："轮船公司不将实力最接近的竞争对手撞到礁石上誓不罢休。铁路公司以低于成本的价格运输旅客和货物，直到它们的竞争对手破产。石油经营者努力在销售额上超过他们的竞争对手，直到最后占领整个市场。"②

显然，这种惨烈的竞争状况不可能无休止地持续下去。在19世纪90年代，华尔街的投资银行家们开始做一些事情来改善现状，而这些事情是信奉自由放任主义的政府不愿做的。激烈的竞争导致了破产和经济萧条，而华尔街的投资银行家们则成为第一批受害者，整合公司业务便成为这些商业巨头的理性选择。对于华尔街的投资银行家来说，最明智的决定就是关闭那些弱小无望的公司，扶持壮大那些本就强大的公司，支撑这些公司的运营资本，并保证其多元功能得到精心的整合。

但是在此过程中，一方面，华尔街的投资银行家们并没有考虑到包括工人和农民在内的普罗大众的利益诉求。华尔街的巨头们与普罗大众及其代表——媒体——之间没有任何联系。另一方面，大众也只看到权力越来越向华尔街集中的现象，以及华尔街对公众利益的漠视，尤其是在新闻媒体开始曝光华尔街内幕之后。大众觉得华尔街正在危险地攫取只有政府才能安全地持有的权力。

① Mumford, op. cit., p.13.

② N.S.B. Gras: "Shifts in Public Relations," *Business Historical Society Bulletin*, XIX（October 1945）, p.119.

第 五 章
声名鹊起的新闻代理人

作为一名华尔街常驻记者，艾维·李已经看透了投资银行家们所犯下的种种错误，尤其是在他们和新闻机构打交道的时候，而这些新闻机构反过来又喜欢把这些错误公之于众。李清楚，大多数报人都有充分的理由鄙视这些商业大亨。大亨们总是表现出高人一等的姿态，认为记者身上有令人掩鼻的气味，经常酩酊大醉，言行举止失当。尤其是在十字军式报纸面世（the Crusading Newspaper）之后①，资本家们认为记者有着"猎犬的嗅觉和公共刽子手的性情"②，更加尽量避免接触一切报纸，并极度蔑视新闻记者。试举一例，J.P.摩根一直以来几乎与媒体"绝缘"。有一次他在轮船的甲板上邂逅了一名穿着考究、戴着白手套、谈吐优雅的绅士，却惊奇地发现对方是一名记者。尽管如此，他还是将交谈进行了下去，并对在记者群体中认识、了解这样一名绅士而感到欣慰，这位绅士模样的记者自然获得了一条独家报道。

艾维·李也常常就是上面描述的这类记者。那些被他采访过的大人物往往对都他印象深刻，记得他优雅的举止，南方特色的绅士范儿，精深的问题，庄重的谈吐，敏锐的目光，帅气的面孔，以及高大伟岸、轮廓清晰的身形。他越来越意识到，这些大企业需要自己这种类型的记者帮助他们。大企业需要新闻代理人，不是那种已经存在很多年、只会推销马戏团小丑和舞台表演者的经纪人，而是一种新型的新闻代理人，他们能够明智地代表客户的最大利益。

不管华尔街自己如何看，在世纪之交的股市交易中，华尔街的利益确实在很大程度上取决于大众。但是这种关系十分复杂，即使投资银行家将信息透露给媒体，也几乎没有记者能够将这些信息变得对普通人来说具有实质性意义。就此而言，李认为自己能够在把企业家的信息解释给公众方面发挥重要作用。

彭德尔顿·达德利，后来成为纽约的一名顶级公关经理，见证了李的早期历程。这名出生在密苏里州的年轻人，只身来到纽约并通过勤工俭学就读哥伦比亚大学。因为对华尔街的兴趣，他争取到一份推荐信，将自己介绍给艾维·李，二人很快成为要好的朋友。在哥伦比亚读书的四年间，他经常与李见面。"当我回顾我们之间的友谊时，"他后来忆及，"我依然记得最开始的场景，李踌躇满志，打算成立一家新闻社或是新闻局，为客户提供服务。"③

正如李所见，他创办的机构将提供符合新闻价值的专业信息，充

---

① 未能查到相关文献，应是喻指对资本家和政治家进行"扒粪"、讨伐的报纸。——译者注

② Pringle, op.cit., p.146.

③ Dudley, loc. Cit.

取悦公众

> 他创办的机构将提供符合新闻价值的专业信息,充当发布新闻的报纸和发生新闻的大亨之间的中介。

当发布新闻的报纸和发生新闻的大亨之间的中介。按照达德利的说法,早在1901—1902年,李就在以这种方法为一两家客户提供服务。但是艾维·李自以为极其必要的业务并没有很快引起企业的兴趣,甚至当李从报社辞职,全力经营自己的新闻社时,依然难以争取到客户。

作为自由撰稿人,李在杂志上发表的第一篇文章曾试图说明无需过度"扒粪",他也能把商业向普通大众解释清楚。在这篇题为《储蓄银行》(Savings Banks)的文章中,李努力让人们相信,这样的机构(指储蓄银行)在社会和金融的层面对于民主社会来说都是有意义的。"教导工薪阶层储蓄意义重大,尤其是当一个国家的公民可以自由投票时,"李写道,"对于发展良好公民权至关重要的是,穷人的储蓄不应该仅仅放在银行里,而应该被拿来再投资,而这一(投资)工作应该由能力超群、诚实守信的人来从事,保证这些投资不仅能成为示范,而且能为穷人带来实际利益(practical benefit)。"

李在文章中申辩说,银行家绝不能只为他们自己服务。"稳健的金融要求保证人民的储蓄能够被共同体的生产需要所用。"他赞赏在公立学校中教授储蓄原理,并高度认同巴尔的摩和俄亥俄铁路公司为其雇员成立储蓄公司的做法。"这些有公德心的人,通过努力将储蓄的观念灌输给穷人,为解决问题争取时间、贡献思想,从而为文明做出贡献,"李写道,"资本市场和工业机构都从储蓄银行中获益良多……它使证券交易真正变得安全了,因而对于工薪阶层和其他一切从中受益的阶层来说,储蓄银行都意义重大。"①

① Ivy Ledbetter Lee: "Savings Banks," *The World's Work*, IV(September, 1902), pp.2489-2490.

由于这篇文章,李开始拥有了第一批独立的公司客户。一群纽约的银行家,想要修建一条联结纽约、切斯特港(Ports Chester)和波士顿的铁路。他们正忙于收购沿线居民的财产,从而保证铁路能顺利通过。但是他们在劝说铁路沿线的财产所有者卖掉自己的财产时遇到了很大麻烦,这个时候他们聘用了李。

李来到预定铺设铁路的沿线城镇,并和当地有影响力的市民对话。他成功地使当地市民相信修建铁路的银行家有着正直的品格和良好的愿望,并且修建的铁路将给当地社区带来好处。随着舆论氛围的改变,投资者得以逐步从居民手中拿到了特许权(franchises)。

许多有关李的故事都表明,他此时还和旧式的新闻代理人一样,也会耍花样、玩手段以达到目的。其中一个故事将一场有关马戏团的事故归责于李,这发生在李辞掉记者工作之后不久,当时他正在为一家马戏团提供宣传服务。当马戏团进入纽约布鲁克林大桥（Brooklyn Bridge）时，猴车在大庭广众之下抛锚。猴子们惊慌失措，到处逃窜，爬上了大桥建筑的缆绳上。混乱的场面招来了纽约超过半数的警察。自然，这条新闻登上了所有纽约报纸的头版头条，而头条新闻正是李为马戏团客户提供的最佳宣传手段。

但是，李从来都不认为宣传等于登上报纸头版，他也从未将制造噱头作为自己的常用手段。此后他也一直拒绝承认自己有意策划了猴子事件。从一开始李就把自己定位为一名新型的"律师"，而非旧式的、作秀的新闻代理人。1904年他写了一篇关于律师的文章，强调当今的资本主义时代需要一批新型律师。"这个时代已经创造了许多新的职业，比如推销员和交易员，而他们都需要对法律知识有精准而广博的了解，"他写道。李所理解的"推销员"在某种程度上就是销售证券的律师。他立志成为一个能"准确、诚实且最有效地代表新产业中的投资机会和投资价值"的人。①

① Ivy Ledbetter Lee: "Modern Lawyer," *The World's Work*, VIII（June, 1904）, p.4874.

律师也正被要求承担起各种新型工作任务。每一家公司的建立都离不开一名律师，他能告诉人们什么是法律所允许的，指导人们如何组建托拉斯而不致违背反托拉斯法案，以及达成合法的金融交易。"告诉我如何做成这件事——这可能是资本家对顾问们所发出的最常见命令了。律师往往并不深究客户的动机，不问动机之险恶抑或良善。律师的工作通常就是设计出某种路径，从而达成预期的目标，且不违反法律的条文。"②

② Ibid., p.4879.

当"扒粪者"们搅动公共舆论，公共舆论进而影响政府立法来规范商业时，李逐渐意识到，舆论的法庭和法律的法庭在重要性上几可等同。难道公司不需要一些人来给它提供建议和方法，从而达成既定目标且不招致公众的愤慨吗？难道不需要一种新型的律师、一个新型的职业吗？李的回答是肯定的，因此在从早前供职的《纽约世界报》辞职后，他将自己的一生都贡献给了这个新职业。

李希望成为一名新型律师，但是生意冷清，他只好和其他一些旧式的新闻代理人一样，为马戏团、政客提供服务。事实上，从他放弃记者工作的第一天起，他就一直在参与政治宣传。故事的经过是这样的：那天李从《纽约世界报》获准离职一段时间，在他离开报社大楼时，碰到了阿瑟·科斯比（Arthur Cosby）上尉，一名纽约的政治幕僚。科斯比询问李，有没有合适的人选可以推荐为马上举

取悦公众

行的针对坦慕尼协会（Tammany Organization）①的一场政治选举提供宣传服务。"我自己怎么样？"李问道。接着李就得到了第一份作为政党新闻代理人的工作。

李的工作就是帮助塞斯·洛（Seth Low）连任纽约市市长。洛一直在努力争取由纽约市民联盟（New York Citizens Union）支持的联合选票（fusion ticket）。要想打败地位稳固的坦慕尼协会及其候选人乔治·B·麦克莱伦（George B. McClellan），这部分支持改革的选票（reform ticket）至关重要。要知道，这部分联合选票在之前的选举中就曾帮助洛击败坦慕尼协会，并且已经促成了一些必要的改革。

李被任命为争取市民联盟的媒体代表（press representative）。不到一周时间，他就开始与竞选委员会的成员一起准备竞选文献。最终他被指定负责撰写竞选书籍，而这也是他作为新闻代理人的第一部作品。

李随后的成果是一本厚达 160 页的著作，名为《城市为民：纽约拥有的最好政府》（The City for the People: The Best Administration New York Ever Had）。该书体现了艾维·李在之后职业生涯中所发表的大量作品的共同特色：运用浅白的语言，配以大量的标题、黑体、带有下划线的句子。李讲述了关于联合执政的设想。他写道，市民联盟代表这样一种理念，"本地的商业事务应该根据它们各自的特质来处理，而免受联邦或州府政治的干扰"②，锋芒直指坦慕尼协会这样的国家机构。

他自己也做了一些"扒粪"工作，措辞谨慎地指出在上一届由坦慕尼协会组成的政府中，即在凡·维克（Van Wyck）市长当政期间，城市的每一个政府部门都发现了贪污罪行。李同时指出，在塞斯·洛的领导下，联合执政记录良好，洛兢兢业业，关心市政工程，抵制有害立法，修正坦慕尼协会的积弊和陋习，回击坦慕尼协会对其工作的阻碍，建成了地铁、隧道和大桥。

尽管李付出很多，联合执政派最终还是输给了坦慕尼协会的候选人麦克莱伦。不过，李的出色工作使其进入了民主党全国委员会（National Democratic Committee）的视野，民主党将角逐 1904 年的总统大选。民主党全国委员会宣传工作的负责人是乔治·A·帕克（George A. Parker），他是一名老报人，自 1888 年起就在民主党全国委员会任职。李与帕克的交往注定产生深远影响。

---

① 也称哥伦比亚团（the Columbian Order），1789 年 5 月 12 日建立，最初是美国一个全国性的爱国慈善团体，维护民主，反对联邦党的上流社会理论；后来成为民主党在纽约的一个政治机构。——译者注

② Ivy Ledbetter Lee: *The City for the People: The Best Administration New York Ever Had*, New York: Citizens Union, 1903, p.5.

第 五 章
声名鹊起的
新闻代理人

1904年的民主党大会再典型不过地表征了美国政治中的反讽。民主党人终于无法忍受威廉·詹宁斯·布莱恩（William Jennings Bryan）的思想，并提名了一名保守的、不折不扣的民主党人——来自克利夫兰派①（Cleveland school）的纽约人奥尔顿·B·帕克（Alton B. Parker）法官竞选总统。在素来激进的民主党旗帜下，帕克却采取了保守的立场；而他的竞争对手，素来保守的共和党和由大财阀资金支持的泰迪·罗斯福则赞成进步主义观念。对于李这样一名坚定的民主党人来说，比起其他任何可能的民主党候选人，帕克法官可能是李最愿意助选的对象了。

艾维·李和乔治·帕克（他和帕克法官没有亲戚关系）一道，开始为帕克法官的竞选准备材料。有一个小技巧贯穿了竞选始终，那就是推广一种双面印刷的卡片。卡片的一面写着"总统的战争梦"，它引用的是罗斯福过去的作品，证明他曾经支持美国的帝国主义政策。而在卡片的另一面则写着"帕克法官的和平追求"。这些信息时不时地成为报纸头条，共和党人指责民主党不惜"查遍罗斯福的著作"试图证明罗斯福是个危险分子。另一类卡片在一面写着罗斯福承诺给予媒体更大自由，而在卡片的另一面则引用他的"言论禁令"（gag order），说明他限制政府部门领导透露消息给报纸。②

显然，帕克和李在写作竞选纲领、演讲词、公告，以及制作竞选卡片和新闻发布方面都产生了相当大的影响，但影响程度却很难估量。他们发布的新闻通常印成常规报纸专栏的尺寸，并像报纸一样分成数栏，从而方便编辑能够完整地引用故事，并且这些故事都以出色的新闻体写就。在每一份将要发布的新闻顶部，都附有一句提示语："致编辑，下面这则新闻通讯稿保证准确，但并不代表官方意见。——乔治·F·帕克，民主党全国委员会文宣处（Literary Department）主管。"通常还会标注稿子的发布时间，比如"10月13日早晨发表"。③

当然，李再次在一场政治选举中败北。相较帕克法官的苍白无趣和模棱两可，罗斯福要有活力得多。但不管怎么说，这并非李真正感兴趣的工作，而且他虽然输掉了选举，却建立起许多重要的人际关系，还找到了一位合作伙伴。

① 克里夫兰（1837—1908），美国第22、24任总统，在1884年、1892年选举中两次当选美国总统，他代表了民主党里的保守派。——译者注

② See Ivy Ledbetter Lee (ed.): *Scrapbooks on Democratic National Presidential Campaign*, 1904, Two Volumes, in the Princeton University Library.

③ Ibid.

> 他们发布的新闻通常印成常规报纸专栏的尺寸，并像报纸一样分成数栏，从而方便编辑能够完整地引用故事，并且这些故事都以出色的新闻体写就。在每一份将要发布的新闻顶部，都附有一句提示语："致编辑，下面这则新闻通讯稿保证准确，但并不代表官方意见。"

缔造公关职业

虽然助选帕克法官担任美国总统的努力以失败告终，但是乔治·帕克和艾维·李并不打算放弃，相反，他们看到了自己所提供的这类服务将具有持续的需求。1904年年末，他们以合伙人的身份开办了一家公司，并将其简单命名为"帕克和李公司"。可以肯定的是，这是目前有史料记载的美国历史上第一家独立的公共关系公司（publicity agency）①。

帕克和李二人在邻近纽约证券交易所的邮政电报大楼里租了一间办公室。年长的帕克拥有更丰富的经验，于是出任公司的资深合伙人，而李则负责处理"诸如销售等必要的业务"②。令两位合伙人始料未及的是，他们竟然需要花大力气去推销业务。无论大企业还是小企业，对帕克和李公司提供的服务都无太多兴趣。

从一开始，他们二人对公司在商业活动中应该扮演何种角色就有不同的预期。帕克是典型的旧式新闻代理人。作为土生土长的印第安纳人，他毕业于艾奥瓦州立大学，在李的父亲大学毕业之前，帕克已经是艾奥瓦州的一名记者。实际上，他比李的父亲还要大两岁。1873年，他开始在艾奥瓦州的印第安诺拉创办《论坛报》（*Tribune*）。1876年，他购买了位于得梅因的《国家领袖报》（*State Leader*）的半数股份。1880年，他返回印第安纳，出任《印第安纳波利斯哨兵报》（*Indianapolis Sentinel*）的社论作者。之后，他曾经短暂从政，担任威廉·H·英格利什（William H. English）的私人顾问，后者作为民主党候选人在1880年的副总统竞选中落败。值得一提的是，这次竞选活动首次大规模使用了选举宣传品。

---

① 当时尚未正式命名公共关系行业，这家公关公司还被称为宣传机构（publicity agency）。——译者注

② Dudley, op.cit, p.10.

这次竞选之后，帕克在各种各样的新闻工作岗位上漂泊，先后供职于《华盛顿邮报》、《曼彻斯特联合报》（新罕布什尔州）和《费城时报》。而后他从《费城时报》辞职，接受了一项政治任命，担任费城邮政局助理局长。在协助成立纽约《出版报》之后，他于1888年再次全职从事政治宣传事务，这次是在格罗弗·克利夫兰总统的连任竞选中，出任民主党全国委员会竞选手册（campaign book）的编辑和文宣处（literary Bureau）主管。克利夫兰在1888年连任失败，而他在1892年重新获得总统职位后，任命帕克为美国驻英国伯明翰的总领事。帕克在这一职位上一直待到了1898年，其中有两年处于威廉·麦金莱的共和党统治时期。

帕克在民主党全国委员会一共经历了五次总统竞选活动，此间他为民主党的文宣处转向新闻处的改革付出了巨大努力。在英国期间，他还作为美国政府的特派代表，推动欧洲国家参与到1903—1904年的路易斯安那展销（收购案）博览会①（the Louisiana Purchase Exposition）。格罗弗·克利夫兰从公共生活退隐后，被委任为公平人寿保险协会（Equitable Life Assurance Society）董事会成员，这位前总统还不忘把帕克任命为董事会秘书。即使在帕克和李公司成立之后，帕克仍然继续保留这一职位。

① 1904年在美国圣路易斯举办的世界博览会，之所以被称为"路易斯安那收购案博览会"，是为了纪念美国从法国手中购得路易斯安那100周年。——译者注

帕克能够为这家年轻的公司带来许多商界和政界重磅的社会关系。对李而言，帕克是无价的，因为他把李带入了一个非常重要的社交圈，正像链式反应一样，只要为李提供了一张入场券，李在接下来的时间里自然就会结识一个又一个世界级的政界和商界领袖。但是，帕克同样也为这家新公司带来了19世纪旧式的新闻代理人观念，而李脑子里想的，则是一些新异的东西。

纵观整个19世纪，新闻代理人在美国人的生活中扮演了重要角色，但他们要么通过歪曲事实来愚弄媒体，要么通过隐瞒事实以妨碍报道。这种19世纪新闻代理人的著名代表包括安德鲁·约翰逊（Andrew Jackson）总统的新闻顾问阿莫斯·肯德尔（Amos Kendall）、马戏团和舞台人物（stage personality）的推销者菲尼亚斯·泰勒·巴纳姆（Phineas T. Barnum）。直到19世纪末，新闻代理人主要和政治、戏场联系在一起。企业家与公众并无多少联系，如果他们雇用新闻代理人，也无非是防止好事的媒体干涉他们的事务。

然而在20世纪初，企业与公众的关系经历了一场重大转变。大

> 纵观整个19世纪，新闻代理人在美国人的生活中扮演了重要角色，但他们要么通过歪曲事实来愚弄媒体，要么通过隐瞒事实以妨碍报道。

第 六 章
缔造公关职业

取悦公众

概在12世纪到18世纪的重商主义时期，企业需要依靠公众的帮助才能获得发展，扩充必需的特权和管制。而到了18、19世纪，随着企业实力的不断壮大，企业却高傲地远离公众并认为"公众该死"。直至19世纪末20世纪初，由于大众话语力量的崛起，企业家发现他们不得不再次寻求与大众合作，以解决他们自身的问题并实现发展目标。①

转而寻求与公众合作的这一观念，最早出现在19世纪90年代已经与公众成功建立了合作性抗争关系的华尔街金融资本家那里。彼时，以民粹主义和进步主义之名，公众对抗大资本家甚至成为一种风潮，企业面对不断强化的公众和政府干预，不得不将政策从"公众该死"逐渐转向"公众应被满足"。在这一转向中，正是李充当了引路人。而构建企业与公众之间的新型关系，需要造就那些洞悉公众态度并懂得顺应公众态度的新型人才。这些人才诞生于企业与公众关系的重大转变中，其角色或为公司的总顾问，或为多家企业的专家智囊，或为公司管理层的助手，或为商业联盟的组织者，或为公司部门的骨干，总之专门致力于企业公共关系的改善。②

艾维·李几乎与每一个公共关系实践方法的变革都有重大关系。他自己可能是第一位同时受雇于多家公司的独立顾问，还可能是以公关助理身份直接服务大公司总裁的第一人。《纽约时报》后来评论道，"李为企业的公关事务带来了一些新东西，当他还是一个年轻记者时，纽约城里有大量新闻代理人宣传戏剧和舞台明星，但并没有专门促进大资本家与公众平等协商的公关专家。李的一生跨越并直接推动了这个变化。"③

李致力于其所谓"公共关系"的转向，而拥有众多社会关系资源的帕克则为李拉来了生意。通过此前的政治宣传工作，帕克结识了发明家和制造商乔治·威斯汀豪斯（George Westinghouse），以及金融家托马斯·福琼·瑞安（Thomas Fortune Ryan）。瑞安拿到了坦曼尼协会签署的建造有轨电车和地铁的合同，攒了两亿美元的财产。帕克和李公司同时为威斯汀豪斯和瑞安开展公关服务。

瑞安完全信任帕克和李公司，以致上来就签署了一张一万美元的支票，作为对他进行宣传的前期酬劳。这单生意极大地鼓舞了帕克和李两人，促使他们物色更多的公司职员。李成功说服了丹尼尔·T·皮尔斯（Daniel T. Pierce），这位曾经的律师和公开出版物《舆论》的编辑，一直都非常了解李所倡导的公关观念，但直到李向他展示了来自瑞安的

---

① See Gras, op.cit., pp.118-119.

公众对抗大资本家甚至成为一种风潮，企业面对不断强化的公众和政府干预，不得不将政策从"公众该死"逐渐转向"公众应被满足"。

② See Gras, op, cit., pp118-119.

③ Quoted in Scott M. Cutlip and Allen H.Center: *Effective Public Relations*, Englewood Cliffs, N.J.:Prentice-Hall, Inc., 1952, p.49.

一万美元支票,他才真正对公司的发展前景充满信心。①

但是,并非所有的工作都一帆风顺。由于客户不多,公司经常不得不接一些和他们主营业务无关的乌七八糟的业务。譬如,为了支撑公司运营,李有段时间还在巴拿马运河区追捕伪造证券票据的始作俑者。帕克和李公司还接受了诸如空心砖制造商贸易协会之类客户的雇用,李甚至为国际收割机公司提供过短暂的宣传服务。尽管有些工作非常琐碎,却为公司带来了更大的业务。如公司承接了宾夕法尼亚铁路公司的一个小任务,后来发展为李的一项主要业务,同时也为帕克带来了太平洋联合铁路公司这一重要客户和不菲收入。当时所有客户中最有分量的可能是无烟煤道路与矿业公司(Anthracite Coal Roads and Mines Company)和沥青托拉斯(Asphalt Trust)。而正是在为这些客户服务的过程中,李成长为一个拥有创新理念的卓越的新型新闻代理人。

① See Berlin, 22, Cit., p.43.

世纪之交,煤矿的管理者们突然遭遇一波疯狂的罢工潮,矿工的参与度之高前所未有。在19世纪90年代,煤矿企业的兼并同时也带来了劳工的联合。1902年,新近成立的矿工工会联盟(United Mine Workers Union)已经强大到足以在宾夕法尼亚的无烟煤产区领导15万矿工的大罢工。矿工们要求将工作时间从10小时减少到9小时,工资提高20%,根据煤矿的开采量计算报酬,同时矿主还必须承认矿工工会联盟。

在那个以劳工暴乱为标签的历史时期,此次罢工制造了最为引人注目的一起奇观。矿主们毫不退让,矿工们亦从5月到10月始终坚守自己的阵地。直到入冬,恐惧感蔓延、渗透了这个严重依赖煤炭的国家,罗斯福总统才决定要给这场罢工来一个彻底的了结。

各大煤矿的管理者们实际上听从八个开发无烟煤矿区的铁路公司的指挥,这些公司又被J.P.摩根等当时的金融大亨们间接操控。煤矿管理者的领袖是来自费城和瑞丁铁路公司(the Philadelphia and Reading Railway)的乔治·F·贝尔(George F. Baer)。在罢工过程中,管理者们不仅自始至终拒绝对矿工的要求作出妥协,甚至对矿工提出的问题都缺乏必要的关切。他们毫不在意公众的感受,对新闻报道更是无动于衷。

当记者来到煤矿管理者的办公室,诚恳地希望获得他们对于罢工的看法以完整呈现劳资双方意见时,却被一名职员告知:"贝尔先生今天不在。非常抱歉,但是我真的不能告诉你他在哪儿或者他是

取 悦 公 众

否会回来。管理者会议？我从未听说过。我确定没有在这个办公室里举行过任何会议。"[1]

矿工工会联盟的领导人约翰·米切尔（John Mitchell）则竭尽全力给予记者任何可能的帮助。他真诚、坦率地对待记者，以至于那些同情煤矿管理者的观察家指责新闻界在报道中过多地反映了矿工方面的态度。而当管理者和矿工召开联席会议时，由于工会领袖米切尔向新闻界提供了完整的声明，煤矿管理者却总是对记者说"无可奉告"，导致媒体对会议的报道彻底一边倒地偏向了米切尔这边。[2]

一位观察家这样描述米切尔："从来没有人指责他错误地反映了罢工情势，但面对诸如数据之类的事实要素，人们可以产生完全不同的解读，甚至可能以之暗示某些实际上并不存在的情况。因此，受到米切尔主动提供信息的影响，公众对矿工的同情普遍强于对煤矿管理者的同情。"[3]

在整场罢工中，乔治·F·贝尔只对新闻界发表了一次重要的公开声明。当这一声明被当作煤矿管理方对罢工的正式意见出现在报纸上时，这带来了灾难性的后果。贝尔告诉新闻界："劳工的权利和利益将会受到所有基督徒而不只是劳工运动鼓动者的庇护和关心。上帝在他无边的智慧中，已经赋予他的子民保证私有财产神圣不可侵犯的权利。"[4]

管理者们不仅将新闻界和公众拒之门外，还拒绝与罗斯福总统合作。最终，总统明确表示，如果罢工事件持续不能得到解决，他将动用联邦军队来监管煤矿。这些强硬措施让煤矿的管理者们被迫作出妥协。然而事态发展到这一步，全国绝大多数公众已经站在了矿工一边。矿工赢得了重要胜利，争取到更短的工作时间、10%的工资涨幅和拥有联合监秤人（check-weighman）的权利[5]。

1906年，又一次反抗煤矿管理者的罢工一触即发，但这次乔治·贝尔所代表的企业利益集团吸取了之前的教训。有人向贝尔推荐艾维·李正在从事的业务，这位年轻的宣传家于是被聘请协助化解了这场即将发生的罢工。事实上，李为煤矿管理者的政策带来了彻底变革。

李做的第一件事是向所有报纸发送了一份通告，通告中写道："由于意识到采矿区普通民众对罢工事件的关注，无烟煤矿的管理者已经准备向新闻界提供一切可能的信息。管理者们的声明将通过

---

[1] Sherman Morse: "An Awakening in Wall Street," *American Magazine*, XII, September, 1996, p.458.

[2] Ibid.

[3] Ibid.

[4] Quoted in Curti, op.cit., p.451.

[5] 按件计酬——译者注。

艾维·李传达给报纸。他将回答关于这一事件的质询和问题，并尽其所能向新闻界提供一切情况。"①

公开、透明的政策使煤矿管理者的真实面貌得以完整呈现。李不仅发布了这篇声明以及随后的诸多声明，还让他所代表的煤矿管理七人委员会在声明上逐个签名：乔治·F·贝尔、W.H. 特鲁斯代尔（W. H. Truesdale）、J.B. 科尔（J. B. Kerr）、大卫·威尔考克斯（David Willcox）、莫里斯·威廉姆斯（Morris Williams）、E. B. 托马斯（E. B. Thomas）和 J.L. 凯克（J. L. Cake）。

报界欢迎这一变化。他们早已厌倦了对煤矿管理者进行毫无特色的采访，通过暗访（underhanded methods）才能获取新闻，以及从他们那里得到完全正面的故事。而现在他们几乎每天都能从李手中拿到有管理者签名的声明，声明能够反映管理者对于局势的官方观点。不仅如此，李所提供的服务大大简化了记者对煤矿罢工的报道工作。他们不再对会议将在何处举行、讨论何种话题一无所知，他们不仅能够提前获得关于会议的完整信息，而且在会议结束之后不久即可拿到全面记述议程的新闻通稿。对于煤矿管理者而言，最重要的是李知道什么信息具有新闻价值，并能争取到大量公开出版的专栏对矿业托拉斯的支持，而这是矿业托拉斯之前从未做到的——即使他们发布的信息具有显著的新闻价值。

最终，即将到来的罢工被成功化解。后来矿工们自己也承认，管理者进行的公关运动是对付他们的最有力的武器。如果没有李，煤矿管理者必定比1902年还要损失更多的利益。煤矿管理者对李怀有感恩之心，正如一个作家所写的："由于李为矿业托拉斯出色地完成了工作，他所收受的费用之高，即使是对那些刚刚打赢了一场同等重要官司的律师来说，也会非常满意的。"②

整个事件最重要的成果可能是李起草的《原则宣言》。他把《原则宣言》与提供给新闻界的第一份声明一道发给报纸的经济新闻编辑。这份宣言奠定了此后多年公关实践的基调，至今仍被奉为公关从业者的道德标准而加以引用。李写道：

这不是一个秘密的新闻机构。我们完成的所有工作都对外公开。我们致力于提供新闻。这不是一个广告公司，如果你认为我们的任何一条新闻（matter）与你们的生意相关，请不要使用它。我们提供的消息力求清晰准确。我将迅速提供更多与此话题相关的细节，从而为所有编辑提供帮助，让他们乐意直接验证我们所提供的事实陈

第 六 章
缔造公关职业

① Morse, op.cit., p.459.

② Morse, op.cit. p.460.

李所提供的服务大大简化了记者对煤矿罢工的报道工作。他们不再对会议将在何处举行、讨论何种话题一无所知，他们不仅能够提前获得关于会议的完整信息，而且在会议结束之后不久即可拿到全面记述议程的新闻通稿。对于煤矿管理者而言，最重要的是李知道什么信息具有新闻价值，并能争取到大量公开出版的专栏对矿业托拉斯的支持。

取悦公众

述是否真实。在调查之前,我们都将以当事人的名义,提供与他们有关的所有信息,以满足那些关注于此的编辑们的兴趣。简言之,我们的计划是,诚实和公开地代表企业和公共机构关切的利益,及时和准确地向美国人民和新闻界提供关乎公共利益、对公众有价值的信息。企业和公共机构发布了许多信息,却在其中找不到任何的新闻点。毋庸置疑,公众是否接受这些新闻,同组织是否传播这些信息同样重要。我为所发出的信息提供所有细节,以帮助编辑亲自查证。我随时准备为您服务,目的是让您能够获得更加完整的信息,这些信息的指涉对象在我的文本中已经提及。①

> 我们的计划是,诚实和公开地代表企业和公共机构关切的利益,及时和准确地向美国人民和新闻界提供关乎公共利益、对公众有价值的信息。

这份声明引发了一场企业和公众之间关系的革命。之前企业信奉"公众该死",而自今日始,企业开始遵循"公众理应知晓"的政策。

在那个年代,信息由报纸等大众媒体强势而有效地传播,这使嗅觉敏锐的金融大亨意识到,他们需要应对一种新的力量——信息灵通的舆论力量。企业必须采取措施,阻碍公众对其政策日渐强化的愤怒。他们规避公众愤怒的第一个办法是歪曲事实,拒绝向媒体提供事实,甚至贿赂媒体以争取支持。而随着新世纪的帷幕缓缓拉开,企业越来越意识到要采取公共关系的新原则,意识到信息公开、提供真相等新政策的必要性。

艾维·李致力于让这些原则获得普遍认同,使其在他的各种业务实践中均能体现。在一本关于煤矿管理者的小册子中,他提供了所谓的"沥青托拉斯的真相"②。这的确是真相,不过它呈现的是硬币的另一面、异于"扒粪"记者所提供的真相。

参议院针对国际收割机公司垄断问题的调查决议,同样为李提供了一个实践自己理念的机会。这家公司允许李发表书面声明,声称"公司管理层不但乐见公司被调查,而且欢迎并采取能力范围内的一切措施协助此次调查。"③在李的协助下,这家公司既向公众和政府表达了对自身诚实的信心,也赢得了公众和政府的信任。如果这样一家公司遭受攻击,李说道:"只能是因为它太庞大了,以至于无法避免出错,而不是因为公司不诚实、非法行动和不正当经营。"④

李之所以捍卫这家大公司的利益,是因为它能够与政府和公众建立更好的关系,也能够与公司雇员建

---

① Morse, op.cit., p.460.

② Ivy Ledbetter Lee: *The Truth About the Asphalt Trust,* New York: by the author, 1905, p.1.

③ Ivy Ledbetter Lee: "An Open and Above Board Trust," *Moody's Magazine,* IV（July, 1907）, p.158.

④ Ibid., p.164.

立良好关系。李说道，这家公司的工作时间被普遍缩短，工人权利得到承认。他赞扬国际收割机公司为员工建造了一座俱乐部，并为员工创造了和谐的工作条件。他写道："雇主和工人不再愿意承受失序状态所带来的损失。雇员们开始意识到，雇主不仅愿意和他们会面，而且正在努力营造和谐关系并促成团结一致。"①

① Ivy Ledbetter Lee: "An Open and Above Board Trust," *Moody's Magazine*, IV（July, 1907）, p.163.

这是一个新纪元的开端。艾维·李迅速吸引了大批模仿者。据彭德尔顿·达德利说，加入模仿者队伍的人"全都是之前在一流的都市日报工作的报社记者。在这些报社工作，敏锐的思想乃是必备条件。哪怕获得消息的途径再难寻觅，这些记者仍能找出具有新闻价值的事实和事件。一旦获得新闻线索，他们了解如何进行清晰且无倾向的报道。通过言说，他们捕捉、掌握普通报纸读者摇摆不定的兴趣所在"②。这是公共关系作为一个新生行业的真正开端，公共关系实践自此逐渐兴盛。

② Dudley, loc. Cit.

帕克和李将"准确性、真实性、趣味性"采纳为公司的信条。根据《编辑与出版人》——一份面向新闻从业者的杂志——的说法，最重要的是，这家公司发展了这些信念并引起了整个新闻界的兴趣。1908年，这家稍晚将成为艾维·李最苛刻批评者的杂志，在谈及李的公司时称："不过三年，由于受到美国编辑和出版人的尊重，他的宣传机构已经牢牢确立了自己的地位。"③

③ "Bridge in Business," *Editor and Publisher*, VII, January 18, 1908, p.2.

这本杂志断言，"帕克和李公司从未采取任何欺诈的做法，以基于客户利益的诚实陈述将问题告知媒体，同时也没有在任何一家报纸的专栏中为植入这些信息而付费。"这家杂志毫不吝啬对帕克和李公司的赞誉。在评价到帕克和李公司提供的新闻素材时，认为其"永不哗众取宠、永不损人利己，总是精确而值得信任，可读性很强"。最重要的是，"如今，在报社的办公室里，没有人再怀疑这些消息的真实性，仅有的问题是要考虑这条消息能否被报纸刊载"④。

尽管公司声誉日隆，两位合伙人的关系却不再像以前那么合拍。李的思想远远超前于帕克。在1906年年底的大部分时间，他都在服务自己的新客户——宾夕法尼亚铁路公司。及至1908年，他彻底解除了与帕克的合伙人关系。他的位置被查尔斯·A·布里奇（Charles A. Bridge）取代，后者是与帕克更能达成一致的旧式新闻代理人。但是，帕克和布里奇的合作关系也没有持续太久，公司最终解散。

④ Ibid.

这位拥有伟大思想的年轻人，继续奔向更加广阔的舞台。

第 六 章
缔造公关职业

> 帕克和李公司从未采取任何欺诈的做法，以基于客户利益的诚实陈述将问题告知媒体，同时也没有在任何一家报纸的专栏中为植入这些信息而付费。永不哗众取宠、永不损人利己，总是精确而值得信任，可读性很强。

第七章
解读铁路公司

艾维·李在青年时代就学会了劳逸结合,在所有休闲方式中,旅行给他带来最多乐趣。多年以后,李说:"我总是能够从度假的地方学到新东西,这已经成了一个习惯。"① 1906 年在巴拿马度假期间,他一边观察巴拿马运河的建设情况,一边还在为客户处理一起股票欺诈案。这时,他意外地接到了一封来自宾夕法尼亚铁路公司总裁亚历山大·J·卡萨特(Alexander J. Cassatt)的电报,询问李能否马上返回与他会面。

李意识到这可能是一个极好的机会,因此马上动身返回美国。登上轮船,他才意识到自己并未掌握任何相关信息来研究铁路问题,也没有一套完整的计划可以提供给卡萨特。李后来承认,因为一到费城就要与卡萨特见面,他根本来不及做任何研究。当时,他对宾夕法尼亚铁路公司的公共政策建议可谓毫无想法,因此担心卡萨特根本不会给他提供机会。

然而,卡萨特并没有询问任何的宣传方案,反而问了巴拿马的一些情况,比如正在修建的巴拿马运河,当地的疟疾,最后问到了巴拿马地峡(isthmus of Panama)的铁路情况。李结合自己亲身的仔细观察,就这位公司总裁提出的问题侃侃而谈。李随后对卡萨特说:"我正好碰巧对巴拿马的铁路状况做了不少研究,当时沿着铁路线走了一遭,并和很多工程师有过交谈。"②

卡萨特对这位年轻人的敏锐观察力印象深刻,甚至是对自己当时并非直接关注的领域,李也见解颇深。因此,卡萨特甚至都没怎么询问李对铁路宣传的看法,就雇用他负责宾夕法尼亚铁路公司的宣传事务。这次的成功经历让李受益终身,他从中领悟到渊博的知

① Wisehart, op. cit., p.125.

② Wisehart, op. cit., p. 125.

识至关重要，这知识不只局限于宣传方面，而且包括自己所打交道组织涵盖的领域。正是凭借知识渊博，他在之后的岁月里获得了更多的客户。

李从此开始了对铁路事业的精心观察和研究，这使他成为全国该领域的权威。他撰写关于铁路问题的文章和书籍，在全美和欧洲发表演讲，在大学里开办讲座，而且经常为政治学院（the Academy of Political Science）、美国政治与社会学研究院（American Academy of Political and Social Science）有关铁路问题的学术会议及公告建言。

李接手宾夕法尼亚铁路公司的事务以后，将自己的弟弟詹姆斯·怀德曼二世（James Wideman, Jr.）拉来为铁路公司全职工作，并负责新闻稿写作，而艾维·李自己则负责制定决策，他通过帕克与李公司，从外部指导宾夕法尼亚铁路公司宣传项目的开展。詹姆斯一直追随着兄长的脚步。他1882年出生于达尔顿（Dalton），毕业于埃默里学院，随后直接进入报界。1904—1905年，他在佐治亚州哥伦布市的《分类报》（Ledger）担任当地新闻编辑。而当哥哥让他去费城为铁路公司服务时，他正在亚特兰大的《佐治亚人报》担任当地政治新闻编辑。

在美国铁路史上发展最迅猛的几年里，李担任宾夕法尼亚铁路公司顾问和新闻发言人，并以此为整个铁路行业代言。当时，铁路公司已经处于发展的巅峰，并开始滑向漫长的衰退期。此间，针对铁路公司的规制十分严苛，随后才逐渐宽松下来。不过铁路行业在这一阶段的最大变化也许是铁路公司的管理水平有所提高，逐渐抛弃了早期"公众该死"的信条，取而代之的是更负责、更成熟的"为公众服务"原则。

对于最后一点，艾维·李贡献甚巨。公众一直是李的关注对象。他常常说，他的工作就是"把宾夕法尼亚铁路公司的政策解释给公众，同时把公众的意见反馈给宾夕法尼亚铁路公司"[①]。

当1906年艾维·李开始与宾夕法尼亚铁路公司合作时，公众对铁路公司的敌意已然达至内战结束以来最糟糕的境地。自19世纪后半叶起，铁路大亨一直是帝国主义和自由放任资本主义的强力推动者。他们遵循的商业伦理主要契合了19世纪赫伯特·斯宾塞的竞争性个人主义思想。但是，这套商业伦理正在日益失去它在美国的公众基础。

第 七 章
解读铁路公司

① Quoted in Scott M. Cutlip and Allen H. Center: *Effective Public Relations*, Englewood Cliffs, N.J.: Prentice-Hall, Inc., 1952, p.50.

> 公众一直是李的关注对象。他常常说，他的工作就是"把宾夕法尼亚铁路公司的政策解释给公众，同时把公众的意见反馈给宾夕法尼亚铁路公司"。

铁路公司的各种作为引起了公愤，直接导致了19世纪80年代的一项参议院调查。1886年2月，参议院调查团卡洛姆委员会（the Cullom Committee）公布的调查报告中列举了当时铁路公司的许多滥用权力和贪污腐败行为，包括高得离谱的地区票价，对不同个人、地区和货物的票价歧视，特殊的隐性回扣和退税，过路费，造成行业过度资本化的掺水股票，铺张奢华的管理支出等。

很多美国19世纪的大资本家与金融家们[他们被称作"强盗贵族"（Robber Barons）]都曾染指铁路业，并与上述这些弊端和腐败行为难脱干系。这些商业大亨包括杰伊·古尔德（Jay Gould）、吉姆·菲斯克（Jim Fisk）、丹尼尔·德鲁（Daniel Drew）、科尼利厄斯·范德比尔特（Cornelius Vanderbilt）和其子威廉（William）、爱德华·H·哈里曼（Edward H. Harriman）、詹姆斯·J·希尔（James J. Hill）等等。通过一些政客，比如来自纽约的参议员威廉·M·特威德（William M. Tweed），商业大亨们总是能够让他们的操纵和手段得以合法化。通过 J.P. 摩根公司及其控制的金融机构，他们实施的各种金融欺诈往往通行无阻。铁路公司自己也经常由于这些"强盗贵族"陷入垄断资本主义的困境中。举例来说，约翰·D·洛克菲勒曾成功迫使铁路公司为标准石油公司的石油专运权支付数百万美元的运输回扣。又如在俄亥俄州，标准石油公司只需支付每桶10美分的铁路运费，而它的竞争对手则要支付高达35美分一桶的运费，此中的25美分差价由铁路公司归还给标准石油公司。仅一年半时间，四家铁路公司总共付给了标准石油公司高达1000万美元的回扣。①

尽管并非所有事件都如此这般富有戏剧性，但是都一样腐败。正是由于数以千计的类似事件，公共舆论变得越来越充满敌意，对政府规制的反感也不断高涨。农场主与小商贩是因运费歧视政策而损失最大的群体，因此他们首先发出了批评的声音。但是，直到格兰吉运动（Grange Movement）将农场主组织起来，他们抱持的共同意见才催生了19世纪70年代初步的立法改革。及至19世纪80年代和19世纪90年代，铁路工人也慢慢地被组织起来，并将他们的舆论压力加诸公司管理和政府立法之上。在19世纪90年代，进步主义运动继续将农场主、小商贩和劳工整合起来，增强了公共舆论的声量。最后，迅猛发展的大众媒体将这些声音传播开来，当"扒粪运动"奏响了媒体报道的最强音时，全国公众对铁路公司的共同

---

① See John F. Stover: *American Railroads*, Chicago: University of Chicago Press, 1961, p.118.

反感已经汇流。

在 19 世纪美国的各项产业中，铁路与公众的联系最为密切。但是，铁路行业却对公共舆论抱以最大的漠视。铁路公司老板认为，"凡运费皆应承受"（charge all the traffic will bear），是一个用来定价的完美而牢固的经济法则。铁路公司对大众的蔑视，经由媒体得到了广泛传播。"法律？"一份报纸引用范德比尔特准将的话，"我才不关心法律呢！难道我不拥有权力吗？"①

这位准将的儿子威廉的一句话准确地反映了铁路公司的态度，并成为 19 世纪后期所有商人的墓志铭（epitaph）。当记者询问他，铁路公司将一列纽约中央铁路快车从芝加哥线路上取消会对公众利益造成什么样的影响时，年轻的范德比尔特先生据说给出了这样的答复："公众该死……我根本就不相信为自己之外任何人的利益着想的蠢话和无稽之谈，因为我们从来就不是这样做的。我们所做的任何事情仅仅是为了自己的利益。"②

铁路公司的这种态度，使它们总是成为一些带有敌意的媒体的牺牲品。铁路公司也尝试用免费车票贿赂记者，以赢得他们的好感，但是他们却永远不愿意给记者提供完整、准确的信息。约瑟夫·多尼（Joseph Dorney）是辛辛那提（Cincinnati）《问询报》（Enquirer）的铁路新闻编辑，他在 1917 年写道："不久之前，报社的记者们在铁路公司办公室的受欢迎程度，就好像密探走入烈酒走私者的酒窖一般。记者想要报道一则铁路事故，或是写作一篇有关铁路公司的新闻，得变身为升级版的夏洛克·福尔摩斯才能从中发现事件的真相。"③

多尼指出，若一列火车脱轨，或是一名擅闯者被火车撞死，整个铁路系统都没有人知晓其中的情况。自然，媒体只能从其他渠道得到这些新闻的片面消息，而这却成为公众所接收到的全部信息。

公众对铁路公司这些做法的反感日益增长，导致相关立法亦持续增加以规范铁路公司的行为。美国各州一个接一个地设立委员会来制定票价和规章。卡洛姆委员会的调查结果推动了州际商业委员会（Interstate Commerce Commission）的成立，以此确立全国性票价和规章，尽管优先权还是掌握在各地方团体手中。1890 年通过的《谢尔曼反托拉斯法》（Sherman Antitrust Act）是旨在规范铁路公

第 七 章
解读铁路公司

① John F. Stover: *American Railroads*, Chicago: University of Chicago Press, 1961, p.118.

> 公众该死……我根本就不相信为自己之外任何人的利益着想的蠢话和无稽之谈，因为我们从来就不是这样做的。我们所做的任何事情仅仅是为了自己的利益。

② *The New York Times*, October 9, 1882, p.1, Vanderbilt later denied that he had made that statement.

③ Joseph Dorney: "The Railroad Press Agent," *Railway Age Gazette*, XII (May 4, 1917), p. 960.

司并购行为的众多法案中的一部。此法案直到1903年《考察法案》（Expedition Act）通过后，才真正显示出它的威力来，并加快启动了司法程序。同样是在1903年，《埃尔金斯法》（Elkins Act）生效，以进一步禁绝铁路行业的回扣行为。

立法层面最大的挑战来自1906年国会通过的《赫普本法案》（Hepburn Act），该法案扩大了州际商业委员会的权限和规模。它彻底废除了铁路公司免费赠票的做法，强化了反回扣的规定，要求铁路公司与其所属企业如煤矿等脱离关系。除此之外，最重要的还在于该法案赋权州际商业委员会，让它设定"公正而合理"的最高票价。后来其他立法进一步强化了对铁路公司的规范，比如1910年的《曼—埃尔金斯法案》（Mann-Elkins Act）再一次扩大了州际商业委员会的权限，而1913年的《罗伯特·M·拉福莱特铁路评估法案》（Robert M. LaFollette's Railroad Valuation Act）要求州际商业委员会对所有铁路公司的财产进行评估。但是，最让铁路公司叫苦不迭的还是前述1906年通过的《赫普本法案》，该法案让铁路公司觉得自己的命运已经完全操控于政府的掌股之间。

1906年，因遭受国会打压而处于衰退状态的宾夕法尼亚铁路公司，雇用了艾维·李来帮助处理公司的公共关系事务。由于在纽约的宣传工作经历，李已经在业内获得了一些名声，同时他在帮助煤矿管理者处理公共关系事务中的出色表现也引起了举国关注。帕克与李公司早前也曾为宾夕法尼亚铁路公司提供过服务，帮助其消除费城当地"扒粪运动"造成的影响。费城的《北美报》（North America）发表了一系列文章来曝光铁路公司高管的丑闻，宣称他们曾获得某些煤矿公司的股份，同时向这些煤矿提供免运费、回扣和其他优惠条件作为交换。帕克与李公司参与处理了这起危机，但是他们介入的程度却不得而知。

对于李提出的许多决策建议，宾夕法尼亚铁路公司一开始并不能完全接受。而就在李刚开始着手改革时，他的行动在保守派中引起了恐慌。在加盟宾夕法尼亚铁路公司之后不久，李抓住了一个机会来实践自己对媒体坦诚相待的主张。当时，在宾夕法尼亚州峡谷附近的主干线上，一列宾夕法尼亚铁路公司所属的火车发生了事故。按照过去的惯例，铁路公司的程序自动运转起来，封锁了有关这次事故的全部消息。

可是当李了解这件事后，马上改变了公司的指令。与此前做法不同，他邀请记者们免费乘坐公司的火车，带领他们到达现场实地采访。他迅速成立相关机构，负责收集事实证据，拍摄现场照片。他主动给记者们提供相关事实，甚至对记者们未曾询问的方面也给予解释。

这一策略上的转变造成了宾夕法尼亚铁路公司内部的骚动。公司最高管理层还未适应这样的举措，因而发出了愤怒的抗议。但当事情平息下来之后，公司发现媒体对事故进行了比较公正的报道，甚至给予宾夕法尼亚铁路公司一定的同情，而这在长期以来还是头一遭。①

① See Eric F. Goldman: *Two-Way Street: The Emergence of The Public Relations Counsel*, Boston: Bellman Publishing Company, Inc., 1948, p.8.

赢得媒体的善意是李公共关系理论的核心要素。媒体的善意并不来自给记者免费车票之类的贿赂方式，而是向记者提供一些写作新闻所需的信息，如是他们才能完成自己的工作。李的公共关系理论的另一个关键要素在于，机构应该主动讲述出自己所知的故事版本。通过一些抱有善意的媒体，事情的正反两面都能够被报道，而公众也就至少可以获得对事件更公正的了解。

李自己逐渐全身心投入到宾夕法尼亚铁路公司的工作之中。他的工作远不止于铁路公司的宣传公告和新闻发布。他发表演讲，撰写文章，对当时的铁路现状给予深刻的分析。他通过逻辑严谨的论证，驳斥扒粪者斥责铁路公司为恶棍的说法，反对他所称的政治"煽动家"们提出的政府应该出台更多规制的主张。

透过一篇李受聘宾夕法尼亚铁路公司后发表的文章，可以看出他的思想和表达方式。在这篇题为《铁路公司价值评估》的文章中，李阐明了铁路公司在这场由参议员拉福莱特所发起的估值辩论中的立场。这场辩论的起因是，如果按《赫普本法案》的规定，由州际商业委员会确定费率，那么必须采取一些办法以便制定公正的票价。拉福莱特给出的答案是对每一条铁路进行实物估值，公布所有股票水分，估算全部资产的真正价值，并以此为根据制定公正的票价。

在李看来，这样的做法不仅耗费巨大，而且根本不切实际。首先，李认为铁路的真正价值在于它的盈利情况，因而在票价决定铁路价值的情况下，根本不可能再根据铁路的价值来决定票价。所以，他写道：

可以这样认为：根据获得的价值来进行"实物估值"是一种循环论证。对铁路资产进行实物估值近乎不可能。如果刨除铁路当下

第 七 章
解读铁路公司

> 赢得媒体的善意是李公共关系理论的核心要素。媒体的善意并不来自给记者免费车票之类的贿赂方式，而是向记者提供一些写作新闻所需的信息，如是他们才能完成自己的工作。李的公共关系理论的另一个关键要素在于，机构应该主动讲述出自己所知的故事版本。通过一些抱有善意的媒体，事情的正反两面都能够被报道，而公众也就至少可以获得对事件更公正的了解。

及潜在的盈利能力，铁路的资产除了几条铁轨可以说是毫无价值。在目前情况下，铁路的盈利能力是基于它的旅客及货物的运输价格而定的。如果票价下降，那么铁路资产的价值也就会减少。通过基于当下价值的一系列任意规则来决定实物价值的尝试，根本都没有考虑到如果票价下降造成铁路盈利能力下降，将给铁路的价值造成何种影响。实物估值应该基于在目前票价下的铁路盈利能力，在目前各方普遍认为票价太高应该降低的情况下，实物价值也会随着净盈利能力的下降而贬值。①

> ① Ivy Ledbetter Lee: "Railroad Valuation," *Banker's Magazine*, LXXV（July 1907），p.90.

其次，票价应该根据经济规律、商业条件、生意的稀缺程度、某一产品与其他产品的竞争状况，以及某一市场与其他市场的竞争状况来确定。

如果通盘考虑各项事实要素，那么由经济规律决定铁路票价就应该是一个常识。举例来说，铁路公司之所以能从票价上获利，是因为他们将俄勒冈的木材运送到美国中西部，从而使得太平洋沿岸的制造商能够与密歇根的同行竞争。如果和运往近处的铁路运费根本不相称的话，那么俄勒冈的木材就会失去美国东部的市场了。这一情况在全国的很多领域皆有体现，并且在州际商业委员会根据《赫普本法案》裁定的第一次争论中，这种做法是得到明确支持的。

因此，如果正确地考量国家利益和铁路公司的生意的话，那么票价就不应该脱离经济规律而存在……这些经济和贸易价格……并非管理者所能控制，经济规律就像行星的轨道一样决定着它们。②

> ② Ibid., pp.90-91.

最后，评估铁路公司价值的唯一合理办法就是通过股票市场：

股票市场的价格确实也在一天天地波动，而且偶尔也会在某一时间受到操纵，但是从一个较长时间来看，抛开股票操纵的影响，平均股价无疑比其他任何途径都更便于探明铁路公司的真实价值。③

> ③ Ivy Ledbetter Lee: "Railroad Valuation", *Banker's Magazine*, LXXV（July 1907），p.94.

李不仅在公众面前阐述铁路公司的立场，而且在铁路公司内部说明公众的情况。毫无疑问，他必然把自己所取得的成果公之于众。李明确认识到，服务公众其实就是要践行"开明的自利"（enlightened self-interest）原则，或曰凡有利于公众的才有利于自己。李在1907年的另一篇杂志文章中使用了这一术语，之后它几乎成为20世纪美国资本主义的座右铭"宾夕法尼亚铁路公司的主管们相信，"李写道"铁路公司，就像个人一样，为公众做得越多，越是利用机会为公众服务，公众也就越会报答公司。给公司雇员的待遇越好，雇员就越忠诚和有效率。"这样一种"协同与激励"政策，李写道，不过是对"常识的一种拓展"罢了。①

在 1907 年的第二篇杂志文章中，李罗列了铁路公司已经在为公众服务的很多事情：通过农业教育来开发更新、更好的种植技巧；为对铁路工作感兴趣的年轻人提供课程培训；协助并建设基督教青年会（Y.M.C.A.）的俱乐部和大楼；为年轻人上大学提供奖学金；向铁路工人提供俱乐部活动场地；向退休雇员推出退休金计划；设立储蓄基金与主动救济计划。他饶有兴趣地谈起宾夕法尼亚铁路公司是如何以极低的价格将一片 14 英亩的土地卖给哈里斯堡城，以拓展城市公园系统的。

可以肯定的是，宾夕法尼亚铁路公司的上述公共服务行动是由李建议或亲自执行的，但是我们很难说出他具体都做了哪些事情。之后，李预言道，这一类的行动将会传播开来。"要不了多久，"他对伦敦政治经济学院的学生们说，"你们将会看到我们那些更进步的公司将采取利润共享机制、老年人退休金体系以及雇主责任计划。这一切将使得劳资关系变得稳定、安全，为公司发展提供长效机制。"②

1908 年，艾维·李从帕克与李公司中彻底抽身，全身心地迎接他在宾夕法尼亚铁路公司遇到的理念上的挑战。他从未逃避过挑战，尤其是当一项挑战能够给他带来学习新东西的机会时。

第二年，又一个这样的挑战出现了。由于婚姻关系，李与约翰·F·哈里斯（John F. Harris）结成了亲戚。哈里斯是华尔街一家名叫哈里斯与温斯罗普的中介公司的合伙人，他邀请李加盟并帮助公司开拓欧洲业务。尽管李正忙于铁路公司的业务难以抽身，但是哈里斯提供的这项挑战依然足够诱人，因为这提供了一个更精微地了解投资与金融知识的机会。这也会给他和家庭（其成员包括女儿爱丽丝、两个儿子小詹姆斯和小艾维，以及他的妻子）游历和了解欧洲的机会。

李并没有辞去在宾夕法尼亚铁路公司的职务，而是申请并成功获得了停职的允诺，将工作交给自己的弟弟打理。1909—1912 年，李在欧洲为哈里斯与温斯罗普公司开设了伦敦、巴黎和柏林分公司。他对欧洲文化着迷。在伦敦，他的办公室华丽精致，地道的英式装潢，

第 七 章
解读铁路公司

① Ivy Ledbetter Lee: "Indirect Service of Railroads," *Moody's Magazine*, Ⅳ November 1907, p.580.

② Ivy Ledbetter Lee: *The American Railway Problem*, London: B.F. Stevens & Brown, Publishers, 1910, p.14.

每个办公室配备一个管家,并且每天下午四点都提供下午茶。在法国,他对哥特式建筑产生了兴趣,将研究大教堂作为自己的爱好,而且这一爱好在他后来接纳一家教堂作为自己的公共关系客户时还派上了用场。

尽管从事金融业,但是李还是无法抑制自己对铁路业不断增长的兴趣。他研究了欧洲的铁路系统,在那里铁路大多由政府所有和运营。他对欧洲的铁路官员发表演讲,讲述美国铁路的情况,并频繁到伦敦政治经济学院作讲座。他在欧洲声名大振——不仅作为铁路方面的专家,而且由于他在银行投资、股票市场以及高端金融领域的声望日隆。一位美国名人从欧洲游历归来时,告诉记者芒福德:"当我走进在阿姆斯特丹举行的银行家会议时,最让我吃惊的是,我发现艾维·李正在大厅内,面对一群欧洲的资深银行家畅谈信用哲学。"①

---

① Mumford, op. cit., pp.16-17.

第八章 运费运动

　　1912 年 12 月，艾维·李返回美国，正式成为宾夕法尼亚铁路公司的一员。他的弟弟仍然担任宣传主管这个职位，他自己则更像是总裁的"行政助理"。为了可以和公司的主管们有更频繁的接触，他把全家搬到宾夕法尼亚州的阿德摩尔，更加靠近位于费城的公司总部。

　　艾维·李的新工作主要是处理公司的公共政策。他的工作内容，按他自己的话来说，就是"研究公司的所有活动；批评任何在我看来应该批评的地方；如有可能，对铁路服务提供较为独立的意见。"① 他向公司高管们建议哪些话题是公众感兴趣的，并建议如何将之变为公共话题。艾维·李给出的建议是，"只要提供的这些公共话题本身有趣且值得认同，那么公共关系自然就在总体上运转良好。"这一原则体现在他对铁路公司公共政策的建议上，即"铁路公司应该致力于成为舆论的启蒙者"②。

　　正是在 1912—1915 年这段时间，李阐发了他最具创造性的公共关系思想。他的公关哲学逐渐走向成熟，而公司高管的位置也给予了他极大的自由以充分表达自己的观点，并将他自 20 世纪之初就开始发展的观念付诸实践。正如他的一位同事丹尼尔·T·皮尔斯（Daniel T. Pierce）所言，"此间李能把宾夕法尼亚铁路公司这个商业巨头当作实验室的小豚鼠，尽可能试验他的理论和观念。"③

　　1906—1912 年的美国铁路运营，正处于一场衰退之中。虽然全国的铁路长度持续增加并在 1916 年达到顶峰，但增速已经低于 1906 年之前的水平。1907 年的经济危机④ 导致许多铁路公司破产。1908 年，

---

① U.S. Congress, Senete: *Comission on Industrial Relations*, Final Report and Testimony, Ⅷ（1916），p.7898.

② Ibid., p.7897.

③ See Berlin, op. cit., p.63.

④ 1907 年美国经济危机被称为第 16 次世界经济危机，纽约证券交易所的市值在一年内下降了近 50%。——译者注

铁路行业总收入跌了3亿美元。此后几年中，用于现有铁路维护、扩展和改造的开支被大幅削减。到1912年，新造列车和新铺铁轨已经缩减到无以复加的地步，以至于丰收年的大量农作物由于无法被运输到市场而白白浪费掉。

客观回顾这段历史，铁路行业衰退的原因可能比李所宣称的还要复杂得多。确实，即使没有政府的干预，铁路公司也不可能保持19世纪时梦幻般的发展速度。此外，来自有轨电车和汽车的新竞争无疑也加剧了铁路的衰退。

但是，李主要将其归咎于公众要求修改规章制度，乃至要求铁路国有化所带来的恶果。他并不反对政府管制本身。与伍德罗·威尔逊一样，他觉得"绝对有必要采取有效措施，废止过时的歧视政策和不公正的规定，取消特殊票价和隐性回扣，解除对货主的不平等待遇"。不只如此，1910年他在伦敦政治经济学院的一次演讲中还提到，这类规制"是为公共利益服务的"①。

在李看来，众声喧哗的原因，部分来自煽动家和"扒粪者"一直遮蔽铁路公司的懿行，同时放大和歪曲了所有非善的细节。1906—1912年间铁路公司未能扩大基础设施建设，一个原因就是"铁路公司管理者对公众在铁路资产收归国有问题上表现出来的态度怀有一种深切的担忧"；另一方面，"铁路公司有理由担忧，公众通过立法和干预委员会等手段，有可能让铁路公司在基础设施上的进一步投资完全打水漂，而那些铁路公司股票持有者则认为自己本应享有这些利益。"②

当然，铁路公司也难辞其咎，如同李经常提到的，铁路公司的管理者忽视了"人易随环境而改变的天性"。"当政客们的大舌头正在悉数铁路公司犯下的罪行时，铁路行业还安守本分，无动于衷，一句好话也没为自己说"。正因为在这种环境下，公众才会相信政客的说法。艾维·李希望改变这种状况。他希望铁路公司的管理者，无论是否合理都要坚持公开事实以回应各种质疑，"如是，无论有多少流言蜚语甚嚣尘上，自身的结构依然是安全和坚固的，让事实说话将成为铁路公司值得骄傲的操守。"③

讲真话正是1912年李回到宾夕法尼亚铁路公司出任高管时所担负的使命。由于此前一段时间发展减缓，铁路行业遭遇了更严格的政府管控、严密规

① Ivy Ledbetter Lee: *The American Railway Problem*, op. cit., p.5.

② Ivy Ledbetter Lee: *Railway Progress in the United States*, London: B. F. Stevens & Brown, Publishers, 1912, p.6.

> 他希望铁路公司的管理者，无论是否合理都要坚持公开事实以回应各种质疑，如是，无论有多少流言蜚语甚嚣尘上，自身的结构依然是安全和坚固的，让事实说话将成为铁路公司值得骄傲的操守。

③ Ivy Ledbetter Lee: *Human Nature and the Railroads*, Philadelphia: E.S. Nash & Co., 1915, p.14.

制乃至铁路收归国有的呼声。1912—1915 年间，关于铁路的争论集中在运费问题上。铁路公司坚持认为需要提高运费，这样才能保证有足够的利润维系公司的持续发展。而货主则坚称应当降低运费，并由路易斯·D·布兰代斯（Louis D. Brandeis）①代表他们捍卫利益。布兰代斯后来出任联邦最高法院大法官，不过当时他还是一名代表货主利益的律师。他提出一个宣称"铁路公司每天浪费 100 万美元"的口号，这一口号正中了大众的心思，其深入人心的程度甚至让艾维·李都感到嫉妒。

第 八 章
运费运动

① 路易斯·D·布兰代斯（1856—1941）：犹太人，担任律师期间被称为"人民的律师"，1916—1939 年出任美国联邦最高法院大法官，是美国进步运动的主要推动者之一。——译者注

这场争论从 1913 年中持续到 1914 年末。在此期间，李对自己的核心思想作出了可能最为重要的表述，并因之对公共关系作出了主导性贡献。正是在这一阶段，即使从未系统阐释，我们仍然可以归纳出李公关思想的三大信条：首先，公众的意见是强大而合乎正义的；其次，为了进一步发展，企业必须在经营中遵守特定的经济规律，从而获得发展；再次，在经济规律和公众意见发生冲突的情况下，公共关系将解决这一问题。

1914 年，在美国铁路同业公会（American Railway Guild）发表的一次演讲中，李说道："人民才是当今时代的统治者。人民大众取代了君王，获得了神圣的权利。人民登基为王。"②在李看来，即便这意味着企业的正常决策可能会受到公众的影响，这一趋势也并非坏事。如他在伦敦政治经济学院所说的，他一直都相信"这个国家的人民身上流淌着坚毅而朴实的盎格鲁—撒克逊传统，从长远来看他们作出的决定总是明智合理、现实可行的"③。

② Ivy Ledbetter Lee: *Human Nature and the Railroads*, Philadelphia: E. S. Nash & Co., 1915, p.14.

③ Ivy Ledbetter Lee: *The American Railway Problem*, op.cit., p.23.

④ Ivy Ledbetter Lee: *Human Nature and the Railroads*, op.cit., p.86.

他说道："公众的信心是我们唯一可依靠的堡垒。"④当务之急是如何让公众知晓事实，以利于他们能够基于完整的真相作出判断，并重树信心。

"公众的信心是我们唯一可依靠的堡垒。"当务之急是如何让公众知晓事实，以利于他们能够基于完整的真相作出判断，并重树信心。

换言之，所有问题的症结在于让铁路公司和公众"建立联结点"，"让铁路公司经理、雇员和公众在这种互动关系中理解彼此的观念"。⑤倘若公共关系运用精妙，当可增进沟通，形塑认同。

⑤ Ibid., p.111.

所谓公共关系，李认为就是要为公众创造一种两面事实都被完整呈现的环境。他说，"公共关系，是治愈大多数铁路公司财政危机的一剂良药。将所有交易置于光天化日之下，人们自然

公共关系，是治愈大多数铁路公司财政危机的一剂良药。将所有交易置于光天化日之下，人们自然会格外谨慎地保证交易的合法性。

取悦公众

会格外谨慎地确保交易的合法性。"①

李的弟弟后来告诉参议院的一个调查委员会，宾夕法尼亚铁路公司公关部（publicity bureau）的目标是"保证将公司活动告知公众"和"促进公众信任公司"。在争议性的话题上，公关部将尽量确保公众理解公司的处境。"公司在大约九年前启动了公关工作，首先就宣告要公开所有事故信息。"他继续告诉委员会说，"同样，如果一条铁路运营了一两年，其间总共运载了1.81亿人次乘客而没有发生任何一起意外事故，没有任何人员伤亡，那么我们也会把这一事实公之于众。"②

李不仅说服宾夕法尼亚铁路公司，而且使其他大铁路公司也相信，他能够运用公关技巧，为运费上涨而努力。他被任命为东部三家主要铁路公司总裁委员会的代表，负责在有关运费上涨的社会争论中宣传铁路公司的立场。这也是艾维·李第一次能有机会开展真正的公关活动。

后来在美国商会（Chamber of Commerce③）的一次演讲中，李总结了他的策略早前在宾夕法尼亚铁路公司收效甚微的原因。他说，"令人遗憾的是，早前我们并没有像告知州际商业委员会一样，将我们的情况向公众和盘托出。"④而这次，李制订了一个丰富翔实的活动计划。除开其他事项，这一计划包括将公司的行政主管们派往全国各地，在重要社群、商业团体中发表演讲，如当地的商业会所、贸易委员会等。这些口头演讲又进而被报纸关注，成为文字报道向公众传播。

李将活动计划事先就告了诉州际商业委员会，以免有人诉之以不公平竞争的罪名，而使自己陷入困境。李对委员会的陈词无人反对：

我们并不打算依赖常规新闻报道，让这个国家的民众去了解现在我们向各位呈现的原因，以及向各位提出的上涨运费的请求。我们准备走得更远一些。我们计划在每一场听证会之后，将所有关键事实制作成一个简报，我们愿意发誓保证这些简报的真实性。我们准备把这样的简报发给美国所有重要报纸，同时发给各城市的市长、州议会的每一位议员、州铁路委员会、主要城市的邮政局长、大学图书馆、市立图书馆和大学经济学教授。我们努力做到让所有利益相关者都能充分享我们向委员会提供的每一个显著事实。

---

① Ivy Ledbetter Lee: "Publicity—A Cure For Railroad Evils," *Human Nature and the Railroads, op. cit.,* p.79.

② U.S.congress, Senete, Commission on Industrial Relations, op. cit., Vol. XI, p.10243.

③ 美国商会成立于1912年4月22日，来自不同行业和贸易组织的700多名代表共同建立了这一组织，以维护商业机构的利益，现已成为世界上最大的商业联盟。——译者注

④ Ivy Ledbetter Lee: "Telling the Railroad Story," *Human Nature and the Railroads,* op.cit., p.57.

这不是绕过委员会而向公众发起诉求，而是让公众更加了解我们的立场。①

李自己在全国各地发表了一场又一场演讲，阐述铁路公司这边的境况。随后他将这些演讲中的一部分结集出版，题名为《人性和铁路公司》，这本书也成了他的代表作之一。他在该书的序言中写道，尽管他当时是宾夕法尼亚铁路公司的一位主管，但这些演讲"并没有经过公司管理层的任何编辑，我个人对书中的言论负责"②。他申明自己站在整个铁路行业的立场上，正如他努力让自己的思想在整个新兴的公关行业中发挥重要作用一样。

李为铁路行业表达的事实是：首先，铁路公司承受着各方面施加的沉重负担，包括洪水、不断上涨的薪金、税负和愈加严苛的立法等。而且，以下诸原因导致铁路公司难以消化这些负担：负责薪金工资和铁路票价的仲裁法庭并不是同一家机构；铁路公司经常不得不面对反托拉斯法案的起诉，却从不允许拿物价法案为自己辩护；联邦和各州委员会的规制存在冲突；要求提升乘客服务质量的同时，又呼吁降低票价；各地之间的需求互相矛盾；邮包的运输机构没有得到足够的报酬。③

李脑子里总充满了一些精明的类比，他把铁路公司的情况比作一家房价仅两美元的廉租酒店。政府和各方要求在每一个房间里安装浴缸，铺设大理石地面、地毯，安装落地窗，而且附加条件是，禁止宾馆提高目前的两美元房价。"哪个酒店会如此愚蠢，在不允许提高房价来补偿投资损失的情况下，还要投资改善酒店的现有设施？"李如是发问。④

李主张，要用建设性而非破坏性的方式解决问题。他提出了三项基本建议：第一，公众必须同意为他们所得到的服务支付相应的报酬。他明确指出，目前铁路公司运送邮包的收费实在偏低，并且没有充裕资金满足公众对安全和其他服务的需求。第二，必须颁布专门化、统一性的法规。李认为，行业协会及其制定的规章制度并没有错，错就错在不同的政策、协会和规章之间互相矛盾。最后，李强调说：

让我们重新树立这样一种良善的观念：天道酬勤。让我们承认，铁路公司的职员和其他人没有什么不同。让我们再次相信，那忠

第 八 章
运费运动

① Ivy Ledbetter Lee: "Telling the Railroad Story," *Human Nature and the Railroads,* op.cit., pp.58-59.

② Ibid., p.iv.

③ Ivy Ledbetter Lee: "Where do Our Railroads Stand?" Miscellaneous Publications (Princeton University Library, Princeton, N.J., 1913).

④ Ivy Ledbetter Lee: "The Need For Faith in Men," *Human Nature and the Railroads,* op. cit., p.105.

> 让我们重新树立这样一种良善的观念：天道酬勤。让我们承认，铁路公司的职员和其他人没有什么不同。让我们再次相信，那些忠于职守、服务公众的铁路人理应得到公众的赞许。
> 让我们把信任交付给那些由无数勤勤恳恳的个体组成的事业。

于职守、服务公众的铁路人理应得到公众的赞许。

让我们把信任交付给那些由无数勤勤恳恳的个体组成的事业。

让我们摒弃这样的想法：可以通过立法来规制铁路运输这一无比复杂行业的全部细节。这么做毫无价值，因为铁路运输业需要无数受过专业训练的高级人才。

让我们一起来确保那些铁路行业的监管者真正为公众利益服务，而非图谋个人的政治野心。让所有的铁路委员会携手与铁路公司通力合作，而非处处为难。

在形形色色的口号、鼓吹、鞭策之下，让我们重建对勤勉者最真诚、最起码的信任；抛弃那些物质上的成功必定来自不正当手段的观念；让我们正视这一永恒不变的规律——一分耕耘，一分收获，我们终究要为所得付出代价。①

在这次提价运动中，李几乎在铁路运营环境的所有主要议题上都发表了自己的观点，这些议题对现代社会的资本主义之存续、发展依然至关重要。例如，在公众要求铁路公司加强安全防范措施这一议题上，李希望公众对此有更深刻的理解和包容。他说，铁路公司比任何人都希望在每个城市修建漂亮的火车站、安装自动信号灯、铺设笔直的铁轨、更换铁皮车厢、使用电力机车，提供铁路公司管理者们所能实现的一切理想条件。而现实是，上述改进不可能一蹴而就。用铁皮车厢淘汰美国所有的木制车厢，就需要花费6亿美元。仅宾夕法尼亚铁路公司一家，光用于改造全部交道口的费用就另外需要6亿美元。②他在费城举办的一次锅炉技师大会上提出，提高铁路工人自身的安全意识实际上是更经济、更有效的强化安全的方法。"让我们把眼光放在一个个具体的人身上。从规章制度或者机器技术那里永远找不到真正的安全，铁路公司真正要做的，是为每一个勤勤恳恳的人提供尽职而热情的服务。"③

在李看来，逐渐兴起的劳工和工会问题也能从中找到相类似的解决方案。"对我来说，这不仅是如何给我们的工人发工资的问题，"他说道，"这意味着我们必须竭尽所能保证每个等级的工人都能获得公平的报酬，绝不允许出现特定阶层为自身牟取私利的现象。"更为重要的是，"铁路公司必须让工人认识到，他们是在为一项高尚的事业而努力工作，这便是他们工作的价值所在。"④

最后，李认为政府对铁路管理的干预，从长远来

① Ivy Ledbetter Lee: "The Need For Faith in Men," *Human Nature and the Railroads*, op. cit., pp.112-113.

② Ivy Ledbetter Lee: "Regulation Hampering Good Managers," Ibid., p.93.

③ Ivy Ledbetter Lee: "Why Should We Make The Railroad Safe?," Ibid., p.78.

④ Ivy Ledbetter Lee: "Regulation Hampering Good Managers," Ibid., p.94.

看是"造成行业不稳定的一个因素"。他说道:"尽管从理论上看,政府规制似乎很有道理。"但是这却会导致如下糟糕境况:"增加和改进服务并未起到作用,相反,政府强加于铁路公司的负担却未减少。"①

"这使推动国家前进的活跃力量变得僵化和迟钝。"投资者不敢擅进,政策遭遇诸多阻碍,以至于"行业萎缩刺激着管理者的神经,直接影响到这个行业大动脉的健康发展"②。最后,不断加压的规制必定会使铁路公司入不敷出,这也就意味着"铁路国有化将迅速成为一种威胁和可能"③。

李发起的这场帮助铁路公司提升票价的运动并未避开批评。艾奥瓦州参议员阿尔伯特·B·卡明斯(Albert B. Cummins)告诉国会,这是一场"最广泛、最具活力和最持久的运动"。他亲眼目睹"这场运动让全美国公众相信,政府对铁路、铁路运费和铁路业务的监管努力,最终以惨淡的、灾难性的失败收场。"卡明斯将铁路公司的计划视为"误导和挫败公众"的一场尝试,试图"用伪装唤起公众的同情",通过"夸张地哭诉痛苦和不幸以欺骗整个国家",他说道,"报纸的头条和报道中充斥着关于这一运动的信息。"它为公众提供了正餐和宴会上的谈资。"雄辩的演说家都在形象地描述财产一空、铁轨磨损严重、桥梁摇摇欲坠和设备破败不堪的夸张场景。"④

对于这些质疑,艾维·李淡淡回应道:"过去我们经常被指责对公众缺乏信任,而当我们真正信任公众的时候……华盛顿的一些朋友却认为这是魔鬼在背后起作用。"⑤

艾维·李开展的这场运动大功告成。1914年12月16日,州际商业委员会以五票对两票的投票结果,批准了上涨运费的请求。这一决定从一个侧面反映出委员会成员态度的巨大转变,无疑标志着铁路公司的胜利。宾夕法尼亚铁路公司总裁表示,这一决定预示着"政府在管理铁路的过程中真正开始施行一种宏观的、建设性的政策"⑥。

及至1914年年底,有更多的迹象表明,舆论的浪潮开始稍稍转向对铁路公司有利的一面。除运费上涨的胜利之外,一个重要事件是威尔逊总统致信铁路公司主管组成的委员会,信中明确指出,由

第 八 章
运费运动

① Ivy Ledbetter Lee: "Regulation Hampering Good Managers," *Human Nature and the Railroads, op. cit.*, p.91.

② Ibid., p.92.

③ Ivy Ledbetter Lee: "Do We Want Government Ownership?," Ibid., p.101.

④ Quoted in Ivy Ledbetter Lee: "Telling the Railroad Story," Ibid., p.56.

⑤ Ibid., p.59.

⑥ Ivy Ledbetter Lee: "The People's Part in Solving the Railroad Problem," Ibid., p.126.

于铁路公司关乎整个国家工业生产的命脉,基于目前的产业状况,他们理应获得更多的宽容和扶持。① 另外一些代表性的例子有:一份由某个国会委员会提交的报告指出,根据调查结果,支付给铁路公司的邮包运费偏低;此外,密苏里州的公众通过投票,压倒性地否决了增加乘务员的法令。

一位叫奥斯瓦尔德·加里森·维拉德(Oswald Garrison Villard)的铁路公司主管,把李在运费提价运动中的工作视为一次里程碑式的进步。他说道:"我不能理解,为什么那些循规蹈矩的铁路公司不去雇用像艾维·李这样的人来担任副总裁,除了维系好铁路公司与新闻界、公众之间的纽带,他们别的什么也不用做。"②

1914 年年末,当小约翰·D·洛克菲勒询问是否能够"借"他出马,以帮助解决洛克菲勒家族在科罗拉多煤矿大罢工中遇到的麻烦时,艾维·李离开了宾夕法尼亚铁路公司。作为独立公关顾问,李后来再次被宾夕法尼亚铁路公司聘请为其服务,直到过世。

尽管频率不及 1912—1914 年那样高,李仍坚持就铁路问题撰写文章和发表演讲,而报纸会把他的大多数演讲当作新闻来报道。他批判一战期间的铁路国有化和政府管制,③ 在一战结束后为受到指责的铁路公司辩护,④ 为劳工工作环境中日益增加的安全隐患大声疾呼。⑤ 然而,李越来越多地将自己的角色定位于顾问,宾夕法尼亚铁路公司雇用自己的宣传人员实施李提议的计划和政策。他的工作内容,也逐渐转为参加管理层会议,并在必要时提供第三方意见。

李对铁路公司的公共关系作出的最大贡献,便是始终坚持绝对诚实的原则。这并非由李首创,但正是在他的努力下,诚实原则才得以被广泛接受。及至 1917 年,大部分铁路公司都能接受李在 1906 年提出的让事实说话的建议。在一篇讨论铁路公司新闻代理人的文章中,约瑟夫·多尼(Joseph Dorney)记述了一个细节:1917 年,辛辛那提附近发生了一起翻车事故,李当即打电话给铁路公司的总经理,"尽管在工作上忙得不可开交,李仍向我提供了关于这次事故的详细评估报告,这些帮助完全发乎本心。他告诉我,如果我还需要获知任何其他信息,六点之前在办公室、六点之后在他的家里都可以找到他。"⑥ 多尼还介绍了另外一起发生在肯塔基

---

① Ivy Ledbetter Lee: "The People's Part in Solving the Railroad Problem," Ibid., p.126.

② Quoted in *The Railway Age Gazette*, LVIII (June 25, 1915), p.1480.

③ See Especially, *The New York Times*, March 12, 1917, p.15; March 31, 1917, p.16; and December 1, 1919, p.22.

④ Ibid., December 20, 1919, p.19; January 18, 1920, p.II-1; and May 9, 1921, p.15.

⑤ Ibid., December 26, 1919, p.1; February 12, 1921, p.24; and February 4, 1923, p.I-2-8.

⑥ Dorney, loc.Cit.

州的事故。在他的办公室收到事故报告之前，铁路公司的副总裁已经打电话邀请记者搭乘救援列车奔赴事故现场进行采访。要知道在10年前，这种处理方式即使不是闻所未闻，也是相当少见的。

李绝非宾夕法尼亚铁路公司的传声筒。他深刻洞察到舆论在民主社会中的重要性，并思考应对舆论之法。他更愿意自己所提供的独立见解被接受，而非成为铁路公司管理层的傀儡。后来成为宾夕法尼亚铁路公司总裁的W.W.阿特伯里将军（General W.W. Atterbury），在被问及为何继续聘请艾维·李时回答道："他是我所认识的宣传家中，唯一能够在觉得我错了的时候会站起来和我争辩的人。"①

当然，铁路公司的大部分问题并未得到根本解决。就此而论，艾维·李的工作可能还算不上大获全胜。历史何其相似，在20世纪60年代，铁路公司又一次遇到了巨大困难。研究铁路的史学家约翰·斯托弗（John Stover）在1961年从四个方面提出了解决方案：（1）公共舆论；（2）政府关系；（3）员工关系；（4）铁路管理。②李对所有这些领域的密切关注表明，他至少已经准确地诊断出问题的症结所在。

李对舆论的高度重视是其工作过程中最重要的一项。据斯托弗说，即便到了20世纪60年代，"铁路在一定程度上仍然是一个政治问题而非技术问题，对铁路公司来说一个至少持中立态度的舆论环境至关重要。"③艾维·李很早就发起了铁路公司协同建立良好舆论环境的运动。正是在李的思想的指导下，美国铁路协会和各家独立的铁路公司主导的一场规模宏大的公共关系和观念教化运动持续铺展开来。

在艾维·李应对舆论的年代，民意测验、民意调查和问卷调查等所谓的科学工具尚未使用，因此无法科学地分析其效果。因此，他的方法被人抨击是不科学的、有缺陷的。但终其一生，李采用的方法都令宾夕法尼亚铁路公司感到非常满意。有一次，当被问到为何公司的管理者们都听信李的意见时，一位主管回答道："因为所有的管理者都意识到，在特定的议题上，李基于长期经验得出的判断，如同实验测试得出的结论一样可靠。"④

李之所以能为铁路公司和公关行业的发展作出贡献，一个深层原因是，他与亨利·格雷迪、自己的父亲等在南方重建时期成长起

第 八 章
运 费 运 动

① Bronson Batchelor: *Profitable Public Relations*, New York: Harper & Brothers, 1938, p.190.

② See Stover, op.cit., p.250.

③ Ibid., p.251.

④ Wisehart, op.cit., p.30.

> 李绝非宾夕法尼亚铁路公司的传声筒。他深刻洞察到舆论在民主社会中的重要性，并思考应对舆论之法。他更愿意自己所提供的独立见解被接受，而非成为铁路公司管理层的傀儡。"他是我所认识的宣传家中，唯一能够在觉得我错了的时候会站起来和我争辩的人。"

来的人们一样，能够理解变革已经降临美国。"曾有一段时间，铁路公司的经理们认为他们只是在经营私人生意，"李后来说道，"但是他们最终发现，他们并非在经营私人生意，而是操持一项公众自主自觉监督和享有管控权利的公共事业。"他告诉铁路公司的主管们，"人民大众已经掌权，公众正在履行他们的职责，不论我们是否喜欢他们，我们必须接受这个事实"①。

① Ivy Ledbetter Lee: *Publicity for Public Service Corporations*, New York: by the author, 1916, p.1.

> 人民大众已经掌权，公众正在履行他们的职责，不论我们是否喜欢他们，我们必须接受这个事实。

拉德洛惨案

1914年5月的一天，当艾维·李正忙于为铁路公司争取更高的货运价格时，他收到了来自美国最大资本家的公子小约翰·D·洛克菲勒的电话。小洛克菲勒询问这位宣传家能否与他见上一面，而李再一次意识到这个会见的邀请将对他的事业产生重大影响，于是当即放下在铁路公司的工作，奔赴纽约。

"我觉得我父亲和我深深地被这个国家的媒体和人民误解着，"两人第一次见面时小洛克菲勒就直言，"我想请问，你有什么建议能够帮助我们澄清立场。"①

① Wisehart, op.cit., p.126.

小洛克菲勒的这番话在很大程度上还是有所保留的。事实上，当时洛克菲勒家族的声誉在美国的每个角落都备受指责。小洛克菲勒之前曾努力做到让自己和那些针对他父亲的攻击脱离干系，不过现在还是陷入了谩骂的中心。美国大众激起了对洛克菲勒父子的新一波反感，主因是科罗拉多大罢工，尤其是拉德洛惨案。

此事要追溯到1913年9月23日，科罗拉多南部的煤矿爆发了多达9000人参与的矿工大游行。卷入游行事件的大企业是科罗拉多煤钢公司（Colorado Fuel and Iron Company），这家公司的最大股东正是老洛克菲勒。然而，老洛克菲勒为了保护整体利益而将责任全部甩给了自己的儿子。因此很多人认为，小洛克菲勒要对事件的发展负责。

彼时劳资冲突不断，工会力量不断崛起，社会主义和共产主义运动初具规模。美国国会于1912年成立了产业关系委员会（Commission on Industrial Relations），以调查研究工业界在20世纪头10年遇到的问题。根据乔治·P·韦斯特（George P. West）向委员会提交的一份科罗拉多罢工事件总结报告，此次罢工是"自委员会成立以来，所有劳资冲突中最严重、最令人不安的一起事件"。他认为，科罗拉多罢工事件为研究工业界动荡局面下的一些主要问题提供了一个无可代替的样本。①

① See George P. West: *Report on the Colorado Strike,* Washington, D.C.: U.S Commission on Industrial Relations, 1915, p.5.

科罗拉多罢工事件涉及了资本主义民主的一个核心问题，即资本家是否有权按照自己的方式运作资本，而不受雇员的任何干涉。另一个问题是，工人能否完全享有政治和社会权利，尤其是在资本家占有一切、控制着工人全部生活的情况下。就拿科罗拉多煤钢公司来说，工人生活在公司驻扎的小镇上，住在公司的房子里，从公司的商店里购买食物，当他们参加选举时，也只好投票给公司推出的候选人。

到了1913年9月，工人对现状的不满终于在罢工中被推向了高潮。工人们收拾好自己的家当、行李，离开公司的住宿区，搬进了附近由美国矿工联合会（United Mine Workers of America）搭建的帐篷。冲突的双方——由当局治安部门支持的公司安保与罢工工人——皆全副武装。10月17日，双方发生了交火，警察开着装甲车穿过了工人们的营区，一把机关枪将帐篷打成了筛子，好几名工人被枪杀。交火事件让罢工升级到战争状态，科罗拉多州国民自卫队被派来维持当地和平。

不久之后，产业关系委员会开始调查罢工事件。与此同时，小洛克菲勒作为公司的主要持股人，不断从公司的管理层尤其是董事会主席 L.M. 鲍尔斯（L.M. Bowers）和总裁 J.F. 威尔伯恩（J.M. Welborn）那里得到报喜不报忧或歪曲的消息。他们让小洛克菲勒相信，"工人对在矿井的工作状态十分满意，是别有用心的工会试图挑起工人的不满，唆使不成，就胁迫工人罢工。"②

② Quoted in Raymond B. Fosdick, John D. Rockefeller, Jr.: *A Portrait,* New York: Harper and Brothers, 1956, p.146.

1914年3月，当小洛克菲勒被产业关系委员会叫去出席听证会时，他不过是简单重复了自己从公司高管那里了解到的情况，并表示在公司事务上他会完全站在公司管理层这边。起初，大多数人只是指责他姑息养奸，而几星期后发生的一个事件，让小洛克菲勒彻底陷入了大众批判的狂潮之中。

4月20日，一起意外的枪声引发了交火，并导致了数名罢工者死亡。更重要的是，两名妇女和11名儿童在事件中被夺去了宝贵的生命。这就是拉德洛惨案，它让事态彻底恶化：工人们行动起来，矿场遭到攻击并被焚毁，房屋被洗劫一空。全州都笼罩在对极度混乱的恐惧当中。最后，州长不得不向威尔逊总统求救，联邦军队进驻，才平息了这场官方宣称的暴乱。

小洛克菲勒受到了前所未有的抨击。威廉·格林，国际矿工联合会（International United Mine Workers Union）的一位官员，在电报中要求洛克菲勒"停止杀害男人、女人和儿童"①的行为。各大报纸群起攻之。克利夫兰的《传媒》写道："数十名妇女和儿童烧焦的尸体，向我们展示着洛克菲勒是如何为了获得胜利而不择手段的。"随后，辛克莱（Sinclair）在洛克菲勒位于塔里敦（Tarrytown）的住宅外发起示威。纽约街头愤怒的民众倾听着街头演说家的鼓吹，要求"像打死一条狗一样干掉洛克菲勒"②。

① Quoted in Raymond B. Fosdick, John D. Rockefeller, Jr.: *A Portrait,* New York: Harper and Brothers, 1956, p.151.

② Quoted in Raymond B. Fosdick, John D. Rockefeller, Jr.: *A Portrait,* New York: Harper and Brothers, 1956, p.152.

"从来没有像现在这样，"小洛克菲勒的一名传记作者写道，"小洛克菲勒强烈而痛苦地意识到，自己与美国大众之间鸿沟深堑"③（Fosdick, 153）。毫无疑问，正是意识到了这一点，洛克菲勒向自己在报界的朋友亚瑟·布里斯班（Arthur Brisbane）寻求帮助。亚瑟是著名社会主义者阿尔伯特·布里斯班（Albert Brisbane）的儿子，他知道艾维·李曾在普利策和赫斯特的报团下担任过编辑，就向小洛克菲勒推荐了李。

③ Ibid., p.153.

很多人都为小洛克菲勒提供建议，很多人都向他兜售主张。比如有人建议小洛克菲勒在报纸上购买大量的广告版面，以此来抵消批评的浪潮，甚至有人撺掇小洛克菲勒办一份属于自己的新闻报纸。更加狡猾的是阿尔伯特·哈伯特（Albert Hubbard）之流，这位杂志出版商和半吊子哲学家提出，可以在自己的杂志上发表为小洛克菲勒辩护的文章，但前提是小洛克菲勒和科罗拉多煤钢公司保证购买几千份杂志。一位名叫C.F.卡特（C.F.Carter）的记者则提出由他来写一本澄清小洛克菲勒名声的书，当然前提是小洛克菲勒要确保这本书必须能卖到一定数量。④

④ *See* Rockefeller-Lee correspondence, in U.S. Congress, Senate, Commission on Industrial Relations, op. cit., Vol. IX, pp. 8871-8881.

而当小洛克菲勒向李征询意见时，李表达了自己的看法："所有公共关系计划的第一个且最重要的特质在于，它必须确保绝对的坦诚。换言之，不应采取任何不正当的手段。"李坦率地说，在报纸上刊登广告是"最不明智的做法"，并告诉洛克菲勒"不应该花哪怕一分钱，企图以任何方式直接或间接地影响媒体的立场"。相反，李坚

第九章
拉德洛惨案

> 所有公共关系计划的第一个且最重要的特质在于，它必须确保绝对的坦诚。换言之，不应采取任何不正当的手段。不应该花哪怕一分钱，企图以任何方式直接或间接地影响媒体的立场。

持认为，如果煤矿管理者有什么事情需要公开的话，"他们应该亲自表达，坦诚表达，完整表达"①。

小洛克菲勒对李的建议表示赞同："这是我听到的唯一不包含任何不正当手段的建议。"②

但此时李刚好处在自加入宾夕法尼亚铁路公司以来最忙碌的状态。当小洛克菲勒询问宾夕法尼亚铁路公司总裁塞缪尔·雷（Samuel Rea）能否借用李为自己工作一段时间时，雷拒绝了他。但是，这位铁路公司负责人也同意，如果李能保证不影响在铁路公司的正常工作，他也不介意李为小洛克菲勒提供服务。

接下来的七个月真是多事之秋，甚至对于一个经历过大风大浪的人来说亦复如是。李一直在指挥着宣传战来帮助铁路公司提高票价，直到1914年12月这场战斗才以铁路公司的胜利而告终。在他的"业余时间"里，李又打了一场新的大仗，这就是处理科罗拉多矿工罢工事件。

6月初，也就是在他和洛克菲勒见面仅仅几天之后，李就已经形成了这场公关活动的基本规划。他要求和威尔伯恩（Welborn）取得联系，希望获得这起事件中煤矿管理者方面的情况。但是威尔伯恩给李反馈、提供的主要是反映管理者自身观点的材料，这些材料是如此偏向煤矿管理者，以至于让李犯下了职业生涯中最重大的过错。

6月的时候，科罗拉多的暴乱已经部分平息下来。联邦军队"看护"着当地的法律与秩序，几乎不再有报纸报道罢工事件。李后来向产业关系委员会坦承，"这是显而易见的，冲突平息后再也没有一份报纸会对罢工感兴趣，也不会刊登任何一则相关消息。"③于是，李发起了他曾在宾夕法尼亚铁路公司时运用的公关攻势——持续不断、高度密集地将材料投送给全国的意见领袖们。

在1914年6月5日写给小洛克菲勒的一封长信中，李勾勒了自己计划的轮廓，希望获得这位新老板的同意。李建议策划一系列的新闻简报，题目就叫《科罗拉多为工业自由而斗争》。他随信附上了第一辑新闻简报的长篇校样，并对第二辑的主题提出了建议。李之后推出的新闻简报都冠之以同样的主张："输出'为工业自由而斗争'的观念可以让工人对自己的行动产生崇高感，消除原来的积怨，

---

① See Rockefeller-Lee correspondence, in U.S. Congress, Senate, Commission on Industrial Relations, op. cit., Vol. Ⅷ, p.7899

② Wisehart, loc. cit.

③ U.S. Congress, Senate, Commission on Industrial Relations, op. cit., Vol. Ⅷ, p.7899.

所有的简报都尽可能地拿记录文件或其他可被接受的证据来支撑。"只要在未来的一段时间内持续散发这些新闻简报，"李说："我相信在公众中一定会形成热烈讨论。"①

新闻简报主要由一些关于科罗拉多情势的消息报道或评论文章构成，态度明显倾向于维护煤矿管理者。新闻简报的素材由矿场高层组成的委员会提供，其成员包括威尔伯恩、科罗拉多煤钢公司总裁约翰·C·奥斯古德（John C. Osgood）、落基山燃料公司（Rocky Mountains Fuel Company）总裁D. W. 布朗（D. W. Brown）。李的主要工作类似于一名编辑：他挑选材料，有时撰写引言或者过渡性章节，负责为新闻简报定调，并监督印刷过程。

这些新闻简报都是在费城印刷的，他后来告诉产业关系委员会："这是为了使排版变得尽可能高效。"但是新闻简报和标有地址的信封被打包邮寄到了丹佛，再从那里陆续寄出。"如果获得煤矿管理者许可，"李说，"就可以让他们承担新闻简报的全部责任。"②

李告诉产业关系委员会，他因为宾夕法尼亚铁路公司的事务而无法亲自到科罗拉多收集材料。因此，他只是采用由威尔伯恩和煤矿管理者委员会所提供的材料。而正是这些材料让李陷入了麻烦。"公共舆论的下毒者"，乔治·克里尔（George Creel）③如此描述由李发布的第一批新闻简报。④随后，辛克莱受到克里尔文章的启发，直称李为"毒药艾维"，这个绰号后来伴随了李几十年。⑤

由于这些新闻简报过于偏袒一方，而且经常出现事实性偏差，因而招致许多人的批评。举例来说，"新闻简报第八辑"中引用了的海伦·格伦费尔夫人——法律与秩序联盟（Law and Order League）副主席——的一句话，来论证拉德洛惨案是由罢工者自己导致的。格伦费尔夫人认为大火是由于"一只打翻的火炉或是一次爆炸"而意外引发的，那两名妇女和11名儿童实际上只是在大火中窒息而亡。⑥尽管事后调查显示，新闻简报描述的情况看起来更加真实，但是克里尔认为，李并没有在新闻简报中包含如下重要事实：格伦费尔夫人的丈夫是一名铁路公司经理，而且她所在的"法律与秩序联盟"成立于罢

第 九 章
拉德洛惨案

① U.S. Congress, Senate, Commission on Industrial Relations, op. cit., Vol. IX, p.8867.

② U.S. Congress, Senate, Commission on Industrial Relations, op.cit.,Vol.VIII, p.7900.

③ 乔治·克里尔是当时美国一位经验丰富的自由派记者，后来担任一战时期美国军方宣传机构——公共信息委员会——的主席，主要负责战争宣传和新闻审查，因此公共信息委员会又被称为克里尔委员会。——译者注

④ George Creel: "Poisoners of Public Opinion," *Harper's Weekly*, LIX, November 7, 1914, p.436.

⑤ Upton Sinclair: *The Brass Check*, Revised Edition: New York.,1936, p.311.

⑥ Anon.: *Facts Concerning The Struggle in Colorado or Industrial Freedom*（Denver: Committee for Coal Mine Managers, 1914）, p.79.

工事件之后，专门反对支持劳工的妇女和平委员会（Women's Peace Association）。①

"新闻简报第 11 辑"的题目为《科罗拉多的报纸编辑们如何看待大罢工》，其中引用了一篇维护煤矿管理者利益的报告。克里尔指出，这份报告的内容基于一次报纸编辑们举办的会议，可全州 331 位编辑中仅有 14 位出席了该会议，其中 11 人在报告上签名，这 11 名编辑还全都来自煤矿公司所拥有的报纸。②

新闻简报的多数内容从表面上看都是真实的，但是这些事件背后的整体面貌却是虚假的。而这恰恰是艾维·李自己经常用来批判"扒粪"记者的地方。

最明目张胆的违背事实的内容是关于工人工资的报道。煤矿管理者委员会给李寄送了一份矿工联合会（United Mine Workers）发布的年度报告，李从这份报告中摘取了比较有名的几位罢工者的工资数据。然而，这份报告中本来是年薪的数据被改成了 9 周的薪水。这导致了几位罢工工人领袖的工资收入为：弗兰克·J·海耶斯（Frank J. Hayes），9 周工资与开销共 5720.12 美元，折合 90 美元 / 天；约翰·麦克伦南（John McLennan），66 美元 / 天；约翰·R·劳森（John R. Lawson），9 周工资共 1772.40 美元；琼斯妈妈（Mother Jones），2688.62 美元，折合 42 美元 / 天。引用这些数据想要造成的结果，无非是想显示罢工领袖和矿工联合会不过是在为了他们自己谋取利益罢了。③

李在亲身前往科罗拉多对情况作实地考察之前，就编写了这些新闻简报。而与此同时，小洛克菲勒对那些由煤矿管理者传达给自己的信息却变得日益警觉，并焦急地期盼，一旦李能从宾夕法尼亚铁路公司事务中抽身，就赶紧到矿场作一次实地考察。此前李的计划是在 8 月份和家人一起去欧洲旅行，但现在只能让家人去欧洲，他自己只身奔赴科罗拉多。李发回的调查报告并不支持之前鲍尔斯和威尔伯恩表达的观点，而且报告显示，新闻简报中掺入了他们过多的个人意见。④

当时小洛克菲勒还聘请了一名产业关系方面的专家麦肯齐·金（Mackenzie King），让他主持一个研究项目，为洛克菲勒基金会找出科罗拉多困局的核心问题。金也亲自前往科罗拉多，发回了关于局势的一手讯息。自此，李、金和小洛克菲勒三人一道开展了一项

① Cree, loc. Cit.

② Ibid.

③ U.S. Congress, Senate: Commission on Industrial Relations, op. cit., Vol. Ⅷ, p.7908.

④ Fosdick, loc. Cit.

游说活动，努力促成"科罗拉多煤钢公司主管们的观念转变，使他们对产业关系持更开明的态度"①。

同时，罢工逐渐步入尾声。双方都已经对事件感到倦怠。1914年12月，也就是罢工延续了8个月之后，罢工者投票决定复工。今天，我们很难衡量李的宣传在多大程度上促成了这一结果，但毫无疑问，李的新闻简报至少达到了一个目的：它们引发了"广泛的讨论"。公众对事件的两面都展开了讨论，意见在讨论中得到了一定的中和。

然而事件并未如预想那样结束，美国产业关系委员会再次现身，让这一事件重新成为人们谈论的话题。产业关系委员会虽然由九名分别代表雇主和雇员的成员组成，但其主席——参议员弗兰克·P·沃尔什（Frank P. Walsh）——是一名公开的劳工支持者，许多人指责他主持的不是对情况的调查，而是对实业家的审判。产业关系委员会将科罗拉多罢工定性为扰乱工业秩序的典型案例。

小洛克菲勒再次成为最直接的危机见证者。在1915年1月25日的早上，小洛克菲勒邀请艾维·李和其他职员召开了一次会议。李的弟弟詹姆斯·怀德曼（James Wideman）回忆了当时的情况：当职员们讨论到小洛克菲勒出席听证会应该从纽约市政厅的哪个门进去时，其中一名职员杰罗姆·格林不假思索地回答道："哦，那当然是后门了！"②

这时候，根据怀德曼的回忆，李忽然站起来并请求发言："先生们，走后门的日子已经过去了。洛克菲勒先生将和其他人走同样的门进去，必须的。"③

洛克菲勒不仅走的是大门，而且穿过法庭拥挤的中心通道，和那些有名的罢工领袖握手——如琼斯妈妈；他还亲切地与那些曾公开指责他的人打招呼。还有贝拉·齐尔伯曼（Bella Zilberman）夫人，一年前她曾因为组织示威者围住美孚石油大厦而被逮捕，此时也走过来和小洛克菲勒握手。格特鲁德·怀尔德·克莱因（Gertrude Wilde Klein）夫人是一名工会会员，也走过来和小洛克菲勒交谈。在休息时，这位资本家甚至和记者们开起了玩笑，"又得再一次听这个人讲话，真是无趣"。当被问到自己与公关人员的关系时，小洛克菲勒对法庭说道："如果公关负责人没有讲真话，我绝不会让他们留在我身边。"④

在李的弟弟看来，那气势汹汹、充满敌意的法庭，被小洛克菲

第 九 章
拉德洛惨案

① Fosdick, loc. Cit. p.155.

② Berlin, op.cit. p.80.

③ Ibid., p.81.

> 李忽然站起来并请求发言："先生们，走后门的日子已经过去了。洛克菲勒先生将和其他人走同样的门进去，必须的。"

④ *New York Times*, January 28, 1915, p.4.

勒的表现彻底征服了。① 相反，调查的目标却集中在了艾维·李——这位隐藏在资本家背后的公关人——身上。

结果，李先后四天出现在了法庭的证人席上：1915 年 1 月 27 日和 28 日，纽约；1915 年 5 月 22 日和 25 日，华盛顿。他的弟弟小怀德曼·李也在法庭上为宾夕法尼亚铁路公司的公关项目作证。在整个作证过程中，参议员沃尔什一直努力证明，李在幕后发挥着重要而神秘的作用。通过不法手段，操纵宾夕法尼亚铁路公司、洛克菲勒家族以及煤矿管理者。沃尔什告诉李，委员会正努力寻找造成科罗拉多和其他地方产业境况的责任人，因为洛克菲勒拥有无与伦比的财富和影响力，所以他自然就成了所有相关雇主里面最值得怀疑的对象。现在，沃尔什想确定是谁促成了洛克菲勒的这一切行为，"洛克菲勒采取的言行是真正出于他的内心，还是别的人的建议，"比如是你教他说的，"沃尔什当庭对李说道。②

李坚持自己一贯的工作理念，他只是一名顾问，他所有的建议就是说真话。他并没有遵循"新闻代理人的老一套理论"，那些人只是把自己从雇主那里收到的讯息交给报社，然后再通过自己的影响力将这些内容发表出来。李说道："这与我的理念截然不同。我认为雇主本身就应该成为自己的新闻代理人。如果你一定要说像我这样的居间人起了什么作用的话，我觉得仅仅是建议和指导那些要对自己行为负责的雇主做正确的事，说正确的话。"③

当被问到这些建议在多大程度上被洛克菲勒采纳时，李回答道："我从没有见过一个人比洛克菲勒更小心、更尽责、更勤勉地对待每一行以他的名义发出去的文字，不管这些文字是他亲自写的，还是由别人代劳的。"④

李写给洛克菲勒的信件也能帮助他证明自己真正想当一名顾问，而不只是一个发言人。在美国铁路协会（American Railway Guild）发表一场重要演讲后，李将演讲稿发给洛克菲勒，"希望他能够理解我自己在工作上所遵循的那些理念。"⑤ 几天之后，洛克菲勒在给李的回信中写道，有人建议他，每当与事实不相符合的报道出现在报纸上时，他应该以私人信函的方式来驳斥不实报道。李回复洛克菲勒说他也许会尝试一下这种做法，不过"我们觉得富有建设性、积极正面的公共关系更重要"⑥。

① Berlin, loc. Cit.

② See U.S. Congress, Senate, Commission on Industrial Relations, op. cit., Vol. IX, p.8718.

> 李坚持自己一贯的工作理念，他只是一名顾问，他所有的建议就是说真话。"如果你一定要说像我这样的居间人起了什么作用的话，我觉得仅仅是建议和指导那些要对自己行为负责的雇主，做正确的事，说正确的话。"

③ U.S. Congress, Senate, Commission on Industrial Relations, op. cit., Vol. IX, p.8718.

④ Ibid., Vol. IX, p.8718.

⑤ Ibid., p.8871.

⑥ Ibid., p.8871.

李坚决反对让小洛克菲勒购买阿尔伯特·哈伯特的杂志以换取支持性报道的建议。"你将意识到，"他在给小洛克菲勒的信中写道，"直到今天，所有的新闻理论仍然规约报道必须以客观事实为基础，且来源应当是科罗拉多当地人或其他渠道。"① 李直截了当地阐明了自己的政策，即不通过金钱从任何人那里获得帮助。他告诉洛克菲勒，哈伯特也可以去科罗拉多，并在了解情况后发表相关报道，但要明确这是出于他自己的计划，且应由他自付费用。

① U.S. Congress, Senate, Commission on Industrial Relations, op. cit., Vol. IX, p.8881.

当庭作证的结果显示，李的确自始至终在坚持让小洛克菲勒说真话这一策略，即使策略发生了一定的调整，那也是为了帮助公众更好地了解真相。但是，李在介绍罢工领袖工资收入时犯下的错误却让他陷入了彻底被动的境地。这是产业关系委员会彻查之后，发现的唯一一个可以算在艾维·李头上的伪造篡改事件。参议员沃尔什一直揪着工资收入这件事不放，李承认自己应该为这项错误承担部分责任。②

② Ibid., Vol. VIII, pp.7899-7901.

李自己对此的叙述版本是，前 15 辑新闻简报被装订成册，题为《有关科罗拉多州争取工业自由斗争的真相》，和其他材料一样，这一合集也是在费城印刷的。而就在它被运往丹佛的途中，李称自己收到了威尔伯恩的电报，说其中一份简报存在错误，询问是否应该在合集中修改过来。李称自己在 10 月 1 日回电说，既然这些册子已经在路上了，就建议在丹佛再印刷一张勘误表，并和册子一起密封寄出。"我并不知道错误是什么，"他作证道，"我当时怎么也想不到这个错误能酿成如此严重的后果。"③ 尽管电报在 10 月 1 日就已经发出，但错误直到次年的 1 月 1 日才得以更正，而此时大错已成，无以挽回。

③ Ibid., p.7910.

鉴于上述情形，要产业关系委员会的成员们断定讲真话是李坚持的一项原则，就似乎有些困难了。委员奥斯汀·B·加勒森（Austin B. Garretson）在李对自己做完上述辩护后询问他："你的使命是和普通宣传人员相同，还是如你所说，你真心为你的雇主提供事实真相？"这个问题引起了听证会现场的一阵哄笑。

"这取决于您的判断，加勒森先生，"李回答道，"但是伤害已经造成了。"④

④ Ibid., p.7910.

沃尔什委员会（这是公众对产业关系委员会更流行的叫法），凭借这个轰动性的调查而登上了全国报纸的头条。但是，

第 九 章
拉德洛惨案

取悦公众

① 即公共关系。——译者注

② "Lee and Company," *Time*, XXII（August 7, 1933）, p.21.

当时一种流行的说法是，李站在幕后，操纵着这个世界上最伟大的实业家们，帮助他们解决难题。

这些曝光却几乎没有给李带来任何伤害。大约 20 年以后，这次关于李的调查产生的影响才得到评估："由于李才刚刚加入这个新游戏①，他的成功还不太为人所知。他犯下了重大的过错，把煤矿管理者提供的事实和数据当作真相并传播……但是，他的证词成为头版新闻，还有比这更好的个人广告吗？从那以后，他再也不缺少客户了。"②

1914 年 12 月，无疑是艾维·李事业的巅峰时刻。铁路提价方案在州际商业委员会上被通过。科罗拉多罢工事件也成功得到解决。就在同一个月，国会委员会向外界宣布，正是由于艾维·李的努力，才使得上述这两个重大事件的顺利解决成为可能。最后，委员会透露，李现在已经成为老洛克菲勒的左膀右臂。当时一种流行的说法是，李站在幕后，操纵着这个世界上最伟大的实业家们，帮助他们解决难题。

对于这一说法，李几乎没有作任何修正。

第十章 洛克菲勒家族的公众形象

在产业关系委员会对拉德洛大屠杀的调查过去几个月后,小洛克菲勒破天荒地来到科罗拉多,亲自探访那里的工人工作状况,以求掌握第一手信息。小洛克菲勒的这次"底层之旅"随后成为公共关系发展史上的里程碑。

在整整两周时间里,小洛克菲勒探访矿场营地,与矿工们交谈,深入工人家里,接见工人的妻子和孩子,甚至参加了他们的正式聚会。在一次社交活动中,小洛克菲勒短暂致辞后,竟然提议把地面收拾一下与大家一起跳舞。那晚,他和几乎每一位出席活动的矿工妻子都共舞一曲。这对于一贯害羞、严肃的小洛克菲勒来说绝对前所未有。

"你真该看看舞会开始后的场景:一群记者纷纷冲向电话机,向自己的报社报告这一重大新闻,"麦肯齐·金的一位助手后来说,"这件事以及随后科罗拉多媒体围绕此事的新闻报道,比发表十几次讲话或者召开十几次会议都更有效地塑造了公众对洛克菲勒家族的良好印象。"① 当小洛克菲勒回到纽约时,他起草了一项计划,以化解工人的不满情绪,改善矿工的工作条件。这项计划以压倒性的优势被矿工们正式投票通过。

① Fosdick, op. cit., p.162.

"科罗拉多大罢工事件是发生在洛克菲勒家族中最重要的一件事。"小洛克菲勒在很多年后这样说。他常常向艾维·李表达自己的感激之情。在这之后的几年里,小洛克菲勒赢得了一个新名声,他被认为代表了"产业关系中的新声音"。他在各种场合发表演讲,包括大学、基督教青年会的会议以及商业年会。而所有演讲的主题都与李的公共关系思想的核心原则相关:要在资本家和劳工之间建尽管李在此间一直都是洛克菲勒的顾问，但是我们却难以了解他在多大程度上亲自撰写了这些演讲稿。不过，李的公共关系思想在这些演讲中得以清晰体现，洛克菲勒深受其建议的影响毋庸置疑。1919年，劳工领袖塞缪尔·高帕斯（Samuel Gompers）私下里对艾维·李透露，小洛克菲勒"在过去的几年里，对重大问题的理解愈发深刻，在公众中的声誉也显著好转"[2]。

很多人都将洛克菲勒的这些行动归功于李的建议。他们认为，正是得益于李，科罗拉多大罢工才能平复，洛克菲勒基金会才开始研究产业关系的各种问题，洛克菲勒家族才会雇用麦肯齐·金来帮助这位亿万富翁之子重塑各种政策，以使其更为开明、温和。但是，更准确的说法也许是，李只是建议小洛克菲勒将他自己素来就有的想法、感受向公众说出来罢了。而当他把这些想法、感受说出来并得到公众的认同时，小洛克菲勒也就对自己的立场更加坚定了。

在给小洛克菲勒提供建议的同时，艾维·李也在为老洛克菲勒工作。在法律意义上，直到1915年1月1日，李一直受雇于宾夕法尼亚铁路公司。而在这之后，他和宾夕法尼亚铁路公司正式解除了工作合同，加盟了老洛克菲勒的私人顾问团队。李在这一商业帝国的地位可以从老洛克菲勒写给参议员沃尔什（Senator Walsh）的信中窥见一斑："应您的要求……我目前的私人顾问团队成员包括我的儿子小洛克菲、斯塔尔·J·墨菲（Starr J. Murphy）和艾维·李。"[3]

这位来自佐治亚州的男孩如今已经平步青云，攀至万人之上。他把自己的办公室搬回纽约，从而与洛克菲勒家族及其所属的利益联系得更加紧密。讽刺的是，李离开宾夕法尼亚铁路公司给这家企业带来了并不公正的新闻报道，因为有报纸指责宾夕法尼亚铁路公司已经被洛克菲勒家族控制，证据就是这家铁路公司的职员[4]参与处理了与洛克菲勒公司有关的科罗拉多大罢工事件。另一些观察者则认为，李受雇于洛克菲勒家族实乃不幸之事，因为与洛克菲勒家族扯上关系只会让自己的名声受辱。[5]

在李看来，老洛克菲勒是大资本家的典范。他在之前的生命旅途中所做的大部分事情正是李所极力反对的。他对公众毫不信任，并竭尽所能地躲避媒体关注。[6]

---

[1] Fosdick, op. cit., pp.167-187.

[2] Ibid., p.168.

[3] U.S. Congress, Senate, Commission on Industrial Relations, op. cit., Vol. IX. p.8462.

[4] 即艾维·李。——译者注

[5] See George S. Gibb and Evelyn H. Knowlton, *The Resurgent Years,* New York: Harper and Brothers, 1956, p.254.

[6] 这里有关洛克菲勒生平的叙述大多来自 Allan Nevins 的著作 *Study in Power: John D. Rockefeller*, New York: Charles Scribner's Sons, 1953。

老洛克菲勒年轻时就具有管理人的特殊才能。他将这项才能应用到了石油工业中去，同时由于工业革命的发生、机器的广泛使用、原油和汽油的新用途得以开发，他成为自古至今最富有的人之一。此外，老洛克菲勒慷慨而又精明，老早就把自己收入的很大一部分捐献给了教会和其他慈善事业，而且捐赠份额随着他的财富积累而不断增加。1896年退休不再积极打理生意后，他发挥在石油工业领域的管理才能，经营自己的慈善事业。结果，他捐献的总计5.5亿美元财富没有被浪费在失败的项目上，而是为世界范围内的人类生活做出了巨大贡献。

在20世纪20年代之前，公众对洛克菲勒的印象并不会与上述善行联系起来，这主要是因为洛克菲勒很少关心公众到底在想什么，并且从来不会花费精力改变公众的误解或偏见。罗切斯特大学（Rochester University）的校长（同时也是一名政治经济学家）在1884年主动提出要写一篇文章，向公众说明正是由于洛克菲勒对石油行业的管理才给大家带来了更廉价、更优质的汽油。但是，洛克菲勒却拒绝了对方的好意，因为他不想让这位校长因此而遭到工会的攻击。"你知道总会存在着众多偏见，敌视一切精英和他们成功的生意，"洛克菲勒写道，"生意越成功，别人的偏见也就越深。"①

1884年，另一名作家萨拉·K·博尔顿女士（Mrs. Sarah K. Bolton）曾想为洛克菲勒写一个小传，纳入某本杂志的全美名人系列专题之中。她请求能够采访洛克菲勒，因为"让世界知道下面的信息必是极好的：伟大的美孚石油公司总裁是一名基督徒、一位绅士，性情真诚温和，在各项事业中都极度慷慨"。对此，洛克菲勒态度坚决地回信说："依照早前的决定，我要拒绝你想写的那些文字，但是我感激朋友想为我说一些溢美之词的善意。这些也许对别人会更有好处。"②

从天性上讲，洛克菲勒安静而内敛。生意和家庭的重担更使他沉默寡言、谨小慎微。这导致几乎没有人能够真正了解洛克菲勒，因而出现了各种各样对他的误解，而大众媒体也靠传播这些偏见来抓取眼球。他被刻画成一个吝啬的老头儿，为了榨取一个铜板而不惜踩在别人身上。在常见的描述中，他身边总是保镖环侍，担心遭到那些他算计过的人的打击报复，他阴郁孤僻，卑鄙恶俗。当有消息传到报社，说洛克菲勒又将一大笔钱捐给教会或慈善机构

第 十 章
洛克菲勒家族
的 公 众 形 象

在李看来，老洛克菲勒是大资本家的典范。他在之前的生命旅途中做的大部分事情正是李极力反对的。他对公众毫不信任，并竭尽所能地躲避媒体关注。

① See George S. Gibb and Evelyn H. Knowlton, *The Resurgent Years,* New York: Harper and Brothers, 1956, p.332.

② Ibid., Vol. I. p.333.

取悦公众

时,那会被视为他企图用"肮脏的金钱"为自己愧疚的心灵赎罪。而事实上,洛克菲勒从来没有一个保镖,走在大街上也并不起眼,一旦打开心门就能展现阳光、幽默的天性。

但是,洛克菲勒一直坚持自己的缄默政策。他甚至都没有对外宣布过自己退休,因此当他已经很久不再积极参与美孚石油公司的运营时,人们依然在指责他,让他为一些与自己一点关系也没有的事情负责。媒体对他的指责在进入20世纪后走向极端。同时,一大批充满恶意、一边倒的书籍也对洛克菲勒极尽攻击之能事,并得到了人们的广泛阅读和迷信。其中最著名的两本书是艾达·M·塔贝尔(Ida M. Tarbell)所著的《美孚石油公司史》(*History of the Standard Oil Company*)和托马斯·W·劳森(Thomas W. Lawson)所著的《疯狂的金融》(*Frenzied Finance*)。知名历史学家阿兰·内文斯(Allan Nevins)曾说:"塔贝尔小姐的'性格研究'(character study)之所以被广泛接受,在很大程度是由于洛克菲勒拒绝对此做出任何回应……随着阴影越拉越长,洛克菲勒的缄默政策成为误解、怀疑和憎恨的源头。"[①]

很多人都向老洛克菲勒建议终止缄默政策。他的儿子不相信缄默政策有效。他之前在美孚石油公司的同事也对这种做法持反对态度。1905年,美孚石油公司放弃了这种政策,聘请了一名新闻代理人J. I. C. 克拉克(J. I. C. Clarke)。此人曾是《纽约先驱报》(*New York Herald*)的记者。克拉克向记者们打开了大门,但是他自己所扮演的也仅限于一名新闻代理人的角色,并且只负责公司业务,而不过问洛克菲勒家族的事情。

从1905到1915年,老洛克菲勒也变得更加开放了。他出现在公众面前的次数变多了,偶尔接受一些采访,允许他的一些讲话内容公之于众,并且把自己的"回忆录"交给了《世界周刊》(*World's Week*)连载,最后还结集出版。尽管老洛克菲勒曾经管理庞大的产业和慈善事业,他却几乎没有让什么大机构来宣传自己的这些成就。这一切都有待艾维·李来完成。这位商业巨擘对于将一切完整地留给历史来评价感到心满意足。

当小洛克菲勒看到艾维·李为自己有效地处理了科罗拉多大罢工之后,他终于有效地吸引了父亲的兴趣,将艾维·李聘为私人顾问。在李着手这份工作之后不久,他接受了沃尔什委员会(the Walsh Committee)的质询:

[①] *See* George S. Gibb and Evelyn H. Knowlton: *The Resurgent Years,* New York: Harper and Brothers, 1956, Vol. II. p.350.

尽管老洛克菲勒曾经管理庞大的产业和慈善事业,他却几乎没有让什么大机构来宣传自己的这些成就。这一切都有待艾维·李来完成。

沃尔什：作为小洛克菲勒的私人顾问的一员，你的职责是什么？

李：我代表洛克菲勒先生出席各种公司董事会议，他授权我处理大量与他的利益有关的保密事务。这些事务多到以我的时间所能允许处理的数量为限。但事实上，我与新闻宣传关系极小。

沃尔什：那么你自始至终有没有提出任何公关理念？包括传播一些有关洛克菲勒家族产业的所谓真相，以及其他诸如此类的东西？

李：我并没有放弃公关宣传，因为我相信它是我们所能想到的最好的主意。我认为洛克菲勒家族过去所犯的最大失误就在于他们没有采纳公关宣传。

沃尔什：所以你支持他们对每一件事进行最大限度的宣传？

李：当然，只要有任何机会。我相信洛克菲勒家族应该让大众知道他们的生意状况、所想所感，以及公众感兴趣的其他各种事情的真相。

在李为洛克菲勒家族服务期间，他主要关注如何弥合人民大众和洛克菲勒家族之间的裂缝。他后来告诉自己的朋友彭德尔顿·达德利，洛克菲勒家族也不过是一群由商人构成的凡人，绝不想把自己和其他人隔绝得那么远，他们对于自己的行为遭受误解、不被同侪信任同样深感苦恼。①

尽管老洛克菲勒在过去一直保持缄默，但当这位公关专家加入自己的团队时，他还是尽其所能与李配合。老洛克菲勒告诉自己的一位副手说，他意识到多数经营着大生意的人常常都很难与公众保持步调一致。他急需一名与自己保持密切联系的随员，此人要经过训练并有天生禀赋，不仅对公众的反应和态度保持敏感，而且能够将它们准确地传达给自己的雇主。此外，老洛克菲勒还说，李应该丝毫不考虑洛克菲勒家族的感受，而在任何时候都将其所观察的事实原汁原味地予以报告。②

从与洛克菲勒家族合作的一开始，李就着手让世界知道洛克菲勒所从事的慈善项目的内容。"你肯定看到了我们周六发布的有关洛克菲勒研究所的公告，"1914年7月，李在写给小洛克菲勒的一封信中说，"我随信附上一份公告的复印件供你阅读，此外还有一些剪报，从中你可以看出这件事是如何被媒体操作的。"李向洛克菲勒解释道，此类事情应该持续推进："我们计划在下周一发布一则合适的声明，宣布向约翰·霍普金斯大学划转资金。我目前正在研究普通教育委员会和洛克菲勒

第 十 章
洛克菲勒家族
的 公 众 形 象

① Dudley, op. cit., p.10.

② See Pendleton Dudley: "Qualifications for Public Relations Management," *Your Public Relations,* ed. Glenn Griswold and Denny Griswold, New York: Funk and Wagnalls Company, 1948, p.52.

研究所的工作情况，我相信不久之后就可以形成更详尽的计划，为这家机构进行持续宣传。"①

没过多久李就发现，借由有关洛克菲勒慈善事业的专题报道可以轻松地争取到报纸版面。当他把洛克菲勒向约翰·霍普金斯大学捐款的事情透露给媒体后，随之而来的新闻报道结果让李自己都大吃一惊。他在给洛克菲勒的信中评论道："鉴于这一消息算不上真正的新闻，而媒体却给予如此之高的关注度，看来完全是由于这则消息被包装得更适合媒体消费，这意味着循此路径必大有可为。"②

小洛克菲勒对于新闻报道的结果十分满意。他给李写信说自己看到了报纸上的文章，但是却不知道它们从何而来。好几次他都带着惊讶而感激的口吻写信给李："报上的文章从整体上看都非常出色……继续好好干吧。"③

从那时起，李就着手将洛克菲勒家族有价值且有趣的事情昭告天下，吸引公众的注意。当洛克菲勒家族进行慈善捐赠时，李会给报纸准备一份精心策划、可以发表的新闻通稿。此外，他还会准备一些专题报道，记录洛克菲勒打高尔夫球、和邻居交谈、去教堂做礼拜等场景。一战爆发后，洛克菲勒对美国参战的贡献持续增加，李发布了一些声明，大意是洛克菲勒敦促所有人都站出来支持国家。连洛克菲勒房地产公司有25人报名参军之类的事件，也得到了媒体的充分报道。

在李为洛克菲勒的言行所做的宣传中，最离奇者大概要属洛克菲勒派发10美分硬币的故事了。战争期间，老洛克菲勒在弗罗里达购买了一处住所，取名为"窗扉"（The Casements），紧靠奥尔蒙德（Ormond）。老洛克菲勒在那里度过了很多时光。尽管年事已高，但他的身体和精神状况都很好。他喜欢在周日去奥尔蒙德的地方联合教堂做礼拜，在仪式之后，他会站在草坪上给孩子们派发亮闪闪的崭新的10美分硬币。内文斯说，这一"惯例让老洛克菲勒心情愉快，度过尴尬的时光，能让他给孩子们上一堂有关节俭的课"④。这成为了他在余生中的一项爱好。

许多人把这看成宣传的噱头，并认为是艾维·李的主意。⑤但是李的儿子、合伙人以及其

---

① U.S. Congress, Senate, Commission on Industrial Relations, op. cit., Vol. IX, p.8890.

② Ibid., p.8875.

③ U.S. Congress, Senate, Commission on Industrial Relations, op. cit., Vol. IX., p.8876. See also letter, p.8869.

④ Nevins, op. cit., Vol. II, p.414.

⑤ 许多作家，特别是那些与宣传技巧直接打交道的同行，都认为这个小插曲完全是李的策划。例如，赫伯特·M·鲍斯（Herbert M. Baus）在他的著作《宣传实践》（*Publicity in Action*, New York: Harper and Brothers, 1954）中说道："艾维·李做了很多事情，但其中最有名、最有效也最简单的，就是他让那位老绅士（指老洛克菲勒）口袋里装满新的10美分硬币，走到哪儿就分发给孩子和穷人们。通过这个便宜之计，洛克菲勒也是一个活生生的人的事就在美国人心目中确立起来了。艾维·李让他那个时代的巨贾变得人性化，而他只用10美分的硬币就做到了这一切。"

他众人都坚称李并未发明这个 10 美分的点子。不过无论如何，李的公关机构利用了这个点子：长达四页的专题报道和配图出现在报纸和杂志上，讲述这位亿万富翁到处派发 10 美分硬币的故事。这也许是洛克菲勒家族在大众心目中的形象发生变化的第一个重大突破。

年复一年，全国性媒体的新闻标题和内容逐渐发生了变化。早先的报纸标题是：《洛克菲勒：人还是兽？》、《肮脏的金钱》、《教会与邪恶的酬劳》，《洛克菲勒面临正义的惩罚》。而如今的报纸标题是：《洛克菲勒向失业基金再捐 100 万元》、《洛克菲勒基金会在佐治亚州和红斑病做斗争》、《洛克菲勒向孩子们派发 10 美分硬币》、《洛克菲勒的散财之道》。

"过去老洛克菲勒的形象是位冷酷无情的垄断者，戴着高高的帽子，穿着长礼服，手中紧攥着拐杖，大步跨进了法院。"约翰·T·弗林（John T. Flynn）写道："老形象已经被新形象所取代：他是位虚弱的老人，和邻居们打高尔夫球，给孩子们分发 10 美分硬币，讲述激励人心的诗歌，在他的花丛中平静地徘徊。"①

1916 年之后，艾维·李提供给老洛克菲勒的建议以及他们之间的关系只留下很少的公开记录。李直到去世之前，都还一直在为老洛克菲勒、他的家人和家族利益提供建议。他在董事会、委员会和管理层中任职，始终代表并维护洛克菲勒家族的形象。在他去世之后，他的公司依然继续保持这种合作关系，为洛克菲勒及其利益服务。这一直持续到老洛克菲勒在 30 年代去世，之后又持续到小洛克菲勒在 50 年代去世。但是李的公司把与洛克菲勒家族的合作关系视为机密，类似于律师或医生与他的顾客之间的关系，因此几乎不为大众所知。

许多作者都认为李在 1915 年之后塑造了洛克菲勒家族的政策。"李所提倡的做法对于整个洛克菲勒家族和公司系统来说是全新的——要研究舆论，"弗林写道，"这不仅意味着将公司的事务以令人满意的方式呈现在大众面前，而且要塑造公司事务本身，从而保证当它们呈现在大众面前时会得到广泛的认同。"②

塞拉斯·本特（Silas Bent）写道："根据李的建议，老洛克菲勒的慈善事业发展到空前的规模。"③老洛克菲勒在 1919 年一年里就捐献出 1.38 亿美元，这确实令人赞叹，不过除此之外，他在 1905 年也捐献了 1300 万美元，1907 年捐献了 3900 万美元，1909 年捐献了 7100 万美元，1913 年

第 十 章
洛克菲勒家族的公众形象

> 过去老洛克菲勒的形象是位冷酷无情的垄断者，戴着高高的帽子，穿着长礼服，手中紧攥着拐杖，大步跨进了法院。老形象已经被新形象所取代：他是位虚弱的老人，和邻居们打高尔夫球，给孩子们分发 10 美分硬币，讲述激励人心的诗歌，在他的花丛中平静地徘徊。

① John T. Flynn: *God's Gold: The Story of Rockefeller and His Time*, New York: Hardcourt, Brace and Company, 1932, p.484.

> 李所提倡的做法对于整个洛克菲勒家族和公司系统来说是全新的——要研究舆论。这不仅意味着将公司的事务以令人满意的方式呈现在大众面前，而且要塑造公司事务本身，从而保证当它们呈现在大众面前时会得到广泛的认同。

② Nevins, op. cit., Vol. II, p.414.

③ Silas Bent: "Ivy Lee: Minnesinger to Millionaires," *New Republic*, LXI (November 20, 1929), p.369.

捐献了4500万美元，1914年捐献了6700万美元，更不用说在李加盟之前的年月里捐出去的财富。①

由于洛克菲勒家族并未参与任何形式的商业风险活动，而只是持有股票，并捐出金钱，因此并没有多少东西可供李来"重塑"。更妥帖的说法是，李只是为洛克菲勒家族正在做的事情提出建议，并以此改变大众对家族的态度。②

李后来的合伙人托马斯·罗斯（Thomas Ross）认为，如果有人说是艾维·李塑造了老洛克菲勒后来在美国公众中享有的崇高的名望和友善的态度，这显然言过其实。"一切源自洛克菲勒先生自己对他所遇到的问题的见解，并真诚希望为他曾经赖以创造财富的大众及社群服务。而艾维·李明智的建议只是进一步增益目标达成。此外，成功还有赖于小洛克菲勒在继续他父亲开创的事业中，展现的良好品性和深切慈悲。"③

---

① See Nevins, op. cit., Vol. II, p.479.

② 奇怪的是，一些反对洛克菲勒的作家，如西拉斯·本特（Silas Bent）、约翰·T·弗林和厄普顿·辛克莱，对于李改变大众对洛克菲勒印象的操作却赞誉有加。另一方面，对洛克菲勒家族持同情态度的作家，如雷蒙·福斯迪克（Raymond Fosdick）和阿兰·内文斯（Allan Nevins）则更清楚李所做的实际贡献。而福斯迪克和内文斯的描述可能更符合事情的真实情况。

③ Quoted in Averell Broughton: *Careers in Public Relations,* The New Profession, New York: F. P. Dutton and Company, 1943, p.232.

> 一切源自洛克菲勒先生自己对他所遇到的问题的见解，并真诚希望为他曾经赖以创造财富的大众及社群服务。而艾维·李明智的建议只是进一步增益目标达成。此外，成功还有赖于小洛克菲勒在继续他父亲开创的事业中，展现的良好品性和深切慈悲。

第十一章
公关思想

"我感觉自己已经贡献了全部的生命,来争取当下这一时刻,之前的时光都在为我现在所从事的工作做准备。尽管我过去的全部生命历程都在接受教育,而且今后仍然学无止境,但我感觉,现在应该开始成就自己之前一直在准备着的事业了。"①

① Letter from Ivy Ledbetter Lee to his father, April 1, 1916. Quoted in Berlin, op. cit., pp.91-92.

这段文字出自艾维·李于1916年写给父亲的一封信。艾维·李意识到自己步入了职业生涯的成熟期。那些10—15年前就在他脑海中形成的思想观念,已经得到了充分的实践,并且经受了20世纪前10年最棘手的社会问题的检验——早期的煤矿工人罢工、铁路困局、票价辩论,以及科罗拉多大罢工等。时代印证了他的想法。越来越多的企业开始意识到自己正在陷入新的困境,而李坚信,解决问题的钥匙掌握在自己手中。

整个1915年,李都在尽心尽力地为老洛克菲勒服务。但是,正如托马斯·罗斯(Thomas Ross)后来指出的那样,李开始意识到,由于自己的身份局限——洛克菲勒家族的员工,他不得不拒绝许多让他在新行业里充分展现自我的机会。最终,李要求解除自己与洛克菲勒家族的独家协议,从而可以成立自己的公关公司。当然,他依然是洛克菲勒家族的顾问,每月仍能获得1000美元的劳务费,同时他也重新拾起了在宾夕法尼亚铁路公司的业务。拥有了这些客户作保障,李可以摆脱后顾之忧而踏上新的征程。

事实上,李几乎不需要任何保障。他对父亲说,"很明显,只要我能顾得过来,我就能获得所有的生意,这种感觉棒极了。"②国会调查给李带来的宣传效果,以及他与洛克菲勒家族的关系,

② See Goldman, op. cit., p.2.

> 我感觉自己已经贡献了全部的生命,来争取当下这一时刻,之前的时光都在为我现在所从事的工作做准备。尽管我过去的全部生命历程都在接受教育,而且今后的生命仍然学无止境,但我感觉,现在应该开始实现自己之前一直在准备着的事业了。

已经使他成为全国最有名的公关代理人之一。并且，实力雄厚、人脉广博的洛克菲勒家族也竭力向自己的熟人和生意伙伴推荐李。甚至在李还没有正式组建独立公司之前，他就已经获得了诸如伯利恒钢铁公司和纽约跨区捷运公司（Interborough Rapid Transit Company of New York City）这样的客户。

李吸纳了两名合伙人加盟自己的新公司。他的弟弟 J·怀德曼·李再次入选，此前他在宾夕法尼亚铁路公司承担全职宣传工作。另一个合伙人是 W.W. 哈里斯（W.W. Harris），他曾是一名记者和报纸编辑。新公司名字叫"李与哈里斯与李公司"（Lee, Harris and Lee），正式营业的时间是 1916 年 4 月 1 日。

"我此刻在新办公室里给您写这封信，"李在开业当天写给父亲的信中这样说道，"自由的感觉当然令人振奋，能做自己想做的事情，而不受任何人差遣，是我这些年来梦寐以求的。"①

① See Goldman, op. cit., p2.

李称自己的工作为"宣传"（publicity），但是他所从事的行业后来被称为"公共关系"（public relations），宣传不过是其中的一部分。"公共关系"这一术语的使用还要追溯到 19 世纪，尽管当时的意思与后来相去甚远。1882 年，一名律师在耶鲁法学院发表了一场演说，题为《法律界的公共关系与义务》，这里的公共关系指的是公共利益。② 1908 年，美国电话与电报公司（American Telephone and Telegraph Company）总裁西奥多·牛顿·韦尔（Theodore Newton Vail），采用"公共关系"一词作为年度报告的主题。他认为，如果诸如投资、回报、分配等问题能够得到良好的响应，"那么公司与公众之间的冲突将消弭于无形"③。

② See Goldman, op. cit., p.2.

从 1906 年开始，李便常常使用诸如"人际关系"和"人类关系"这样的术语。不久，"产业关系"和"贸易关系"等短语变得流行起来，并频繁地出现在政府各种委员会的名称中。"公共关系"这一术语被广泛应用到李所从事的职业活动中，还要归功于他的同事丹尼尔·威拉德（Daniel Willard），时任巴尔的摩与俄亥俄铁路公司（Baltimore & Ohio Railroad）总裁。

③ Quoted in Bernays, op. cit., p.70.

在运费提价运动中，李正是这家公司的代理人。威拉德不仅成立了巴尔的摩与俄亥俄铁路公司的公共关系部，而且任命另一位公共关系先驱汉普顿·鲍姆加特纳（Hampton Baumgartner）来领导该部门。④

④ See Dudley: "Current Beginnings of Public Relations," op. cit., p.10. Also, Anon.: "Department of Public Relations," *Railway Age Gazette*, IIX, August 27, 1915, pp.376-377.

及至 1916 年，李频繁地使用公共关系这个术语，并以之为总括性词语，用来涵盖与自己工作相关的所有活动。他在 1917 年写道："公共关系顾问绝不应该仅仅是一名媒体代理人。"①不过，李在 1920 年之前仍继续称自己的工作为宣传。

1920—1921 年间，在实时通讯《通告与简报》（Notes and Clippings）中，李采用了不同的词汇来定义自己的工作：宣传顾问、宣传专家、宣传指导（publicity director）和宣传职业（publicity profession）。1921 年，李发表了一册名为"公共关系"的宣传简报。而毫无争议的是，《公共关系顾问》这一词语是由公关领域的另一名先驱爱德华·伯内斯（Edward Bernays）最早使用的，他在 1913 年就以一名新闻代理人的身份开始了自己的职业生涯。1922 年②，伯内斯采用"公共关系顾问"一词来描述自己所从事的活动，而李在这之后也更加频繁地使用该术语。到了 1928 年，大都会人寿保险公司（Metropolitan Life Insurance Company）发布了一份报告，题为《公共关系顾问的职能》。这份报告指出公关顾问正在迅速地获得广泛认可，它只列出了两名该领域的实践者：爱德华·伯内斯与艾维·李。③

李对公共关系理论的贡献主要集中在 1913—1917 年间。他的公关思想散见于参与铁路票价辩论、为纽约跨区捷运公司和美国电气铁路协会服务时发表的一些演讲和文章。尽管李从未系统地将自己的理论完整地写出来，但他在 1916 年 10 月 10 日亚特兰大市举行的电气铁路协会大会上所发表的演讲，堪称美国最早也是最全面的关于公共关系哲学的论述之一。李对公关思想框架的最佳表述，还有其在 1917 年为《电气铁路日报》（Electric Railway Journal）撰写的系列文章。

在美国思想史上，李是 20 世纪新民主运动（movement of neo-democracy）的先驱和里程碑式的人物。根据历史学家斯托·珀森斯（Stow Persons）的说法，当时的新民主运动旨在"持存一系列传统价值和观念，而反对那些颠覆传统的观念"④。包括自然主义、社会主义、共产主义等新思潮都一致认为，人类已丧失自由，堕落腐化，而资本主义经济却让人类维持在这种奴役和腐化状态之下。李虽然认同人应该是良善且自由的，但是他也看到了妥协和控制以维系民主的核心价值的必要性。

第 十 一 章
公 关 思 想

① Ivy Ledbetter Lee: "The Technique of Publicity," *Electric Railway Journal*, XLIX, January 6, 1917, pp.16-18.

② 伯内斯本人提出，他在 1920 年正式使用了"公共关系顾问"这一术语。——译者注

③ See Bernays, op. cit., pp. 91, 96-97.

④ Stow Persons: *American Minds* (New York: Henry Holt and Company, 1958), p.350.

取悦公众

李的思想基于四大基本前提：第一，他真诚地信奉资本主义，认为自由经济绝对是工业增长和商业成功的必要条件；第二，他彻底地信奉民主，人民即政府，因此公共舆论强大且天然正确；第三，他准确地把握了商业成功所需要的自由与公共舆论的监督力量之间持续加剧的矛盾；第四，他将公共关系视为防止私人企业和公共舆论都过度膨胀的一种手段，公关既能缓和二者的冲突，又能保证它们各自的自由。

李近乎盲目地崇尚美国传统中的那些美德，如勤奋工作、敏锐思考、追求卓越。美国文化赋予每一个人平等的机会。任何抓住机会，并攀上巅峰的人都能获得李的尊敬，比如洛克菲勒。他既代表了自由放任资本主义的全部传统观念，同时又以一种不平凡的方式坚守着平凡人所具有的德性与公义。事实上，这正体现了李的理想。

在李看来，他一生中打过交道的大多数实业家都是良善之人。"我发现地位最高的人往往最朴素、最谦卑、最值得信赖。"李后来对一名作家说道，"他们处处表现出自己对人性的坚守。一旦他们要相信某人，他们就总是默默地给予支持并彻底信任，毫无保留地支持。"① 这些人可以自主地遵循经济运行的规则，比如价格由市场决定，而非由委员会操纵。如果放任自由，让这些人自主地顺应天性，他们必定能够促进整个社会的经济发展。

但是李同时也意识到，20世纪带来了革命性的变化，并造成了自由与成功含义的重要转变。这一变化主要表现为公共舆论的影响力日益增强。"当今世界的每一个产业都建立在崭新的基础之上，"他在1917年写道，"这种革命性的影响正在发挥作用。对这种影响置若罔闻，或者拒绝承认已经由时代的气压计清楚显示出来的经济气候变化，无异于自取灭亡。"②

在李看来，这一变化的主要原因在于，社会各方通过大众媒体来告知和影响大众的手段在持续强化。19世纪晚期声势浩大的民众运动，比如格兰吉运动、民粹主义（Populism）和进步主义运动（Progressivism）都证明了民意之善变，而且汹涌的民意能够有效地影响立法，导引行政措施，创造民主运行的氛围。

李坚持认为，如果将多面向的事实都坦诚、完整地呈现出来，那么公众就能够作出正确的决定。而对照社会现实，他觉得事实真相并未得到完整呈现，相反，公众一直被"煽动家"和媒体"扒粪者"鼓动和

---

① Quoted in Wisehart, op. cit., p.127.

② Ivy Ledbetter Lee: "How the Costs of Rendering Service Are Steadily Going Up," *Electric Railway Journal*, XLIX, (June 3, 1917), p.1139.

误导着。同时，那些理应为获得商业成功而争取必要自由的企业家代表们，却采取了无可奉告、缄默退缩的策略，因而企业一方的事实并未得到公开。

李主动要求讲述故事的另一面。如果他所做的仅限于此的话，那么他充其量不过是19世纪的一位新闻代理人罢了。但是，李走得更远。他认为，保持商业成功所需的自由与公共舆论监督之间的矛盾，就像是一条双行道。双方不仅应该清晰地表达自己，而且应该通过接受教育了解对方。李所做的自然不只是教化公众，他还竭力教导资本家。

李正确地分析了美国商业公司在这一历史时期变化的特性。套用威廉·怀特（William Whyte）在《组织人》（*Organization Man*）中的话说，他大体上成功地帮助这些公司从新教伦理转向了社会伦理。19世纪的激烈竞争和个人主义必定要在20世纪让位于合作与组织化管理。曾经作为19世纪资本主义重要特征的垄断力量，不得不被20世纪合作的力量所替代。①

在今天看来，李当时采用的那些术语极好地阐释了《组织人》一书的内容。借助这些术语，李精彩地论述了实业家们在20世纪早期必然面临的变革。"支配型性格，"他说道："对于早期商业拓展至关重要，而在如今的大规模商业组织中却变得异常低效。"相反，李表示："在我看来，对于想要获得成功的高管和后学晚辈来说，悲悯、无私、热衷于服务整个团队，以及那些可以提升自己与他人合作效率的品质，正变得比以往更加弥足珍贵。"②

简言之，公共舆论的氛围发生了革命性变化，这使得商业大亨们必须作出改变，才能保护、持存那些传统价值。尽管资本家们在19世纪遵守的是封闭、个人、垄断资本主义的信条，但是为了维护商业成功所必需的自由，20世纪的资本家应该被教导去奉行公开、合作、良善资本主义的原则。

但是，大众也应该被教化，而李也确实将他生命的大部分时间都投入到双行道的这一侧。譬如，在铁路公司的案例中，"煽动家"和"扒粪者"激起了公众的改革诉求，试图把不公正的限制加诸铁路公司的自由之上。在这一事件中，李始终主张公众应理解如下事实和道理：一家铁路公司"所做之事不会超过其经济实力所能承受的极限；任何支出都必然考虑这个项目是否拥有丰厚的回报前景；

第十一章
公关思想

李坚持认为，如果将多面向的事实都坦诚、完整地呈现出来，那么公众就能够做出正确的决定。

保持商业成功所需的自由与公共舆论监督之间的矛盾，就像是一条双行道。双方不仅应该清晰地表达自己，而且应该通过接受教育了解对方。李所做的自然不只是教化公众，他还竭力教导资本家。

① See Wisehart, loc. Cit.

② Quoted in Wisehart, loc. Cit.

公共舆论的氛围发生了革命性变化，这使得商业大亨们必须作出改变，才能保护、持存那些传统价值。

其他所有决策亦建立在这些严酷的经济准则之上"①。

因此,当公共舆论与奉行经济准则的自由相冲突时,正如铁路提价运动和科罗拉多罢工事件所显现的那样,李认为唯一的解决之道在于"促进双方对上述经济准则的正确理解,并且对企业和公众之间的密切、长远关系作出适当调整"②。企业和公众双向的理解与妥协或者如李所说,对两者"相互关系做出适当的调整"——变得十分重要,因为只有通过这样的调整,"美国商业在未来才能获得有序、健康的发展"③。

因此,李主动承担起协调公众与企业之间关系的使命。在其职业生涯的大部分时间里,他把自己看作一名新型律师,在舆论的法庭上代表着自己的客户,因为在一个民主社会中,舆论就像法庭一样拥有必然和最终的审判权。

李以多样的方式使用宣传一词,这使我们很难定义他言下究竟何意。在该词最根本和普遍的意义上,宣传意味着对信息和观念的公开表达,或者如李在 1924 年所言,"它是有关某一个理念或某一机构的完整表达。"这些表达不局限于出现在报纸上的材料,还包括"广播、电影、杂志文章、演讲、书籍、公众集会、管弦乐队等表达形态"④。

虽然宣传所指宽泛,然而在李的理论体系内,宣传和公共关系从来就不能彻底分开。他说,公共关系是"关于一种观念或一个机构的完整表达,当然包括那些已经在行动中表达出来的政策和观念"⑤。因此在其终极意义上,公共关系"意味着组织和公众之间的实质性联系,这种联系不仅包括如何说,也包括如何做"⑥。李打了个比方,他说公共关系不应该被看作用来掩盖痛处的创可贴,而应被看作消毒水,用来清除问题的病根儿,并"将其展现给人民大众这名医生"⑦。

根据李对该词的理解,公共关系不是审查和歪曲事实,而是对真相的公开传播。"任何采用公共关系政策的人都要坚信自己是正确的,而且他能够从'真理喜欢阳光'⑧的原则中找到理据,他能够心安理得地依靠这一真理所具有的纯粹价值。"⑨因此,除非一个人已经准备好承担一切后果,否则他就不应该

取悦公众

① Ivy Ledbetter Lee: *Railway Progress in the United States,* London: B. F. Stevens & Brown, Publishers, 1912, p.31.

② Ibid., p.32.

③ Ibid., p.9.

④ Ivy Ledbetter Lee: *Publicity: Some of the Things It Is and Is Not*, New York: Industries Publishing Company, 1925, pp.7-8.

⑤ Ibid.

虽然宣传所指宽泛,然而在李的理论体系内,宣传和公共关系从来就不能彻底分开。

⑥ Ivy Ledbetter Lee: *Publicity for Public Service Corporations*, New York: by the author, 1916, p.11.

公共关系不应该被看作用来掩盖痛处的创可贴,而应被看作消毒水,用来清除问题的根源,并"将其展现给人民大众这名医生"。

⑦ Ibid., p.7.

⑧ 来自莎士比亚名言:诡计需要伪装,真理喜欢阳光。——译者注

⑨ Ibid., p.27.

从事公共关系。"一家公司不可能一边向自己的利益相关者吹嘘公司的繁荣，一边向税务稽查员和自己的工人哭穷。"李认为公共关系"无疑是和上述两种做法格格不入的"，除非一个人愿意保持绝对的诚实，"否则他最好不要'耍弄'公共关系"①。

① Ivy Ledbetter Lee: *Publicity for Public Service Corporations*, New York: by the author, 1916, p.8.

向公众和盘托出真相只是第一步。如果想要获得公众的好感，一家公司还必须有好的故事可讲。"因此，任何一项良好的公共关系活动，最基本的要求就是向公众提供尽可能好的服务。"②由于这个原因，李与之打交道的很多公司主管最后常常认为，提供公共服务是一项代价太高的建议，除非票价提升或其他价格上涨，否则这些昂贵的服务很难被采纳。

但李依然坚称，"良好的服务并不一定和金钱有关。"③它不仅意味着公司员工要对公众有礼貌，也意味着公司主管要对自己的员工有礼貌。对抱怨给予认真、明确的关注，这并不会花很多钱。如果公司不能改善别人所抱怨的境况，那么"什么也比不上坦诚而率直的解释……说明为何公司对此无能为力"④。不需任何花费，所有公司都能够做到在大众面前说话时语调柔和、态度友善，对创新和变革保持开放的心态——表示自己并非安于现状，而是与大众感同身受。李认为，这些就是公共服务的关键。

②③ Ibid., p.11.

④ Ibid., p.12.

由于舆论在民主社会中蕴涵巨大力量，公共服务因而是必需的。李经常说自己从未屈服于任何法庭、立法机构或是公共委员会这些政府部门，除非它们由人民设立，真正代表民意，因为人民才是"一切权力的来源"。那些"被任命的当局"可能犯下错误，尤其是公共委员会犯下的错误更多，这可能不是由于委员个人不诚实，而是他们不得不"受控于现实政治"。如果被任命的官员犯下错误，那么"公民就有责任让更多的人听到自己发出的反对呼声。如果人民和你一道反对某条法律或某项裁决，那么这些法律或裁决迟早会被改变"。李强调，这就是为什么"我认为要把你所知道的真相告诉公众的原因……让人民知晓真相，如果人民认为你是正义的，那么你将获得胜利"⑤。

⑤ Ibid., p.23.

李认为，与公众打交道存在两条基本原理：第一，人民很智慧，他们不愿意接受那些强加在他们身上的东西。第二，人民很公正。李所接触的多数商业大亨都强烈地反对这两点。比方说，在李对电气铁路协会就这一主题发表演讲时，几位高管站起来，

取悦公众

严厉指责李太相信人民。他们说，大众盲目地被煽动家牵引着，无限制地对企业提出过分的要求和不公的限制，而对商业问题毫无见识。

李对此作出回答："如果我们不相信人民，先生们，恐怕我们就要重新考虑民主政府本身了。除非我们相信人民，否则民主政府就将处于危险之中。就我个人来说，我绝不打算承认人民不可信任这一说法。"①

---

① Ivy Ledbetter Lee: *Publicity for Public Service Corporations*, New York: by the author, 1916, "Questions and Answers Section," p.4.

第十二章
公关艺术

如果那些提供公共服务的企业和开明的企业家不为人所知,那么他们的作为便几无价值。基于此,公共关系工作的本质在于告知公众,以让公共服务变得真正重要起来。

在告知公众的过程中,李践行着古老的修辞术。他取悦公众,诉诸最基本的情感与动物式的本能。由于既往卫理公会牧师、南方派政客、报纸编辑的丰富经历,他熟谙鼓动公众的各种修辞和演讲技巧。这些经历和技巧都使他自然而然地成为公关行业的大师级人物。

作为社会心理学(或者他自己所谓的"群体心理学")的门外汉,李认为公众心理归根结底只有最基本的几条原则,这些原则来自历史的教训,而非科学实验室。李说,自古以来所有伟大的"政治家、布道者和战士,只要他想领导人民,都曾体认这些原则"。它们是:

◎ 与公众成功打交道的要诀在于赢得他们的信任;

◎ 赢得公众的信任,要求领导者激发公众的想象,组织公众的想法;

◎ 由于公众并不理性,塑造或激发公众的想法,唯有依靠象征符号和修辞。①

① I. L. Lee: *Human Nature and The Railroads*, pp.14-16.

上述三条原则似乎与李之前的信条相悖,即相信公众智慧且理性。李为此解释道,"大众渴望被领导。如果他们得不到一个英明的领导,那么他们就会被一个错误的领导所支配。"他说:"有人利用修辞技巧,在人民中塑造了倾向于革命和抨击社会偏差的情感与观点。"毫无疑问,李这里说的是"媒体扒粪者"。"那么为什么不能采用同样的程序,来开展一些建设性的事业,形塑一些真正建设性而非摧

取悦公众

毁性的原则理念呢？"[1]

李充分发挥了自己精通象征符号和辞章句法的天赋。他认为自己的群体心理学主要是关注人性。"人性"中十分重要的一条是，不要试图与人民讲理。在制定公关策略时，一个人不应抱如下希望："仅仅通过说理就能把事情讲明白，或仅仅把一大堆数据和数学方程呈现出来就可了事。"因为"人民对他们自己的事情都不感兴趣，他们更不会对你的事情感兴趣，因此也不会去分析那些数据"[2]。

基于同样的原因，"指出别人话语中的逻辑谬误也毫无益处，哪怕那些话语漏洞百出"。因此，李不喜欢采取防守的策略，他喜欢一种富有活力的、建设性的行动策略。"如果我们对别人的问题不能提供建设性意见，这些意见可以有效地牵引大众的想象或情感，从而取代之前的错误见解，那么我们的介入就毫无价值。"[3]

与那些只关心毛利润、净利润的商人不同，公关从业者必须在工作中展现人性、有趣的一面。为了解释这一点，李喜欢引用发生在宾夕法尼亚铁路公司的一个事例。在一个大冷天，铁路公司总经理给每个养路班组的工头都发了个通知。由于天气寒冷，养路工人可能会戴上耳罩，因此听不见正在驶近的火车的汽笛声。这位总经理提醒工头采取预防措施，确保每个工人都能听到汽笛声。

李就此写了一篇充满人情味的故事报道，他说："这个报道被美国各家媒体纷纷转载，并给读者留下了极其深刻的印象，人们认为宾夕法尼亚铁路公司管理层对工人充满人性关怀。诸如此类的小事比一大堆空头论点更能影响舆论。"[4]同样，由于类似的人情味报道发挥了神奇功效，李让洛克菲勒家族的故事得到媒体的充分报道。

人情味报道的一个重要组成部分就是配上名人照片。李曾告诉电气铁路协会，"将管理层推向前台十分重要，这样能够让人民意识到管理着大家日常乘坐街车的人也同样有血有肉"[5]。李说，大多数公司的公报总是冷冰冰的、机械化的。譬如，一篇贴在橱窗上通知街车路线调整的告示如下：

以下调整自1917年10月1日起生效：格林街的公交车会向南穿过第35街，掉头向北则改经第一大道，而非之前的百老汇大街。[6]

---

[1] Ivy Ledbetter Lee: "The Human Nature of Publicity," *Electric Railway Journal*, L, August 4, 1917, p.182.

[2] I.L. Lee: *Publicity for Public Services Corporations*, p.9.

[3] I.L. Lee: *Human Nature and The Railroads*, pp.17-18.

[4] I.L. Lee: *Publicity for Public Services Corporations*, p.20.

[5] Ivy Ledbetter Lee: "Personality in Publicity," *Electric Railway Journal*, August 11, 1917, p.223.

[6] Ibid.

对此，李评论说，难怪人们会觉得管理街车的经理们闲来无事，天天琢磨扰民的点子。要是公司总裁能在所有的公交车上张贴告示，解释路线调整的原因，同时展示公司管理者个人的关切，显然就会人性化得多。

李始终建议公司管理者在对外公告中签上自己的名字。他说，自己早先的一次公关实践就由于缺少人情味而失败了。那次为宾夕法尼亚铁路公司准备的新闻公告之所以招致批评，就是因为它们端出一副公干的架势，缺少人情味，显得冷冰冰。公告的底端署名是"宾夕法尼亚铁路公司"。而后来，经过修改重新发布的公告署上了公司总裁塞缪尔·雷亚（Samuel Rea）的名字，因此在公众中的反响也好了很多。

在李看来，也许没有什么比选择合适的语言、讲故事给公众听更重要了。此中，最关键的是要使用自然的语言，与公众的日常用语相一致。"能为公交车公司或者电气化铁路公司做的最好的事，就是让他们像孙培理（Billy Sunday）奉献宗教一样行事。"李崇拜孙培理，因为"他的语言和那些坐有轨电车、参加球类运动、嚼口香糖、抽烟、吐唾沫的普通人一样"①。

李感到，那些律师正是因为用抽象、过时、冰冷的法律措辞，导致了公众的误解。"只要律师一开口说话，总让人如坠云里雾里。"②

较之任何抽象的说辞，具体的细节总是来得更好。李强调，"要影响公众，就必须让他们心有所悟……而要让公众心有所悟，我们就必须尽可能表达具体。"譬如，李认为要想驳斥铁路公司受控于华尔街的少数人这一说法，最好的方式就是提供具体细节，如投资人的数量及其增长情况、其中女性的人数、持有铁路公司股票的人寿保险公司的数目和受托人的名字。"这些都是对事实的陈述，展现了对公众的信任，激发公众的想象和情感。这些细节自己会说话，帮助公众作出自己的推断。"③

最后，李认为比起逻辑，公众更容易理解象征性的文字或词句。他说，"扒粪者"创造了各种象征符号，获得了公众的支持——尽管经常因此让公众产生错误印象。大公司必须通过创造新的符号和词句，来取代公众心目中既有的对立印象。李说："工人喜欢被称为'全体人员'（full crew），如果一开始就不用'额外人员'（extra crew）来指代这一群体，那我们肯定已经取得了比现在更大的进展。"④

第 十 二 章
公 关 艺 术

① I.L. Lee: *Publicity for Public Service Corporations*, p.21.

② Ibid., p.22.

③ I.L.Lee: *Human Nature and The Railroads*, pp. 18-20.

较之任何抽象的说辞，具体的细节总是来得更好。"要影响公众，就必须让他们心有所悟……而要让公众心有所悟，我们就必须尽可能具体。"

④ Ibid., pp.16-17.

另一个例子是"交通承载所需"（what the traffic will bear）的说法，由于它在人民心中根深蒂固，因此对铁路行业造成了极大的危害。"尽管它在科学上绝对正确，这一点确定无疑，"李承认说，"但它极易向公众传达一个错误的暗示——'交通承载一切'（all the traffic will bear），这一暗示显然与事实不符。"

上述所有原则对于告知公众都是适用的。但是，"我们不可能通过嘴巴和口水向普罗大众进行宣传，我们还必须借助印刷机和墨水。"而要成功做到这一点，"你当然必须与报纸打交道。你要信任报纸，"李建议道，"不仅将其看作报纸，还应视其为公众的代言者。"① 报纸是机构与公众沟通中最重要的媒介，因为"比起其他方式，报纸更能根据公众的感受作出细微的调整"②。

李喜欢引用 H.G. 威尔士（H.G. Wells）的名言，"报纸是我们观察世界的一扇窗子。"李敦促道："窗子的玻璃要干净，不能染色，也不能变形。"大公司应该尽力确保媒体所发表的相关信息既非完全批判，亦非完全恭维，而应该呈现事件的真实结果。"没有比建议别人把坏事说成好事更加偏离我的真实想法了。没有人应该宽恕恶行，让事业本身更美好应该成为所有铁路人持之以恒的目标，我认为本应如此。"③

李强调，公司应该与媒体保持"绝对真诚、坦白的关系……应该为你所做的向报纸收费，同样也应该为你的所得向报纸付费，这样双方的关系也就明晰了。"④ 在李的职业生涯中，他始终反对并拒绝接受新闻代理人大多"慷慨大方"的名声，因为他们会付钱把一些消息刊登到报纸上，或是通过贿赂媒体阻止某条消息见报。在从业过程中，李一直竭尽全力纠正人们的这种看法。

然而，李又建议每个公司雇用一名"公关师"（publicity engineer），此人应是极富经验的记者出身。⑤ 李同时也强调，如果认为雇用一名在媒体圈有很多熟人的公关人员，就能依靠他良好的私人关系摆平报纸，那就大错特错了。⑥

之所以记者更胜任公关工作，是因为他更了解公众对什么消息感兴趣，知道报纸对什么内容感兴趣。"这些提供公共服务的公司，在运营过程中产生了许多有趣且重要的故事，"李说，"一个曾在报

① I.L. Lee: *Publicity for Public Service Corporations*, pp.19, 25.

② I.L. Lee: "The Techniques of Publicity," op. cit., p.16.

③ I.L. Lee: *Human Nature and the Railroads*, pp.20-21.

④ I.L. Lee: *Publicity for Public Service Corporation*.

⑤ I.L. Lee: "The Techniques of Publicity," op. cit., p.17.

⑥ I.L. Lee: *Publicity for Public Service Corporation*, p.8.

纸工作过的人，能够比其他人——比如说一名曾经的销售人员更频繁地发现这些亮点。"①

最后，公司的宣传应该由拥有媒体从业经验的人员而非公司的行政人员来处理，因为前者能够把信息以报纸乐见的方式呈现出来。此外，行政人员往往忙于自己工作中的杂务和烦心事，而没有时间考虑公众和媒体的需求。很多时候，他们都因身陷平常琐碎的事务而承受巨大压力，因而心怀不满、面有不悦，这也给大众留下了不太好的印象。李甚至建议这些行政人员唯一的发声方式就是通过纸质材料，因为单单他们说话的语气就可能让人感觉到敌意。

因此，每一家公司的公关部门都应该"雇用一名训练有素的新闻从业者……这是因为他具有专业知识，能够运用此前工作积累的专业能力来履行自己的职责，而非借由他的私人关系，也不会因为公司总裁的牢骚或个人疏忽而影响了正常的公关工作。"②

尽管李认为报纸是最重要的媒体，但报纸绝不是唯一的媒体。事实上，他感觉随着更新、更炫的媒体（如电影和广播）的出现，报纸的重要性正在下降。

在供职于电气铁路协会期间，李鼓吹通过电车卡和海报的方式来沟通企业和公众。他建议把这些卡片和海报做得生动有趣、贴近性强、新颖别致，并尽可能勤于更新。③

李强调，在公司的月报和年报之中，大有宣传的潜能可以挖掘。他建议公司发行自己的出版物，以杂志的形式供员工、投资人和公众阅读。这些出版物将会"激起员工的兴趣，为报纸新闻或评论提供基础素材，给市政官员、纳税人组织等提供交流的媒介"。这类杂志无须按固定周期出版，在有重要新闻需要说明时出版即可。④

李并没有忽略其他一些更人际化的交流形式。他建议公司管理人员和公关人员都要"给予各种公共团体以特殊的关注。"⑤通过演讲、谈话和讨论等形式与当地社团、公民组织、午餐会（luncheon groups）以及其他群体加强联系。他自己作为一名杰出的演讲家，也常年在全国各地发表各种"公关"演讲。

最后，在宣传某个观念时，一定不要忽略广告这种向大众讲述故事的有效手段。李解释道，事实上广告具有很多优势。公关人员要决定在报纸的哪个位置投放广告，以自己的排版方式来展示内容。

第 十 二 章
公 关 艺 术

① I.L. Lee: "The Techniques of Publicity," 100. Cit.

② I.L. Lee: "Discussion," *Publicity for Public Service Corporations*, p.8.

③ I.L. Lee: "The Techniques of Publicity," op. cit., p.18.

④ Ibid.

⑤ Ibid.

取悦公众

他说:"通过这种方法,你就至少能够在瞬间设定公众的注意力。投放广告只是为了把公众的注意力从其他无数值得关注的事情上转移过来,除此之外别无他求。"①

李对于企业形象广告也有很多自己的见解。"它们看上去应该简单、高贵,而非矫揉造作、标新立异。"他说,"和其他效果良好的宣传一样,广告应该筑基于诚信,充溢着真诚、求实的气息。如果它只是显示了小聪明,那么这个广告注定会失败。"②

为特定目的而在特定时机整合使用全部媒介手段向公众传播信息,这种做法被称为公关运动(publicity campaign),这也是艾维·李对公共关系策略作出的最大贡献。他像严阵以待的将军一样通盘布局、野心勃勃,策划、组织和发起了这些公关运动。这些运动毕其功于一役,火力交加、迎头痛击,全力争取舆论的支持。

他最早实施这些公关技巧是在 1913 年争取上调铁路票价的运动中。那次公关活动的效果如此显著,以至于至少有一位参议员——来自威斯康星州的拉福莱特——在《国会记录》中把李的宣传材料公开时,将之嘲笑为政府部门的一个"耻辱柱"。③

旨在迅速扭转舆论的公关运动,首先是一个如何传播事实与价值信息的逻辑选择问题。直到 1913 年,传播这些内容的主要媒体都是报纸。李的弟弟詹姆斯曾告诉产业关系委员会,"我们传播消息的首选方案,是通过口头和印刷的方式将信息传达给费城当地媒体。然后当我们一有时间,就把这些信息的副本直接发送给我们系统内的所有报纸。"④

然而,李很快就意识到自己不能够完全依靠报纸,还有更广阔的空间有待开发。他和弟弟开始研究"如何吸引人民的注意力,如何通过其他渠道把信息传递至报纸无力抵达之处,以使之进入人们的心灵。于是,我们开始研究我们的利益相关者(constituencies)。"⑤

在研究宾夕法尼亚铁路公司利益相关者的过程中,李氏兄弟发现该公司拥有极为宽泛的受众群。它有 11.2 万名股票持有人、20 万名公司债券持有人、25 万名员工,以及每天大约 50 万名乘客。这些与公司直接利害相关的人,必须获得比报纸上的消息、专题和广告所能传达的更多的信息。

"我们一直想出版一份杂志,"李的弟弟告诉产业关系委员会,"我们从发行传单开始做起……"此后,我们进步到"在车站的公告牌

---

① I.L. Lee: *Publicity for Public Service Corporrations*, pp.26-27.

② See Ivy Ledbetter Lee: "Advertising in Publicity Work," *Electronic Railway Journal*, October 6, 1917, p.618.

③ See U.S. Congress Record, 63d Cong., 2d Sess., 1914, II, Part 8, p.7735.

④ U. S. Congress, Senate, Commission on Industrial Relations, op. cit., Vol. XI, pp.10243-10244.

⑤ Ibid.

上张贴新闻简报……不久之后，我们开始在列车车厢发放一些刊载乘客感兴趣信息的活页。"詹姆斯·李对委员们讲，"我们感觉公关宣传才刚刚开始。"①

① U. S. Congress, Senate, Commission on Industrial Relations, op. cit., Vol. XI, pp.10243-10244.

第 十 二 章
公 关 艺 术

李很快就得出了结论，有一批公众与公司只存在间接联系，但他们可能更加重要。这群人能够影响别人，李称之为"意见领袖"。他们包括众议员、参议员、市长、市议会议员、大学校长、经济学家、银行家、作家、演讲家、牧师以及其他一些有影响力的人。李制作了一个清单，列出了全部意见领袖的通讯地址，并给他们寄送合适的信息。

在公关运动中，李使用最多的还是新闻简报和印刷传单，上面包含文采飞扬、逻辑清晰的论证，在文本已然具备充分说服力的同时还大量引用外部论据。在铁路提价运动、科罗拉多大罢工运动、不久后的捷运票价上涨运动，以及第一次世界大战中的红十字会募捐运动中，李都大量利用新闻简报来影响自己通讯录上的名人。

如何吸引人民的注意力，如何通过其他渠道把信息传递至报纸无力抵达之处，以使之进入人们的心灵。于是，我们开始研究我们的利益相关者。

参议员拉福莱特曾在国会谴责李的上述这些做法。"在巴尔的摩和俄亥俄铁路公司、纽约中央铁路的公关运动中，"他说道，"32 份匿名的极其片面的新闻简报在全国范围内传播。这些简报构成了其他成千上万的新闻、评论和演讲的基础。它们进入了各种新闻周刊的版面，影响了美国 2200 名报人，产生了极其显著的效果。"②

② U.S. Congress Record, loc. Cit.

拉福莱特向国会提供了一张详细的图表，上面显示了州际商业委员会受到的巨大影响。图表细致地呈现了各家铁路公司总裁、主管和代理人是如何通过宾夕法尼亚铁路公司的公关部门直接影响州际商业委员会的，以及他们是如何通过影响报纸、杂志、行业杂志、金融杂志、股票和债券持有人、各种会议（商业俱乐部、交通俱乐部、贸易委员会）、上市公司、内阁成员、国会议员、总统和劳工组织，进而间接影响州际商业委员会的。

参议员拉福莱特在《国会记录》中加入了这些公关运动的全部材料，其中包括铁路公司派发的新闻简报、记录铁路公司主管们演讲内容的一系列小册子、主要基于这些新闻简报和小册子内容而发表的报纸和杂志文章及其副本。拉福莱特还收集了那些寄给总统并抄送刚给州际商业委员会的信件、寄给国会议员的信件，以及分别寄给商业委员会各成员的信件。上述这些信件来自银行家、商人、行业公会，甚至还有工会，这些人或组织最开始都受到了李在公关运动中投放的新闻简报、小册子、演讲稿和报纸文章的煽动，随后主动致信各方，为李效劳。①

拉福莱特收集的大量材料无可辩驳地证明了艾维·李所实施的第一次大规模公关运动是如此成功。它清晰地显示，李如何影响了社会名流，进而使这些人向相关机构施加压力。李的理论被付诸实践。他后来说，那次公关运动花去了公司1.2万美元。紧接着，他略带嘲讽地补充道，拉福莱特把所有材料重新复印一遍以收入《国会记录》也花了美国人民1.2万美元。②

在开展具体公关活动的同时，李还主张成立一个统一的公关机构以更有效地为所有个人和团体提供公关服务。他建议美国铁路联合会（American Association of Railroads）成立一家公共关系"中枢办公室"来执行公关活动，费用由所有铁路公司共同支付。后来，当他被纽约跨区捷运公司聘用时，他促成电气铁路联合会发起了一个统一、协调性的公共关系计划。③

李认为在公关活动中，任何一个类似的中枢公共关系部门都必须遵循以下几条原则行事：

◎ 所有印刷的宣传品都必须标明资料来源。事实上，所有行动都应该公之于众。

◎ 开支应该限定于支付广告费、印刷费、邮递费以及其他为开展工作所必需的薪水和开销。

◎ 不应该对委员会、委员会成员个人和其他任何公众人物进行人身攻击或批评；同样地，也不应该有任何直接或间接地对劳工组织及其领导人的攻击。

◎ 任何发表的内容皆应严格基于官方文件所载录的数据，这应该成为一项铁律。任何发表的事实皆应事先审慎确认，尽管我们都希望事实信息语出惊人，但首先要做到令人信服。④

"好的宣传或好的广告不玩把戏，也不故弄玄虚，"李说道，"它既不玄奥难懂，也不故作神秘，更不要小聪明。相反，它诚实、直接、简单。"⑤

事实上，李的宣传和公共关系实践并不总是如此光明正大。但重要的是，即使这些实践未免神秘兮兮、玩弄把戏，却总是不可思议地有效，最终让美国的工商业领袖们趋之若鹜地来到艾维·李的办公室。

---

① U.S. Congress Record, loc. Cit., pp.7735-8093.

② Ivy Ledbetter Lee: "The Enemies of Publicity," *Electric Railway Journal*, XLIX March 31, 1917, p.600.

③ 关于这种部门在公关宣传运动中的作用，参见 Ivy Ledbetter Lee: "What a Publicity Bureau Could Do," *Electric Railway Journal*, L, August 18, 1917, pp.265-267.

"好的宣传或好的广告不玩把戏，也不故弄玄虚，"李说道，"它既不玄奥难懂，也不故作神秘，更不要小聪明。相反，它诚实、直接、简单。"

④ Ibid.

⑤ Ivy Ledbetter Lee: "Advertising in Publicity Work," *Electric Railway Journal*, L, October 6, 1917, p.618.

第十三章
扩大实践

在 1916 年李与哈里斯与李联合公司（Lee, Harris and Lee）正式运营之前，艾维·李还受邀参与了另一项公关运动。此次的服务对象是纽约一家大型地铁公司——纽约跨区捷运公司。这家公司需要解决正在面临的工人罢工困境，同时还希望能够提高当时仅 5 美分的票价。

在 1916 年的头几个月，纽约轨道交通业遭遇了两场大罢工的冲击。在艾维·李看来，罢工者之所以能取得第一场罢工的胜利是由于"社会公众对地铁公司怀有很深的敌意"。随后李参与到事件中来，他让地铁公司"想方设法将所有情况都公之于众，无论它们是否合宜"。在第一次大罢工中，媒体一开始就站在了公司的对立面。李提出："随着第一次罢工事件的真相逐渐被媒体所知，公众对事件的判断将更加深入，因而在我看来，第二次罢工的胜利必将取决于公众的良知。"①

① I.L. Lee: *Publicity for Public Service Corporation*, p.3.

与此同时，李也开始着手为公司争取提高票价而努力。他写了很多文章，发表了多次演讲，指出劳动力成本、原料供应、税费、燃料、日常开销以及新投资的成本都在不断提高，因此涨价是合理的。但是他这次没能成功，因为这座城市的政客意识到公共舆论坚定地支持现有的 5 美分票价。他们拒绝价格变化，因为担心丢掉选票。

李直接面向地铁乘客开展他的公关运动，创办了诸如《地铁太阳报》(*Subway Sun*)和《高架快车》(*Elevated Express*)张贴在地铁上、报纸样式的单页印刷品，这项举措后来被采纳为业界开展公关活动的一个惯例。在 1916 年之后的很多年里，李一直担任《地铁太阳报》的编辑和主要撰稿人。报纸呈现了多样的内容主题，主要是一些通俗而无伤大雅的讯息，目的当然是为了教化地铁乘客，让乘客同情、支持地铁公司老板"涨价有理"的主张。

为了教化地铁乘客，李还把另外一些材料张贴在地铁车厢内，其中很多都是日常资讯和个人注意事项，并由公司总裁亲自签发。海报内容可能是这样的："危险提示：每一天，我们的保安提醒您'注意台阶'的次数超过15万次。这完全是为了您的安全着想，您照办了吗？（签名）总裁，西奥多·肖恩茨（Theodore Shonts）。"①

此后，这位在职业生涯中屡次站在证人席上的公共关系专家，受到了纽约交通委员会（New York Transit Commission）的调查，他们想知道李在地铁罢工和票价上涨这两起事件中所扮演的角色。调查者最想搞清楚的是，纽约跨区捷运公司到底付给了李多少钱，以及李为获得这些报酬究竟做了些什么。李坦言，他在企业需要时所做的不过是给一些建议和指导，具体执行都是别人的事，他本人每周的工作时间也就是几个小时而已。在1916—1926年间，他总共获得了128129美元的报酬，工作开销是125269美元。根据运输合同，这些钱都被算作运输费用，并由纽约市支付。②

交通委员会的首席顾问塞缪尔·安特梅尔（Samuel Untermyer）抓住这点对艾维·李发起了指控。他认为，这些"不合规定的开销"不过是在给"纽约市的地铁乘客增加额外负担……显然，一方面，靠支持5美分票价政策赢得选举而进入政府的市政官员，一如既往地支持现行的5美分票价；而另一方面，地铁公司却在花着纳税人的钱来推翻这项政策"③。

在安特梅尔表达了这样的观点后，李表示反对，他认为提高票价符合城市和地铁乘客利益。安特梅尔反驳道："可现在你的观点却遭到了那些由人民正式选举出来的权威人士的反对，那么你仍然坚持认为自己真的知道什么才符合城市的利益吗？"

"是的，先生，"李回答，"很明显，政客们之所以还支持5美分的票价，不过是为了获得选票罢了。"④

当委员会传讯艾维·李要求他为自己开展的公关运动举证时，李制作了八大卷装订完好的材料，包括剪报、杂志文章、小册子、折页、海报以及另外一些他在为纽约跨区捷运公司服务期

取悦公众

① Ivy Ledbetter Lee: "Interborough Solicits Complaints," *Electric Railway Journal*, XLIX April 7, 1917. P.638.

"危险提示：每一天，我们的保安提醒您'注意台阶'的次数超过15万次。这完全是为了您的安全着想，您照办了吗？"

② *See* New York State Transit Commission, *Report and Recommendations of Special Counsel*, by Samuel Untermyer, New York, 1927, pp.63-64.

③ Ibid., Among Counsel Untermyer's recommendations was one that Ivy Lee's expense account be disallowed in the city's subside to the subway company.

④ Quoted in Bent, op. cit., p.370.

间的材料。对于公开展示自己的工作成果，李没有表现出丝毫的不悦，相反，他甚至带着几分骄傲。在李看来，这是自己卓越工作的证明。

毫无疑问，如之前几次那般，这些调查为李带来了更大的成功，李抓到机会向社会说明，哪些事情是应该做的，并且展示自己在这些事情上已经何等出色。当年正是由于产业关系委员会的调查带来的宣传效应，李和另一家产业巨头——伯利恒钢铁公司——建立了合作关系。

1916年4月13日，即在李与哈里斯与李联合公司正式开业两星期后，遍及全国的广告都在传达一个信息——伯利恒钢铁公司已经意识到：

那些针对公司的不负责任的观点存在太久了，我们听之任之，以至于现在很多人都把这些不负责任的观点当成事情的真相。我们再也不会采取缄默无为的错误政策了。今后我们将推行公共关系政策，任何错误的讯息一定会得到更正。公司已经并将继续在与政府沟通的过程中，采取最坦诚、最自由的方式。我们希望，今后所有的交易细节都展示在美国人民面前。①

伯利恒钢铁公司的主要竞争对手是美国钢铁公司（the United States Steel Corporation），后者早已在与公众打交道时实施更为开放、坦诚的政策，并试图借此强化公司的公共关系。美国钢铁公司的这些举措主要出自老板贾奇·阿尔伯特·H·加里（Judge Elbert H. Gary）之手，长久以来，他也一直在倡导与李相似的那些实践程式。不得不说，贾奇·加里、A. T. & T. 公司的西奥多·韦尔以及另外一两位其他公司的高管，乃是公认的当之无愧的公共关系行业先驱。

后来，李成为伯利恒钢铁公司总裁查尔斯·M·施瓦布（Charles M. Schwab）的密友和知己。两人从一开始就在工作中紧密配合，据李后来回忆："这份工作需要深刻的洞见和艰巨的社会动员。"②直到四个月倏忽而过，李才意识到自己是如此奔忙于工作，以至于还没有考虑过报酬。一天，施瓦布打电话到李的办公室询问："这段时间你是怎样维持日常开销的呢？"

李显然没有意识到这位钢铁大亨问话的目的，回到道："噢，有时我也向朋友借一些钱。"

"我只是想说，你为伯利恒钢铁公司所做的工作十分出色。现在是该让你的付出有所回报的时候了，我们已经准备好接受你的任

第 十 三 章
扩 大 实 践

> 那些针对公司的不负责任的观点存在太久了，我们听之任之，以至于现在很多人都把这些不负责任的观点当成事情的真相。我们再也不会采取缄默无为的错误政策了。今后我们将推行公共关系政策，任何错误的讯息一定会得到更正。

① Quoted in I.L. Lee: "Enemies of Publicity," op. cit., p.599.

② Wisehart, op. cit., pp.126-127.

何要求，给个数字吧？"

"您这样说，反而让我不太好意思提要求了，"李说道："我更希望您来决定数额。"

"但是我对于你们行业的行情和你应得的薪水一无所知，"施瓦布说："我把决定权完全交给你。"

"也许您心中已经有了一个公允的数额，"李说道："我心中也有一个这样的数额。你我各自将数字写在纸片上，然后取一个中数如何？"

当他们比较各自的纸片时，李写下的数字是1万美元，而施瓦布写下的是2万美元。于是，他们最后顺理成章地达成了折中方案——1.5万美元。①

1917年年初，另一家工业巨头美孚石油公司也进入了李的客户名单。当贝德福德（A. Cotton Bedford）于1916年就任这家新泽西公司的总裁时，他迅速展现了自己较之前任们对公共关系更浓厚的兴趣。"我的大门将向任何一个通过正式渠道引起我注意的人敞开，"他在就职时如是说。②

贝德福德亲自聘用了李，让他基于咨询的模式来为美孚石油公司服务。贝德福德的举动可能是由于小约翰·D·洛克菲勒的建议，小洛克菲勒一直与美孚石油公司保持着联系，尽管他在这家公司中并没有利益，也并不企图控制它。不管聘用艾维·李是否出自小洛克菲勒的建议，在专门研究美孚石油公司的历史学家乔治·吉布（George Gibb）与伊夫林·诺尔顿（Evelyn Knowlton）看来："显然这缘起于李在拉德洛事件中开创的先例。"③

当然，美孚石油公司在聘用李的同时仍然保留着自己的宣传处，J. I. C. 克拉克（J.I.C. Clarke）曾经是部门负责人，但该部门只存续到1918年。而李与宣传部门并无交集，严格来说他只能算作贝德福德的私人顾问。贝德福德于1917年年底成为董事会主席后，李仍继续为他提供咨询服务并撰写演讲稿，直到1925年贝德福德去世。除此之外，李并没有为美孚石油公司做太多事情，而且在贝德福德去世后，没有证据表明李代表公司或其高管参加过任何活动。④

李并非仅仅在做生意。相反，他职业生涯中的相当一部分时间是在从事慈善工作。首先，正如洛克菲勒家族所体现的那样，李为

① Wisehart, op. cit., pp.126-127.

② Quoted in Gibb and Knowlton, op. cit., p.253.

③ Ibid., p.254.

④ See Ibid., p.614.

社会创造了一种良性的公共关系。1916年，李当选为纽约联合医院基金的代表。一年之后他又被全票推选为美国圣经学会（American Bible Society）理事会成员。他在理事会中代表美国南方监理会（Methodist Episcopal Church South），尽管当时他还是基督教长老会的成员（Presbyterian Church）。稍早之前，他在纽约北部威斯彻斯特郡（Westchester County）的哈德孙河谷即为家人购买了居所。由于当地没有卫理公会的教堂，他加入了长老会，甚至在一所主日学校担任过多年的主管（superintendent）。

李还参加了其他一些慈善活动的宣传和推广工作，但这些都无法与他在一战期间为全国最大的慈善组织所贡献的力量相提并论。美国于1917年参战，这并没有实质性中断李的事业，反而给李增加了又一个客户——好比给他的皇冠又增添了一块宝石：美国红十字会。根据约翰·芒福德（John Mumford）的说法，"这有可能是李所从事的宣传工作中最重大、最火热（rapid fire）的了"①

1917年5月10日，李正式离职，投入到战争事务中。美国红十字会战争委员会主席亨利·P·戴维森（Henry P. Davison）选中了艾维·李，并让他担任自己的助手，"专门处理红十字会在全世界范围内的公关事务。"②戴维森同时还是J. P. 摩根公司的合伙人，过去两人就相交甚笃。

李把他的客户都交给了公司的合伙人们去打理，而自己则全身心投入到红十字会公关事务的组织和管理之中。从一开始，他就把自己的公关哲学带到战争事务中来，其最主要的前提就是公开与坦诚。"在战争中我们将要花费大笔的金钱"，他说，"每一分钱都来自于人民。我们必须相信人民，并且要始终保持这种信任。"③

他为《评中评》（Review of Reviews）撰写了一篇文章，告诉全国人民"红十字会的钱是如何支出的"。他说，所有的开支，都受到战争委员会（War Department）的审计员持久连续的监督和审查，"因而公众所捐的每一分钱的去向都能得到仔细的说明。我们持续向人民公布详尽的报告、透明开放的账目——这就是战争委员会在战时处理红十字会事务的政策。"④

李来到华盛顿，并全身心地投入到新工作中。他住在戴维森位于华盛顿的房子里，并在那里指导红十字会的工作，撰写演讲稿，为杂志、报纸、小册子、

第十三章 扩大实践

> 李并非仅仅在做生意。相反，他职业生涯中的相当一部分时间是在从事慈善工作。首先，正如洛克菲勒家族所体现的那样，李为社会创造了一种良性的公共关系。

① Mumford, op. cit., p.18.

② Quoted from the "Princeton Way Record Information Questionnaire," Alumni Office, Princeton University.

③ Mumford, op. cit., p.19.

> 从一开始，他就把自己的公关哲学带到战争事务中来，其最主要的前提就是公开与坦诚。"在战争中我们将要花费大笔的金钱，"他说，"每一分钱都来自于人民。我们必须相信人民，并且要始终保持这种信任。"

④ Ivy Ledbetter Lee: "How Red Cross Money is handled and Spent," *Review of Review*, LVI, December, 1917, p.615.

手册、活页等撰写文章，并监督这些材料的印制过程，尤其是海报和广告的制作。

李深知领导亲自传递信息能够带来巨大收效，因此他说服戴维森在全国巡回演讲，募集资金。芒福德后来说，此事"对于戴维森来说，难度几乎和移动伍尔沃斯大厦相同，因为他根本不擅长演讲"①。但是，李自己却是一名出色的演说家。靠着李在铁路公司的朋友的捐助，他们乘坐一节私人列车包厢周游全国。李撰写演讲稿，然后凭借其老道的经验倾听戴维森的演讲效果，并指导他注意演讲的抑扬顿挫和启承转合。据小怀德曼·李透露，在这趟旅行结束时，戴维森已经成长为一名杰出的演说家。②

戴维森浑身充满了激情，并得到了李的欣赏，正像他之前钦佩洛克菲勒、施瓦布、肖恩茨、贝德福德、克莱斯勒等大亨一样。同时，戴维森也是社交场所最受欢迎之人。李后来说，"以其热情和远见，戴维森成为我所接触过的最伟大且独一无二的生意人。"③

在一战期间，李曾两度到国外考察红十字会的运转情况。他从利物浦来到那不勒斯，并多次亲赴前线。他身处战区，佩戴少校军衔，他妻子说这是因为"他不肯接受更高的军衔"④。经过为期两年的服役之后，他于1919年3月1日正式从军队退役。在此期间，他目睹了自己所从事的宣传工作帮助美国政府在公众中激起前所未有的回应。仅在战争伊始，他就成功募集到超过1亿美元的人道援助资金。这些令人振奋的成绩，证明了他的观念的有效性。

然而对李来说，上述这一切不但证明了宣传推广活动的价值，而且证明了公共关系能够应用到整个国家事务中，恰如它之前应用到洛克菲勒家族和铁路公司身上一样。公共关系能够改变一个国家的公共形象。李在日后越来越痴迷于公关理念。红十字会的活动"向全世界展示了一幅崭新的画卷，传达了美式生活与民族性格的本意"。李写道："通过传递援助和同情的信息，我们表达了美国人民的牺牲精神和慈悲情怀，盟国从此知道美国并非一个只会赚钱的国家，如是促进了我们与盟国之间的了解和理解，为战后的持久和平奠定了基础。"⑤

第一次世界大战引领现代文明进入了一场语言运动。宣传在历史上首次成为一项重要武器，并得到广泛使用。由于德国和英国在战争初期试图对美国舆

---

① Mumford, op. cit., p.19.

② See Berlin, op. cit., p.98.

③ Wisehart, op. cit., p.26.

④ Quoted in Berlin, op. cit., p.99.

⑤ Ivy Ledbetter Lee: "How Red Cross Money is Handled and Spent," op. cit., p.615.

论施加影响，美国也因之意识到了宣传的作用。早在 1914 年，《纽约时报》的一篇评论就宣称"这是第一场新闻代理人之间的战争"。李在战争期间所鼓吹的理念和技巧，有着全国性乃至全球性的宏大视野。①

伍德罗·威尔逊（Woodrow Wilson）同样对坦诚、公开的原则和公共关系的做法深信不疑，他还任命科罗拉多的报人乔治·克里尔担任新成立的公共信息委员会（Committee on Public Information）主席。讽刺的是，当年正是这个克里尔，批判李在科罗拉多罢工事件中的公共关系"图谋"。如今，克里尔为了国家的利益来到华盛顿，开始实践那些由李开创并完善的公关策略和观念。克里尔在全国范围发起了宣传运动，以赢得美国人民对战争的支持，吸引更多人参军，推销战争公债，号召节约粮食、仇恨德国人，并让人民接受其他一切有利于美国赢得战争的观念和行动。克里尔开创了"四分钟演讲人"机制②，发行了数以吨计的小册子和文字材料，并实施了一个史无前例的宣传项目。

借用一位历史学家的话来说，一战期间的宣传活动本身就是"对公共关系事业的出色宣传"。③言说，可以平息罢工，可以提高票价，可以赢得公众同情，甚至可以作为武器赢得战争胜利。然而不久之后，坊间的口号却变成了"言说赢得了战争，却输掉了和平"④。李亲历了这一事态的转变，但他对此并不认同，整个 20 世纪 20 年代，李都在持续致力于通过人们谓之"罪恶"的言辞来恢复国际和平。

1919 年战争一结束，李就重操旧业，继续 1917 年离职时的公关事业。在退伍后的 8 个月，他又组建了一家规模更大的新公司，名字就叫作艾维·李公司，位于百老汇 111 号的一幢写字楼内。他召集了一批来自报界、有经验、有才华的人士加盟其中，他领导着 20 世纪 20 年代全美乃至全世界最具声誉的宣传和公关公司。在 20 年代中期公司发展达到顶峰时，他雇用了 12 名助手，此外还有多位秘书、速记员、办事员和通讯员。

他的弟弟詹姆斯在李与哈里斯与李联合公司解散时，也从公司辞职。他离开公关界，加入了广告这一更为稳定的行业，成为乔治·L·戴尔公司（George L. Dyer）的副总裁。1921 年，他成为这

第 十 三 章
扩 大 实 践

① *New York Times*, September 9, 1914, Editorial Page. For other descriptions of the publicity effort during the war, see especially James Mock and Cedric Larson: *Words than Won the War*（Princeton, N.J.: Princeton University Press, 1939）, and George Oreal: How We Advertised America（NewYork: Harper and Brothers, 1920）.

② 公关信息委员会起初设有"四分钟宣讲人部"和演讲部，二者在 1918 年 9 月合并。一战期间，委员会发动 75000 人在全美开展了 7555190 场不超过四分钟的演说，为战争动员作出了卓越贡献。——译者注

③ Goldman, op. cit., p.11.

④ 系指战后在 1919 年召开的巴黎和会上，各国争论不休，难以达成共识，美国最终未批准《凡尔赛条约》，拒绝加入国际联盟。——译者注

一战期间的宣传活动本身就是"对公共关系事业的出色宣传"。言说，可以平息罢工，可以提高票价，可以赢得公众同情，甚至可以作为武器赢得战争胜利。

家公司的总裁。1931年,他成立了属于自己的小詹姆斯·怀德曼·李广告公司,一直担任公司总裁直至去世。

李很容易就找到了新的助手。据李当时的同事悉尼·皮尔斯·霍林斯沃斯(Sydney Pierce Hollingsworth)回忆,许多有前途的年轻人都为李的事业着迷。一些追随者把自己的一生都献给了这家公司,另一些人则成为匆匆过客。李频繁地为公司挖掘新人才,选择标准往往是其拥有某方面的特殊才能或客户资源。李求贤若渴,对自己需要的人才往往不惜许以重金。①

① See Sydney Pierce Hollingsworth, "Pioneers—Blair, Barnum, and Lee," *Public Relations Journal*, I, November, 1945, pp.15-18.

所有为李工作的人都具备一个重要的特质,那就是能够简洁、清晰且高效地写作。公司有很多的书架,上面堆满了词典、百科全书、有关写作技巧和语义学方面的书籍,以及李最为关切的其他读物。新员工到公司上班的第一天,都会领到两本书:一本是阿瑟·奎勒—库奇(Arthur Quiller-Couch)的《写作的艺术》(*On the Art of Writing*),另一本是哈夫洛克·埃利斯(Havelock Ellis)的《生命之舞》(*Dance of Life*),后者有专门的章节探讨语义学和写作原理。

李已经形成了一种属于自己的固定写作风格,并将之逐渐推广到公司的所有员工。他写的新闻稿总是简洁有力、直指要害,以客观公正的基调、练达清晰的语言和结构见长。霍林斯沃斯说,在李领导公司时,由于专门训练新闻稿和文本结构的晓畅、通顺,因此写作就像孩子的游戏般简单,但是当公司由托马斯·罗斯(Thomas Ross)和丹尼尔·皮尔斯(Daniel Pierce)领导时,员工的工作强度大大增加,他们不得不花大力气反复润色语言。②

② Ibid.

李始终保持一些特定的习惯,譬如凡从他办公室发出的文件左上角必然附上专门的印记。仅凭这个印记,这份文件就足以吸引那些认识艾维·李的编辑们的特别注意。

但是,李逐渐意识到,公司内部需要作出一些根本性调整。他希望能够少卷入一些具体的宣传执行工作,而把更多精力投向公共关系咨询业务。他希望少写一些新闻稿,而多作一些政策考量。他希望客户能更少依赖他处理公关项目的日常业务,而更多地让他进行顶层设计,并基于顶层设计规划公共政策。整个20世纪20年代,他的团队职能逐渐从做事转为思考,从宣传转为咨询。

"30年前我的事业刚起步时,我是一名单纯的宣传人员,"李在后来接受采访时说:"但如今我之前从事的宣传工作已经不值一提了。我所打交道的公司，大多数都有自己的宣传部门。我几乎不关注他们如何宣传，这也不是我的志趣所在。我真正的工作是帮助客户与公众打交道。"[1]

在开始一项公关项目的冒险之前，李都会要求他的员工对客户的问题和喜好作一个彻底的调查，以使之呈现在公众面前。他在公司内部培养了一种做法，即让他的助手为不同的客户准备一份备忘录，记录那些与客户利益相关的不同主题。这些备忘录可能承纳了来自特定领域的代表性观念和意见，据此可以分析这些观念和意见对事态发展的影响程度，并制定出前瞻性的应对策略。

举例来说，一项针对某电报公司存在问题的调查表明，公众并不愿意完全接受这家公司的服务，也不想对其投资，原因在于这家公司的电报总是和"坏消息"联系在一起。有鉴于此，李的公司就建议发起一项公关活动，鼓励大家通过电报来传递生日祝福和节日问候，而非仅仅用于紧急情况，这样"电报就更多地添加了快乐的元素，而非尽是忧苦了"[2]。此后不久，西联公司（Western Union）成为该公司的客户之一，实践完全证明了李的上述分析的科学性。

这一时期，李提出许多决策建议，其价值远远超过了他在公关稿写作上的贡献。他向黄铜制造商建议说，他们应该集资成立一家黄铜研究基金会，不仅可以研发更好的产业技术，而且可以为公司赢得令人尊敬的公众形象和良好声誉。他建议纽约跨区捷运公司成立自己的地铁雇员工会，以防范罢工事件的发生。他建议丹尼尔·古根海姆（Daniel Guggenheim）管理古根海姆基金会，致力于促进航空事业的发展。李所做的这些项目，就本质而言，都自然而然地维护和推动了公共利益。[3]

李所有的建议都源自他不断尝试去理解并满足公众的各种需求。为什么工人希望获得更高的薪水呢？为什么人们不喜欢百万富翁呢？这些只是表象而已，他希望他的公司能够理解更深层、更显著的根源，并把握长远趋势。公共关系行业在20世纪20年代快速发展，逐渐转入社会学和社会心理学范畴，新闻发布与宣传册子不再是公共关系的核心法宝。行业态势之巨变甚至超过了李的公司的发展速度，唯有通过公司转型，李才得以安然守在行业的最前沿。而随着历史进入20世纪30年代，"理解公众"的理念变得与"公众理应知晓"同等重要。

第十三章 扩大实践

[1] Quoted in Wayne W. Parrish: "Ivy Lee, 'Family Physician to Big Business'," *The Literary Digest*, XVII, June 9, 1934, p.30.

[2] Quoted in "T. J. Ross, Pioneering Public Relations Counselor," Princeton Inc. (June 13, 1958), p. 23.

[3] See Hollingsworth, loc. Cit.

> 公共关系行业在20世纪20年代快速发展，逐渐转入社会学和社会心理学范畴，新闻发布与宣传册子不再是公共关系的核心法宝。随着历史进入20世纪30年代，"理解公众"的理念变得与"公众应被告知"同等重要。

第十四章
功成名就的 20 世纪 20 年代

20 世纪 20 年代，在李的客户名单中，许多美国商业巨擘的名字赫然在列。在此之前，他的客户名单已足够豪华，包括宾夕法尼亚铁路公司、洛克菲勒家族及其产业集团、查尔斯·施瓦布和伯利恒钢铁公司、纽约跨区捷运公司，以及贝德福德—新泽西美孚石油公司的主席。

在这份名单中，李继续添加了沃尔特·克莱斯勒以及克莱斯勒公司，波特兰水泥公司（Portland Cement Company）以及水泥产业集团（Cement Interests），丹尼尔·古根海姆以及古根海姆产业集团（Guggenhein Interests），美国—古巴制糖公司（American-Cuban Sugar Corporation），国际糖业协会（International Sugar Council），阿莫尔公司（Armour and Company），通用磨坊（the Washburn Crosby Company，汤普森—斯塔雷特（Thompsom-Starret），沃道福—阿斯托利亚（Waldorf-Astoria）及其通过铜和黄铜研究会（Copper And Brass Research Association）代表的铜和黄铜制造业。

他和他的员工为一家在纽约股票交易所上市的多米尼克和多米尼克（Dominick and Dominick）公司定期撰写市场通讯（market letter）。他为早餐燕麦片制造商山毛榉—坚果包装公司（Beech-nut Packing Company）专门打造了"丰盛早餐"的公关活动。接下来几年，更多的商业巨头成为李的客户，比如所库尼—瓦库木（Socony-Vaccum）石油公司和西联公司。

李是他那个时代许多重要人物的私人顾问。约翰·W·戴维斯就是其中一个，也是他的密友。戴维斯是华尔街的律师，后来成为民主党的总统候选人，于 1924 年同卡尔文·柯立芝（Calvin Coolidge）竞争总统职位。冉一次，李介入了政治公关。聘请他作顾问的另一个朋友狄威·莫若（Dwight Morrow）是 J.P. 摩根的合伙人，后来出任美国驻墨西哥大使和国会参议员。李同时也是麦基家族的朋友和顾问，这个家族和古根海姆家族一样在矿业赚得盆满钵满。他还给奥托·卡恩（Otto H. Kahn）作顾问，此人在纽约大都会歌剧院（Metropolitan Opera Company）作导演，同时也是艺术赞助人。

20 世纪 20 年代中期，李和他的合伙人拥有 25—30 个大客户。其中一些客户的名号在当时并未公开，因而我们永远也无从知晓。李经常自比律师，当客户不愿意将他们与公关顾问的专业合作公之于众时，保护客户是一种职业操守。然而，客户不愿意公开合作关系很可能是因为在当时只要自己和有"毒药艾维"之污名的李联系在一起，便意味着某种程度的不可信。尤其是在 20 世纪 20 年代对李的批评日盛的情况下，此等声誉风险亦不断放大。正如早年人们曾忠告洛克菲勒家族那样，和李联系在一起必将弊大于利。

除了常规客户，由于名声在外，全美和欧洲商界、政界的很多领袖都经常找他咨询。"从缅因到得克萨斯，带着大麻烦的大客户给李带来了大生意，"芒福德说，"他比任何一个美国人都更知道更多公司的更多内幕。"①

纽约跨区捷运公司法律顾问詹姆斯·L·夸肯布什（James L. Quackenbush）简要描述了为何商人都渴望得到李的建议。但是，他的观点受到了纽约州运输协会法律顾问塞缪尔·特米尔的质疑，后者认为李徒有虚名。

"头脑，"夸肯布什回答。

"仅仅因为这些信息存储在他的大脑里？"米特尔问道。

"不，因为建议……假设我认为在这次会谈结束后，"夸肯布什说，"需要就我们这次有趣的讨论作观点陈述，我可能会去找李来修改，并且向他征询我想要呈现给公众的内容是否大致合理。"②

据芒福德说，李常常建议说，"秘密是怀疑之母……他可以为客户们做的最重要的事，就是纠正他们对待公众的政策和态度，而不是帮助他们把带有偏见的信息转印成新闻……他们中的大多数人对这种'新教义'都感到震惊。"③其中之一便是美国烟草公司（American Tobacco Company）总裁乔治·华盛顿·希尔（George Washington

第 十 四 章
功成名就的20
世纪 20 年代

① Mumford, op. cit., pp.16-17.

② Anoh: "The Difference Between 'Public Relations Adviser' and Press Agent'," *Printers' Ink*, CXXXIX, June, 1927, p.10.

③ Mumford, op. cit., p.15.

"秘密是怀疑之母……他可以为客户们做的最重要的事，就是纠正他们对待公众的政策和态度，而不是帮助他们把带有偏见的信息转印成新闻……他们中的大多数人对这种'新教义'都感到震惊。"

取 悦 公 众

① Mumford, op. cit., p.17.

一个人要影响公众，就要影响公众的领袖。不过追寻重要人物并不意味着向他们谄媚。李永远都有自己的想法。20世纪20年代，人们常常这样评价李，他是"为数不多的能够让百万富翁等他的人"。

② Quoted in Berlin, op. cit., p.115.

③ Quoted in Hollingsworth, op. cit., p.18.

④ Parrish, loc. Cit.

李维护的方式不仅仅是言辞，还有铅字。他整理出个人的邮件列表，据说包含世界范围内3000位有影响力的人物。而李会给这个列表上的所有人——从白宫的主人到克里姆林宫的布尔什维克——持续寄去大量材料。

⑤ Bent, loc. Cit.

Hill），李建议他向股东公布作为公司机密的分红体系。

李的影响范围还扩展到了欧洲，他每年都会出国两次。"在六个国家，自首相往下的大人物，都宴请他，"①芒福德写道。包括墨索里尼、里宾特洛甫（Ribbentrop）、沙赫特（Schacht）、贝乃思（Benes）、斯坦普爵士（Sir Josiah Stamp）和李可夫（Rykov）等大人物，都曾和李会谈或接受过他的采访。他还预约了对斯大林的采访，但是俄国人让他等了足足三天，最后也未成行。

大人物对李很重要。他始终深信，一个人要影响公众就要影响公众的领袖，他用自己的方式联络和培养那个时代的大人物。一次，他责骂他的同事丹尼尔·皮尔斯："丹，你在微不足道的人物身上花费太多时间了。"②之后皮尔斯说，"李衣冠楚楚，出入高级场所，会见重要人物，我却还穿着短袖工作，履行着他制定的信条。"③

不过追寻重要人物并不意味着向他们谄媚。李永远都有自己的想法。20世纪20年代，人们常常这样评价李，他是"为数不多的能够让百万富翁等他的人"④。

李维护意见领袖的方式不仅仅是言辞，还有铅字。他整理出个人的邮件列表，据说包含世界范围内3000位有影响力的人物。这个列表被精心索引和组织，其重要性排序也会经常发生变化。而李会给这个列表上的所有人——从白宫的主人到克里姆林宫的布尔什维克——持续寄去大量材料。

"父亲留给我最生动的记忆之一，"李告诉一名杂志记者，"是他有这样一种习惯：从报纸、杂志、书籍——事实上，每一种可能的来源之中——撷取他的朋友们可能感兴趣的信息。他时常把那些一切能够想象到的主题剪报寄给他的朋友们。"⑤

正是父亲的这个习惯，激发了李的灵感，使他创造出公关的一个秘密武器。在很长一段时间，他跟随父亲的足迹，给别人寄剪报。20世纪二三十年代，他对此作出了显著的改进。他不再手工剪报，而是将内容集中打印，然后不时寄给他那长长的、却是精挑细选的名单上的大人物。1918—1921年，这种武器被他称作"笔记和剪报"；1921—1925年，它也被叫作"公共关系"；1925—1933年，它则变成了"信息"。

"通过这类工作，我恰巧把我的办公室变成了各种信息的计算中心，"他告诉本特，"大多数材料是如此有趣或富有建设性，因此我乐意常常和我的朋友、熟人分享它们。"①

剪报提升了艾维·李的知名度和他的事业。在简报的左上角，李经常会引用亚伯拉罕·林肯在和对手史蒂芬·道格拉斯（Stephen Douglas）辩论中讲的一段话：

> 公众的情感就是一切。赢得公众的情感无往不胜，反之则一事无成。因此，形塑公众情感者比立法者或决策者走得更远，他可以判断法令或决议是否可行。②

而李在简报右上角通常会宣称，本材料承纳的内容正是接收者迫切所需的。

当然，剪报中的内容经常会涉及李的客户。伯利恒钢铁公司在一个话题中被提及。阿莫尔公司（Amour and Company）的主席F·爱迪生·怀特（F. Edson White）也曾被引用。在另一个话题中，有一个章节专门介绍查理·施瓦布（Charlie Schwab）的案例。还有一个例子是，铜和黄铜研究会对铜的产业状况表示乐观。某个星期的剪报指出，拒绝仲裁的矿工应该对上一个冬天的大罢工负责。《罢工工人应为公共福祉而奋斗》则是另一篇文章的标题。

李很少隐瞒什么事情、产品、人或者公司。如果他还有什么隐晦未明、仍需向人们清晰、完整表达的话，那便是他真正的信条：公共关系的价值，坦率和公开交易的必要性，舆论的强大力量；如果他隐瞒过什么，那就是他在效力宾夕法尼亚铁路公司时，事实上是在为整个铁路系统服务。甚至他在为洛克菲勒家族效力时，其实是在为整个资本主义体系和美国社会中所有像洛克菲勒那样的人呼喊。当他为古巴—美国制糖公司工作时，其实是在为整个糖业的利益工作。同样的逻辑，也可适用于水泥、有轨电车和铁路行业以及国际关系领域。

李从未间断向非营利组织提供服务，这些组织包括他的母校普林斯顿大学和哈佛大学，以及纽约的圣约翰大教堂，服务后者主要因为他对大教堂情有独钟。他为普林斯顿和哈佛做的事情确实发乎本心，自愿为之。一次，他对普林斯顿的某项宣传政策感到不满。本特提到李确实自愿参与了整件事而且分文不取，他的建议被欣然接受。不过，本特也提到，当普林斯顿看到李寄来的账单——并非讨要薪水而是要报销公关事务的开支时，他们还是倒吸了一口

第十四章
功成名就的20世纪20年代

① Bent, loc, Cit.

② Quoted in Silas Bent, Ballyhoo: *The Voice of The Press*, New York: Horace: liveright, 1927, p.144.

> 公众的情感就是一切。赢得公众的情感无往不胜，反之则一事无成。因此，形塑公众情感者比立法者或决策者走得更远，他可以判断法令或决议是否可行。如果他还有什么隐晦未明、仍需向人们清晰、完整表达的话，那便是他真正的信条：公共关系的价值，坦率和公开交易的必要性，舆论的强大力量；如果他隐瞒过什么，那就是他在效力宾夕法尼亚铁路公司时，事实上是在为整个铁路系统服务。甚至他在为洛克菲勒家族效力时，其实是在为整个资本主义体系和美国社会中所有像洛克菲勒那样的人呼喊。

取悦公众

凉气。①

他也义务为美国的医院、亨利街安置会（Henry Street Settlement）、主教基金会（Episcopal Fund）筹措资金。他还是精神病研究院（Neurological Institute）的受托人，也是大都会歌剧院的公关项目主管。他领导了外行人海外使团调查委员会（Layman's Foreign Mission Inquiry Board），还兼任纽约建城200周年纪念委员会（New York Bicentennial Commission）成员和国家华盛顿门户委员会（National Washington Portal Committee）主席，直到被指出这两家机构其实存在竞争关系。他是英语语言联盟的执行主席，还担任一个全国性委员会的主席——该机构负责为美国历史协会筹集数百万美元的研究基金。

此时的李，已经完全被他的生意所包围，他觉得自己应该受到彻底的专业主义礼遇，他提供的每项服务都应该建立在严格的商业准则之上。当然，自1915年以来，他被寻求建议的各色人等深深滋扰，更为产业关系委员会有关他服务洛克菲勒家族的指控烦心。许多人觉得李一定有点石成金的本事，于是蜂拥而至，到头来却对李以点子收费的做法表示不满。医生可以这样收费，律师也可以这样收费，凭什么李却不能？在李看来，把他的观点写出来无偿地与人分享，"就好像我是一位纽约的专业律师……然后被要求就法律问题无偿地提供建议一样，是完全不符合逻辑的……如果律师可以无偿服务，你能想象我也会迫不及待地效劳"②。

在他成名之后，父亲尚在世时，李常常收到老爸来信，要求他给一些熟人无偿地提供这样或那样的商业建议。其中有一次父亲要求他为一位名叫奥斯卡·约翰逊（Oscar Jonson）的先生服务，那时候李刚做完洛克菲勒的案子，这个要求引起了儿子态度激烈的回应："我已经把约翰逊先生列入了邮件列表，"李写道，但他不能指望我提供备忘录式的完整建议。"他需要雇用我或者别人来做这件事，审慎研究具体情况，并给出参考意见。你会理解的，我正在为很多人做这样的事，我必须为我的服务制定严格的资费标准。我找不到任何理由在得不到任何回报的前提下帮助约翰逊先生，哪怕只是提一些备忘录式的建议。"③

他完全确信自己的重要性，因此不愿意自己的时

---

① See Bent, "Ivy Lee: Minnesinger to Millionaires," *New Republic*, LXI November 20, 1929, pp.371.

> 他觉得自己应该受到彻底的专业主义礼遇，他提供的每项服务都应该建立在严格的商业准则之上。

② Letter form I.L. Lee to his father: quoted in Berlin, op. cit. p.93.

> 我必须为我的服务制定严格的资费标准。我找不到任何理由在得不到任何回报的前提下帮助约翰逊先生，哪怕只是提一些备忘录式的建议。我现在被世界上最大的企业集团的生意所占据，不可能花时间为这类事情发表草率的意见，而您知道我对任何事情总是竭尽全力、毫无保留。

③ Ibid., pp.92-93.

间被浪费。"你会理解的，"他告诉父亲，"我现在被世界上最大的企业集团的生意所占据，不可能花时间为这类事情发表草率的意见，而您知道我对任何事情总是竭尽全力、毫无保留。"但是间隔几句话之后，他意识到语气不对，于是补充道："我不想您认为我自负，或者我自认无所不知，但我真的感到，这些从零开始的案子，应该被当作有偿业务来处理。"①

也许是因为对商业规程的坚持，李仅靠提供公关咨询服务就小赚了一笔。在他事业的巅峰，他的年收入估计有50万美元。②一方面他执意要求高额报酬，另一方面他也坚持花好客户的每一分钱。对于李来说，所有事都是大事。

李一直被两种力量驱动：他对工作的热情和对成功的渴望。随着公关实践的深入，他把家从河谷区（Riversondale）搬到了城里，也许是因为城里离他的工作地点更近，但不可否认也由于城里更加时尚。他在城里西66街4号有栋房子，在第五大道还有一套公寓。他的妻子也帮助他提升了社会地位。她本人为歌剧社（Opera Society）和其他一些社会事业做公益工作。

李进入上流社会可以说没有任何困难，尽管他早年的同事大多都是19世纪的新闻代理人，这些人被认为比马戏团的揽客者——那些穿着花哨礼服、品位低下的人——好不到哪儿去。李已经被列入社交名人录，而且根据受雇于社交名流协会的社会学家记述，李的两处房子与纽约的社交中心只隔两个街区。他是这个城市多家杰出人物俱乐部的成员，比如普林斯顿大学、纽约大都会俱乐部、费城里顿豪斯俱乐部（Rittenhouse Club of Philadelphia）和伦敦旅行者俱乐部。与此同时，他还是偏向工人阶级的纽约纸媒俱乐部和华盛顿国家媒体俱乐部的成员。1926年，他的女儿爱丽丝正式成为圣詹姆斯法庭的代表，这或许是他的家庭获得的最高社会荣誉了。

李的举止和着装都与"大企业的医生"（physician to big business）的角色非常相称，一如他理想中的自己。他不会像旧时的新闻代理人那样把自己包裹在黄色手套、褐色圆礼帽和格子套装之中，剪裁精良、品位高端的深色西服更能够衬出他高大的身材和结实的轮廓。在装饰华丽的办公室，李坐在一张高背皮椅上，他脸色红润，头发乌黑，蓝色的眼睛机敏灵动。他彬彬有礼，语气柔和。

随着事业蒸蒸日上，李的公司从百老汇111号的一间办公室，搬到了金融区百老汇大街15号公平信托公司大厦（Equitable Trust

第十四章
功成名就的20世纪20年代

① Letter from I.L. Lee to his father, quoted in Berlin, op, cit. pp.92-93.

② See Newsweek, IV, July 21, 1934, p.24.

李一直被两大力量驱动：他对工作的热情和对成功的渴望。

李的举止和着装都与"大企业的医生"的角色非常相称，一如他理想中的自己。

取悦公众

① Parrish, loc. Cit.

Company）的 34 楼，占了一整层。按照纽约的一位记者，魏尼·帕里希（Wayne Parrish）的说法，它是"这个城市最赚钱、最繁忙的办公室之一"①。环绕着他的，是一个铺张华美、足以容纳几百人的大房间，帕里希写道："办公室摆设了装饰着釉珐琅和金色织锦的中国式橱柜、艺术品、安乐椅和书橱。"

办公室的外墙被朋友和熟人的照片所覆盖，上面都有献给李的题字。廊上的照片除了洛克菲勒家族、克莱斯勒家族和施瓦布家族外，还包括杰罗姆·柯恩（Jerome Kern）、欧文·D·扬（Owen D. Young）、欧文·柏林（Irving Berlin）、亚尔马·沙赫特（Hjalmar Schacht）、克拉伦斯·麦凯（Clarence Mackay）、威斯特恩特·马特苏代拉（Viscount Matsudaira）以及其他很多人。

他个人办公室墙上的画则反映出他的高品调。它们通常是精细着色的蚀刻版画，画面为亚眠（Amiens）、兰斯（Rheims）、威斯敏斯特（Westminster）、布尔日（Bourges）和其他欧洲地区的宏伟教堂。他家里还有更多的收藏品。这是他在欧洲培养起来的品调，就像在其他方面一样，李在艺术上的爱好也一样"宏大"。这些版画不是什么希腊瓷瓮或者荷兰古董，而是画着李一直偏好的那种整个儿的哥特式大教堂。一如在别的事业上，他成了这一领域外行中的专家。在为圣约翰教堂筹资时，他如饥似渴地阅读了关于大教堂的所有图书资料。

在阅读方面，李是个杂食者，喜欢阅读任何他感兴趣的话题，据帕里希说，李拥有纽约最棒的、使用率最高的图书馆。他对文献典故旁征博引，而最喜欢引用的是《圣经》。他最常给客户和采访者引用的章节是"诗的开篇"，"让你（自身）发光闪耀"。他喜欢接着强调，这并不是在说"创造光让你闪耀"。

李总是喜欢将大笔财富和它能买到的东西紧密联系在一起。20 世纪 20 年代，他赚了更多钱，也更加大手大脚，这也许是他对自己遭受日益增多的批评和仇恨的一种补偿。他热衷于给家人买礼物，据他的弟弟说，他旅行回来时总会带上一货车的礼物。

他的同事丹尼尔·皮尔斯说，李会把他大部分钱"挥霍"在股票市场上，输赢参半。在某次赚钱后，他给自己造了一座家庭图书馆。

另外一次，他打算组织一场游历西部各州的私人旅行计划。他允许他的三个孩子自带客人，火车一路走一路停，沿途载上更多的朋友和亲戚。当全家返回后，李和他的两个儿子写下了他们的旅行回忆录，还自费印刷出版，将其包装成漂亮的纪念品。

李对生活在南方的穷亲戚也十分慷慨，常以礼物相赠。李的一个同事因此叫他"圣诞老人佐治亚李"。不管做什么，李似乎都要做得慷慨大方、高端大气。

在 20 世纪 20 年代，步入不惑之年的李已经获得相当显要的社会地位。当他高坐于华尔街的办公室，抬腿把脚搭在玻璃罩着的大桌子上时，帕里希说，他可以"在冷漠乃至有些傲慢的氛围中，透过洒满阳光的窗户眺望远方的纽约港、新泽西区，临街的摩天大楼尽收眼底"①。

李亲手缔造的职业正在迅速发展。没多久，这一行当的从业人员仅在美国就达到了一万人以上。而站在高处俯瞰这座城市的这位佐治亚乡村牧师的孩子，正是所有公关业者的导师。

① Parrish, loc. Cit.

第十四章
功成名就的20世纪20年代

> 李亲手缔造的职业正在迅速发展。没多久，这一行当的从业人员仅在美国就达到了一万人以上。而站在高处俯瞰这座城市的这位佐治亚乡村牧师的孩子，正是所有公关业者的导师。

第十五章
危险的煽动家

随着声名和财富与日俱增，艾维·李的敌人和攻击者也变得越来越多。20世纪二三十年代，李就是一个让人又恨又怕的人。除了李自己的公司发出的声音，其他所有关于李的文章对他都鲜有同情之心。整个20年代仅能找到的一篇对李还算正面的长文，还是出自他的老朋友、早前做记者时的老同事约翰·芒福德之手。李将芒福德的文章以小册子的形式重印，并将文章邮寄给自己通讯录里所有有影响力的人物。

芒福德在那篇文章中写道，李在"危险的煽动家与仇恨公司之人"这两类群体中所冒犯的敌人，也许比其他任何美国人都要多。[①] 李被称为"毒药艾维"、"有钱人的小弟"、"大企业的传声筒"、"百万富翁的吹鼓手"等等。而芒福德将李称为"大企业的医生"，这个称号也最受李的喜爱。

李在政府机构中遭遇的嘲讽，并不比他在人际圈子受到的"待遇"好多少。他经常被政府机构调查和质询，比如产业关系委员会、纽约运输管理局、公共设施委员会（Public Utilities Commission）、众议院反美行为调查委员会（House Un-American Activities Committee）等等。他经常在国会遭到谴责，尤其是像参议员拉福莱特这样的人，他将李的工作称为"耻辱柱"。

国会多次以提交法案的形式指控李所从事的工作，甚至试图通过立法，彻底取缔宣传。在铁路票价的大辩论中，拉福莱特向参议院提交了一项法案，想要规定任何通过信件、文章或其他传播方式影响州际商业委员会的企图皆属违法。[②] 当然，诸如此类的法案最终都被裁定违宪，因而也从未真正实施。

边注：李被称为"毒药艾维"、"有钱人的小弟"、"大企业的传声筒"、"百万富翁的吹鼓手"等等。而芒福德将李称为"大企业的医生"，这个称号也最受李的喜爱。

① Mumford, op. cit., p.9.

② See U.S. Congressional Record, 63d Cong., 2nd Sess., 1914, I.J. Part 8, p.7736.

但是，有人竟然提出这样的法案，这本身就反映了官方对李所从事工作的一种态度。

美国加入一战前，李正在为伯利恒钢铁与纽约跨区捷运两家公司实施大规模的广告宣传活动。此时，一项限制机构形象广告（institutional advertising）的提案摆在了国会面前。这项提案引发了广泛的讨论，并且差点就获得通过。李以印刷品的形式公开回应道："报纸、广告人以及所有寄望民主进步的人士（民主的实现最终需要保证大众享有充分的知情权），必须抓住一切机会，向政府官员、各种委员会甚至国会说明，人民迫切想知道更多……任何人，当他站在舆论的法庭上时，皆有权利倾听全面的信息。"①

猛烈的抨击还来自个人，尤其是那些自由主义者、进步主义者、社会主义者、20年代的激进主义者、30年代的一些社会学家和研究宣传的学者，以及各个时期的新闻记者。在厄普顿·辛克莱（Upton Sinclair）看来，李自始至终都是名副其实的资本主义下毒者。其他一些政治上的左翼作家，比如塞拉斯·本特、约翰·弗林（John Flynn）、亨利·布罗克（Henry Brock）也频频地抨击李。他们的批评并非毫无根据，但由于这些文章往往带有明显的斧凿痕迹和浓厚的宣传色彩，效果反而大打折扣。②

研究宣传的学者，如威廉·阿尔比格（William Albig）和伦纳德·杜布（Leonard Doob）由于李扩展了宣传的功能而肯定他，同时也因此而批评他。譬如，杜布写道，李"从事的是一种隐性的宣传，同时以实际效果为导向。由于大多数公众并未意识到李发布新闻的潜在目的，因此他们对李的客户们的态度在引导中发生了变化"③。

来自记者的批评总是最充分、最严厉的。一大群报人似乎都表现出对艾维·李的鄙视之情，对于这种态度，詹姆斯·怀特·布朗（James Wright Brown）总结得最为精彩。布朗是行业杂志《编辑与出版人》（Editor and Publisher）的编辑，这份杂志在15年前还对帕克与李公司的行为不吝赞美之词。但在1925年，布朗却如此评价李："任何公关人员的职能，都在于他们突出强调那些对自己雇主有利的新闻，而压制那些不利的消息。这类人根本无助于满足大

第十五章
危险的煽动家

① Ivy Ledbetter Lee: "Enemies of Publicity," *Electric Railway Journal*, XLIX（March 31, 1917），p.600.

② *See* especially Upton Sinclair, *The Brass Check*, Revised Edition; New York: Albert and Charles Boni, 1936; Silas Bent, *Ballyhoo*: New York: Horace: liberight,1927; Jonh T. Flynn: *God's Gold*, New York: Harcourt, Brace and Company, 1932; Henry Brook, Meddlers（New York: Ive's Wasburn, 1930）.

③ Leonard W. Doob, *Propaganda: Its Psychology and Technique*（New York: Henry Holt and Company, 1935），p.195. *See* also William Albig: *Public Opinion*（New York: McGraw-Hill Book Company, 1939）.

取 悦 公 众

① *New York Times*, December 31, 1925, p.4.

> 具有讽刺意味的是，20世纪二三十年代许多记者戏称李为精明的"版面攫取者"，可是只要一有机会，他们自己也投入和李相同的事业之中。

② Alfred McClung Lee: *The Daily Newspaper in America*, New York: The Macmillan Company, 1947, p.454.

众对真相的诉求。公关是对大众的公然欺骗，公关机构通过给新闻染色，来达成雇主的目的——这一切不过是对大众的侮辱。"①

具有讽刺意味的是，20世纪二三十年代许多记者戏称李为精明的"版面攫取者"（"space-grabber"），可是只要一有机会，他们自己也投入和李相同的事业之中。在20世纪20年代，公共关系行业充斥着数以百计记者出身的从业者。报纸行业再也无法留住最优秀的人才了，李自己也谴责这一现象，并且将之归咎为出版商付给记者的工资太低。

诸如亨利·普林格尔（Henry Pringle）和尼尔·麦克尼尔（Neil McNeil）这样的记者和编辑，经常在报纸专栏中讽刺李。《文学文摘》（*Literary Digest*）、《时代》（*Time*）、《新闻周刊》（*Newsweek*）和《学者》（*Scholastic*）等新闻杂志也都对李展开了持续的批判，甚至连《商业周刊》（*Business Week*）这类的商业杂志也参与其中。新闻史学者也对李颇有微词，如阿尔弗雷德·麦克朗·李（Alfred McClung Lee）在他的美国新闻史研究著作中，引用艾维·李（两人没有亲属关系）的一个观点：对于一个民主政府来说，相信人民至关重要。他说道："即使尼科洛·马基雅维利（Niccolo Machiavelli）再世，在给当代统治者提供适当建议上，也比不过李了。"②

普通媒体人主要批判的是李发布的新闻稿。这种被业内人士称为"格式化声明"（canned statement）或"印刷册"（handout）的宣传品，被公认是李的发明。尽管早期的新闻代理人也会向媒体发布新闻稿，但和他们不同的是，李发布的每份新闻稿在左上角都印着李和客户的名字。虽然记者能够据此立即知晓消息的来源，但这种做法显然并未得到记者们的赏识或感激，反而成了他们批判的对象。

普林格尔是《纽约世界报》的一位记者，他对李的公关手段进行了近距离的观察，并描述了新闻稿的传播过程。譬如，小洛克菲勒给埃及人民捐献了一座博物馆，或者为基督教浸信会（Baptists）捐献了一座教堂，李的秘书就会立刻电话通知全纽约的记者，以及美联社、合众社、国际新闻社等所有新闻通讯社的主管，通知下午四点钟李将发布一则重要声明。鉴于李声名远播，其他什么都不用多说。

普林格尔注意到，在预定的时刻，许多记者都或早或晚地出现在了发布会现场。他们得到了友善的招待，并领到一份打印的声明。李会询问记者们是否有问题，如果有，李会给出外交辞令般的圆滑回答。

李也许会表达一下遗憾，因为洛克菲勒此刻不在城内，但他保证所有的问题都会提请洛克菲勒予以关注。普林格尔说，记者们于是将发下来的声明塞进口袋，"其中的一两个也许会低声抱怨，认为自己不过是在充当通讯员的角色，"然后离去。李根本没有给他们提供任何趣闻，甚至连饮料也不提供。而普林格尔注意到，李总是会在"当天下午或是第二天早晨的报纸中，免费收获一到两栏的新闻报道"①。

尽管媒体反对李的新闻通稿，但总是会迅速而轻易地屈服于它。比如当李的公司通知将发布一项重要声明时，纽约一份晨报负责商业和金融的编辑总是会派遣手下最精明强干的记者赶赴现场，加以报道。记者在一个小时内就赶回来了，于是编辑询问这则新闻的内容是什么，是否值得报道。记者从口袋里掏出一张纸："啊，我也不知道，我还没来得及读这篇新闻稿呢！"②尽管记者讨厌充当通讯员的角色，却无可奈何地陷入了这种模式。

记者们还批评李的新闻发布会，或曰媒体见面会，并称它为"新闻业的暴行"。当记者们想见洛克菲勒、施瓦布、贝德福德的愿望得不到满足时，李就会邀请所有的记者，让他们把问题一次性地提出来。针对记者们起初想采访洛克菲勒等人的事由，李事先就已经准备好正式声明，并在记者们到达时就分发给他们。李像介绍绅士一般地介绍记者和被采访者，然后开始进入提问环节。普林格尔说，一旦出现了令人尴尬的问题，公关顾问就会轻轻地咳嗽一下，有礼貌地微笑，并表示遗憾，因为有些问题确实是对外保密的。③

然而，记者们最反感的事情还在于，这种召集一大群记者统一提问的方式最后提供的有价值的信息总是少得可怜。正如普林格尔所说，那些"来自城市小报的愚蠢记者"，只关心被采访者妻子喜欢的食谱，而那些专业记者的问题则被"淹没在那些如飞沫般的愚蠢言辞之中"。当采访结束时，记者们发现"除了一开始发给他们的公告，他们几乎没有别的什么内容可以刊登在报纸上"④。

对李的新闻稿和记者招待会的核心批评，乃是这些做法在动机上也许高尚、纯粹，而事实上却成为信息控制的一种手段。《纽约时报》的一位编辑尼尔·麦克尼尔（Neil MacNeil）指责李，说他"只在自己准备充分的情况下，才向媒体提供他愿意提供的信息"⑤。麦克尼尔举例说，

第 十 五 章
危险的煽动家

① Pringle, op. cit., p.145.

② Ibid.

③ See Ibid., p.147.

记者们还批评李的新闻发布会，或曰媒体见面会，并称它为"新闻业的暴行"。

④ Ibid., pp.146-147.

⑤ Neil McNeil: *Without Fear or Favor*, New York: Harbourt Brace and Company, 1940, p.312.

取悦公众

所有事关洛克菲勒家族和公司的问题按理说都是李的职责所在，但是大多数时候李所做的仅仅是出面否认有关洛克菲勒的不利言论。一名愤怒的本地新闻编辑曾经扬言，要把所有事实真相和李的回应公之于众，让大家都确信李是个骗子。但是，这位记者的威胁最终不了了之。对李来说，媒体似乎从来没有给他带来任何困扰。[①]

① See Neil McNeil: *Without Fear or Favor*, New York: Harbourt Brace and Company, 1940, p.312.

李能够有效地封锁消息，这一点也遭到很多媒体的诟病，譬如，在针对纽约洛克菲勒中心这一重大地产项目所展开的漫长谈判中，媒体愤怒地指责李阻断了记者们获得新闻的所有渠道。有关这个项目的谣言满城疯传，但是李不希望在谈判结束之前有任何的公开报道，他自己更是拒绝给出任何官方声明。

> 尽管面临着很多批评，但李与之前的新闻代理人所不同的是，他从未被公开指责以任何方式贿赂媒体、花钱刊登或者屏蔽某些新闻。

尽管面临着很多批评，但李与之前的新闻代理人不同的是，他从未被公开指责以任何方式贿赂媒体、花钱刊登或者屏蔽某些新闻。"他从不认为哪一则故事必须在他设定的某一个特定时刻，以某一特定方式报道，"普林格尔说道，"他也从未施加任何个人影响来获取版面。李曾经吹嘘，他在过去20年里踏入媒体办公室的次数总共不超过4次。"[②]

② Pringle, op. cit., p.151.

李自己也说："我从来没有要求任何记者刊登任何信息，也从未隐瞒任何信息，只有那么一次例外。"那是在乔治·F·贝克（Gorge F. Baker）给哈佛大学捐款500万美元之后，当时美联社获得了这条消息，但是李要求它暂时扣住不报，因为他认为报道这则新闻会妨碍、延缓其他人对哈佛基金的捐款。美联社最后同意了李的请求。[③]

③ Mumford, op. cit., p.21.

④ Pringle, loc. Cit.

普林格尔问道："究竟是什么原因，让这样一位提供过无数条新闻的亲切和蔼的绅士，遭到如此众多报人的憎恶呢？我认为，主要是因为他充当着居间人的角色。"[④]媒体十分反感存在于记者和消息来源之间的这个联络官。而李对20世纪早期美国文明作出的一个重大贡献，正是在企业和媒体、公众之间创造了坦诚、开放的"居间人"角色。

> 李对20世纪早期美国文明作出的一个重大贡献，正是在企业和媒体、公众之间创造了坦诚、开放的"居间人"角色。

麦克尼尔举了一个例子来证明李是如何保护自己的客户免受媒体伤害的，这也可以反映出居间人在那个时代是多么重要而珍贵——离开他，记者可能一无所获。麦克尼尔回忆道，在关于洛克菲勒中心地产项目的谈判过程中，有一名本地新闻编辑终于下定决心跳过李，直接和洛克菲勒接触。他给洛克菲勒写了一封信，谈及自己所在的报纸曾经为这位百万富翁帮过很多忙。他让记者带着这封信去求见洛克菲勒，希望后者能花几分钟时间，单独接受这位记者的采访。麦克尼尔说道，由于某个不明原因，洛克菲勒在接受采访时误以为刚发生了什么悲剧性事件，因此深感不安，他颤抖得如此厉害，以至于根本无法和那位记者交谈。记者最后当然没有得到任何信息，而那位本地新闻编辑从此也只能忍受李作为居间人的存在。

另一项更严重的批评与职业道德有关，记者们频繁地攻击李只对赚钱感兴趣，甚至为此毫无原则地同时代理两个利益彼此冲突的客户。本特就批评李同时受雇于洛克菲勒和施瓦布。在本特看来，洛克菲勒是反战运动最有力的一位支持者，而施瓦布完全相反，他代表了钢铁行业的利益，热切鼓吹制造更多海军舰船和军备。后来，李也因为同时服务于苏联和德国政府而遭受法庭的指控。

以上对艾维·李的诸多批评仅仅是一面之词，就好像媒体报道李的客户时所呈现的那样。譬如，乔治·克里尔就曾在一篇关于科罗拉多工人大罢工事件的文章中，为了让读者相信李所提供的新闻稿是虚假的，不惜片面地污蔑当时的一切报道都是虚假的。这样的评论大体上可以驳斥那些针对李的指责，因为其中很多内容都是无稽之谈。

举例来说，李经常被指责破坏了记者的独家报道，说他一旦发现某家媒体得到了独家消息，就会把这则新闻散布出去，让所有媒体都知晓。这里不得不说到一个被记者们经常提及的例子，甚至连顶尖记者普林格尔也在报纸上毫不怀疑地讲述了这个故事。那是在1925年，《纽约美国人报》（*New York American*）得到了一条独家消息，说老洛克菲勒的孙女阿比·洛克菲勒（Abby Rockefeller）将嫁给一位叫大卫·弥尔顿（David Milton）的律师。他曾在阿比的交通肇事案中，成功帮助阿比争取到了缓刑处罚。这当然是一条爆炸性新闻。《纽约美国人报》派了一名记者去小洛克菲勒家中打探情况，以确认消息的真实性。而当记者到达当地时，洛克菲勒夫人正在摆宴招待客人，于是她在一张信纸背面潦草地写下一行字，并让这名记者带着它到百老汇大街111号去见艾维·李。

记者登上出租车，前往位于市中心的李的办公室。他在车上检查了那张写有"洛克菲勒夫人便条"的信纸，却惊奇地发现那张信纸原为洛克菲勒家族的一位朋友写的一封道贺信，祝贺阿比和弥尔顿的婚姻。于是这位记者终于确认了这条新闻的真实性。不过他最

第 十 五 章
危险的煽动家

终还是去了艾维·李的办公室,显然仅仅为了进一步核实信息。据这位记者描述,当李发现他已经相当确信阿比结婚的消息时,很快电话通知了其他所有报纸,从而也就破坏了《纽约美国人报》独家报道的机会。"一般的媒体人说什么也不会原谅李的这种举动,"普林格尔说。①

① Pringle recounts the story, op. cit., p.152.

但是,如果仔细分析这个故事,就会发现它更像为了攻击艾维·李的所作所为而蓄意制造的典型谣言。洛克菲勒夫人是一名百万富翁的妻子,她自己也是一名社会领袖,怎么可能手边没有足够的文具用品,而失礼地将一则给记者的便条写在密友来信的背面呢?即使她真的犯了这样的错误,一名能够当上大都市报社记者的人,怎么可能在手握如此确凿的证据时,还幼稚地跑去李的办公室求证呢?最后,如果这两件十分可疑的事情确实发生了,那么最不可思议的是,对于像李这样一位整个职业生涯都在处理媒体关系的人来说,怎么会破坏记者的独家报道机会,并由此毁灭自己在媒体中所享有的良好声誉呢?

从设计洛克菲勒10美分事件到破坏记者的独家报道,媒体采用一种典型的叙事手法,虚构出艾维·李其人其事并妖魔化。由于李从来不向媒体透露自己的客户名单,这就更为媒体虚构提供了一个理由。一度只要他开口提到某个名字,就会被指控为他正在为该客户辩护。由于他欣赏比利·圣代(Billy Sunday),并十分亲切地谈起过他,于是这名传教士就毫无疑问被归为李的客户。当李争取公众对苏联的承认时,他很自然地被视为苏联在美国雇用的新闻代理人。与洛克菲勒公司相似,李在结束与标准石油公司的合作之后很久,依然被人指责他在继续"无良地"为这家公司服务。

恐怕再没有别的客户比李与洛克菲勒家族之间的关系更能引起人们的猜疑和迷惑了。对于那些坚信洛克菲勒及其家人都是彻头彻尾的恶魔的人来说,李的作品呈现了大量荒谬的内容,通过诡计和欺诈改变了洛克菲勒的形象。有时外界甚至会抓住一些特别细小的线索,来展示李如何巧妙地影响人们的头脑。社会学家威廉·阿尔比格在20世纪30年代写了一篇关于公关的开创性文章,代表性地展示了这种猜疑和迷惑的形成:

在一些极端情况下,公关人员为了达到自身目的,会想方设法利用那些看起来毫不相关的证据。20年之前,艾维·李突发奇想,为《纽约时代》杂志写了一篇关于圣约翰大教堂的文章。而他这样做的目的,是为了可以在文章中插入一句话:圣约翰大教堂的金属制品都是铜质的,"虽历久而弥新"。而当时,李先生正是一家铜制品公司的公关人员。①

然而,事情的真相是艾维·李当时也在为圣约翰大教堂作公关,他之所以"突发奇想"地公开撰写文章,其实是为了吸引人们对教堂的关注,从而为它的修缮工程募集资金。

有关李及其工作的谣言就是以前述形式逐步形成的。这一大堆谣言和随之引发的批评主要源于误解,而李应该对部分(不是全部)误解负责。李并没有对这些批评作出回应,在他看来,建设性的行动比口头的辩解和否认要更好。

媒体也许永远都不能彻底理解李所宣称的完全公开和坦诚原则。对李来说,真相永远都比谎言在塑造舆论上更有效。而对一般媒体来说,它们从不认为还原真相的手法可以比虚构故事更有利,也就无法相信李会真正去践行"真相至上"的原则。于是,媒体就一直试图在李工作的表象背后,挖掘一些别有用心的解读。

"他拥有远大的目标,"芒福德说道,"除此之外没有任何阴谋。"据这位作家描述,在职业生涯早期,李曾在大都会俱乐部为一位重要的铁路公司官员专门举行一场晚宴。仅仅为了联络感情,李邀请了他认识的所有报纸的财经编辑。但是,所有客人直到半夜都还在怀疑,李在什么时候才会把那层窗户纸捅破,向他们吐露这次宴会的真正目的——显然,他们不相信李除了叙旧,并无目的。李后来对芒福德说:"我觉得,他们之中的部分人可能至今还在疑惑呢!"②

对商人或者公司高管这样的局外人来说,艾维·李身上的神秘色彩就更加浓厚了。普林格尔说,在那些不懂新闻和舆论的商人看来,李具有一种令人叹服的能力,他能够预测某个演讲或公开声明将会以何种形式出现在报纸上。"对某一事件是否能上头条,编辑将会如何评论,他总是能作出准确的预测。"普林格尔接着说,"他甚至能够猜到标题的大小。"但是,对于像普林格尔这样的媒体内部人士来说,他们知道"这种看似异乎寻常的洞察力,其实每一个优秀的报纸校对员都具备"③。

误解一直都存在着,甚至在李想方设法对外界解释自己的初衷后也是如此。"那些认为任何人都能够将设计的内容刊登出来的想法,

第十五章
危险的煽动家

① Albig, op. cit., p.315.

② Mumford, op.cit., pp. 21-22.

③ Pringle,op.cit., pp.146.

> 媒体也许永远都不能彻底理解李所宣称的完全公开和坦诚原则。对李来说,真相永远都比谎言在塑造舆论上更有效。

> 对某一事件是否能上头条,编辑将会如何评论,他总是能作出准确的预测。他甚至能够猜到标题的大小。

实在是最荒谬不过了，"李这样说道。但是，依然有些商人会对李说："我们聘请你就是因为别人说你可以将某件事登到报纸的头版上。"李的回答是："我做不了那样的事情。如果你想让某件事登上报纸头版，那你就必须在声明中提供足够多的新闻点，从而保证它出现在头版上。"[①]

> [①] I.L. Lee: *Publicity, Some of The Things It Is and Is Not*, op. cit., pp.9-10.

李曾经讲过一群保守派向他寻求帮助的故事。他们希望发起一场公开辩论，和自由主义者讨论公共设施和公路所有权问题。他们找到李，希望他能让保守派在报纸上始终保持良好表现。

"目前我只能给你们提供一条建议，"李告诉他们，"当然如果我从现在开始研究并思考这一案子，那么到辩论那天，我的建议也许会有所不同。"李给出的建议是："雇用一名法庭速记员记录辩论全过程，就像在大型政治会议上所做的那样，如是就可以在辩论的推进中，给媒体提供一份真实的记录，告诉大家正在发生什么。如果这还没有带来有利于保守派的宣传，那肯定是因为保守派还没有提供任何值得发表的内容。"[②]

> [②] Ibid., pp.11-12.

李一直对媒体持存牢固的信任，尽管媒体从未报之以对等的信任。李坚信需要一个自由而负责任的新闻界，来充当民主的堡垒。在20世纪，自由媒体面临的最大问题乃是人们已经意识到，"媒体根本不可能完整而公正地呈现所有议题的真相"[③]。李对沃尔特·李普曼的著作印象深刻，并频繁引用李普曼在1922年出版的《公共舆论》（*Public Opinion*）一书。李认为，媒体和宣传受到的质疑可以从李普曼的分析中找到答案："媒体不可能报道公共事务的全部。正是这一简单、明显却易被忽略的事实，造成了有关公共舆论的根本性困境。"[④]

新闻无处不在，而报纸不可能有闻必录。李说道："新闻意味着人们愿意掏钱购买报纸，并主动关注；而广告则意味着由广告主付费，以此来购买人们的注意力。"[⑤]因为许多公众对棒球感兴趣，于是棒球就可以成为新闻并在报纸上得到很多"免费宣传"的机会。没有几个人对凯迪拉克汽车公司发生的事情感兴趣，因此凯迪拉克就必须掏钱发布广告来吸引大家的关注，或者采取某项十分有趣、与大众利益攸关的政策或行动，让公司本身成为新闻话题。这便是李存在的价值。他向企业和个人建议某项政策，由于这些政策足够有趣、重要且符合公共利益，所以通常能够成为新闻。

> [③] Ibid., p.19.
> [④] Ibid., p.20.
> [⑤] Ibid., p.13.

唯独有一次,李不厌其烦地在媒体面前为自己的职业辩护,这发生在1924年李为美国新闻教师联合会演讲时。在演讲中,李提出那种认为如果公关人员停止提供新闻通稿、停止举办新闻发布会,媒体就会变得更好的想法是十分荒谬的。

李说道:"如果我是一名编辑,我会敞开双臂欢迎所有给我提供任何信息的人。"他认为,编辑的最大责任在于对信息作出判断,确定它是不是新闻,对读者来说是否存在价值。编辑应该运用首创精神和巧妙想法来探求信息的真实性。"如果我是一名编辑,我可以如自己所愿处理这些提供给我的信息;如果我一开始就拒绝别人向自己提供信息的话,这真是愚蠢至极。"①

李打了个比方,他的妻子走进梅西百货公司(Macy's Department),然后提出抗议,理由是商场里摆满了各种商品诱惑她购物。她确实并非一定要买什么东西,但是如果因此就指责百货公司不应摆放各种商品,显然是没有任何道理的。

有人批评李充当了客户与媒体的居间人角色,李回应道:"公关人员确实没有权力阻碍记者从消息源获得信息,但这并不意味着记者可以要求任何一个相关负责人接受你的个人采访并回答所有提问。这只是意味着,记者有权利要求得到某一合理问题的第一手答案。"②

并非所有人都将批评强加在李身上。哥伦比亚大学普利策新闻学院的J·W·坎利夫(J. W. Cunliffe)教授曾为李和其他公关人辩护,并批评了媒体人。他说:"事实上,新闻媒体没能做好自己的本职工作。我不想说这是记者们的责任,但是报纸显然已经无法适应大都市广阔、复杂和现代的生活方式了。"③

逐渐地,媒体开始接受更多公共关系专业人士的著作,比之前的接受度更彻底、更以之为理所当然。及至1928年,社会上已经出现更多赞同的声音。这一年,时任美国报纸编辑联合会主席的沃尔特·M·哈里森(Walter M. Harrison)在一次演讲中这样评价李的工作:"许多人过去嘲笑艾维·李的工作或对其表示轻蔑……但我相信,今天的报人开始认识到李先生的工作完全合法而且通常能带来帮助。这种新形式的宣传,是对既有事实的合理论证或可靠传播,只会给公众带来好处。一旦它开始扭曲事实,用威逼利诱代替事实论证,它就变得卑鄙不堪,理应遭到那些它企图误导的记者的唾弃。"④李

① I.L. Lee: *Publicity, Some of The Things It Is and Is Not,* op. cit., p.16.

② Ibid., p.31.

③ Ibid., p.30.

④ Walter M. Harrison: "The Public Relations Man and The Editor," speech given October10,1928, reprinted Ivy Ledbetter Lee(ed.), Occasional Papers(New York: By the editor, 1934?), p.20.

第十五章
危险的煽动家

> 如果我是一名编辑,我可以如自己所愿处理这些提供给我的信息;如果我一开始就拒绝别人向自己提供信息的话,这真是愚蠢至极。

> 公关人员确实没有权力阻碍记者从消息源获得信息,但这并不意味着记者可以要求任何一个相关负责人接受你的个人采访并回答所有提问。这只是意味着,记者有权利要求得到某一合理问题的第一手答案。

对哈里森的言论感到欢欣鼓舞，将之复印在自己主编的《不定期论文》（*Occasional Papers*）上，然后通过他那著名的邮件列表广泛传播。

纵观李的一生，他所遭受的批评越来越多，而非相反。尽管他表面上看起来并未受此影响，而实际上他的内心还是深受伤害。作为一个极端完美主义者，批评似乎让他工作得更加努力，以使自己变得无可指责。他十分认真地撰写每一篇文章、每一条新闻、每一份演讲稿，希望每个字都恰如其分，每一个短语都清晰明了，每一个句子都效果卓然。

随着事业的发展，李对自己和所奉行的理念更加自信，同时也越来越需要有人能分担他的工作。但是，他的员工都未能达到李的专业水平和眼界见识。当事情进展不顺时，李通常会凭一己之力来完成。他希望出现在每一个地方，做成每一件事。他始终能够做成每一笔生意，但是这逐渐导致他一天要工作24小时了。

李通常被描述为一名说话温言细语的城里人，但是当某项工作完成得不够完美或事情未按照计划发展时，他会越来越频繁地提高嗓门并大发脾气。这些情境在李的办公室里越来越常见。普林格尔描述了诸如此类的种种情况，"一则声明写得不够精致，一些短语和固定搭配使用不够细心，他就会大发雷霆。"普林格尔注意到，"李发起脾气来十分可怕，但是持续时间不长。发火时李会大声叫嚷，说愚蠢是人类最普遍的特征。他猛烈地敲击桌子，墨水盒嗡嗡作响。但是没多久暴风雨就结束了，而且经常性地，他眼里满含感恩和基督教兄弟情谊的泪水，请求上帝宽恕。"①

有时候，同事们的一些作为会让李恼怒到无法承受的地步。他会突然把所有员工召集起来，质问他们为什么没有按照要求把某一封信发出去，或是为什么没有注意到某一个细节，然后他用断断续续的话宣布："我完蛋了。我完全坚持不下去了。你们把公司分了吧！"②

在这些艰难的岁月里，正是靠着托马斯·罗斯（Thomas Ross）才勉强把员工们维系在一起，或者套用《时代》杂志的话说，罗斯经常作为"喜怒无常的李和其职员之间的公关人员。"③罗斯就这样安静地保持着公司的正常运转。

李要为许多影响深远的行动提供建议，他始终忙个不停：去费城参加宾夕法尼亚铁路公司董事会会议；去底特律参加克莱斯勒的行政会议；回到韦斯特切斯特郡和洛克菲

---

① Pringle, op. Cit., p.151.

② *Time*, loc, Cit.

③ Ibid.

勒讨论一个项目；南下到古巴，代表糖厂利益去谈判……由于他日益深入地参与到国际关系中来，他的触角延伸广泛，遍布全球，从罗马到莫斯科、日本、夏威夷和柏林。他从来不得休歇。他有着强烈的信念，相信自己可以给人类的很多问题找出解决途径。生活永远在危机中，好比罢工，好比拉德洛事件。这个世界会因为他提供的意见和建议而变得不同。

随着实践的不断深入，李越来越感受到公共关系能为世界的福祉服务，于是他将之引入到国际事务中。

第十五章
危险的煽动家

> 他有着强烈的信念，相信自己可以给人类的很多问题找出解决途径。生活永远在危机中，好比罢工，好比拉德洛事件。这个世界会因为他提供的意见和建议而变得不同。

第十六章
国际公关

早在 1926 年，艾维·李就给他通讯录上的一群社会名流寄去了一系列信件，敦促这些人游说美国政府，在对待苏联的问题上采取更具建设性的立场。而当时，苏联还没有得到美国政府的承认，更不用说被视为对美国民主及资本主义生活方式的最大威胁。

这些信件看起来似乎与李之前的工作内容和风格背道而驰，故一发出就引起了轩然大波。反对者们又开始对他展开了新一轮攻击。这些信件到底意味着什么？谁在背后为他埋单？为什么这位资本主义的伟大代言人竟会与共产主义为伍？这位新闻代理人该是怎样一位玩世不恭、精于算计的怪物啊！他究竟在下一盘多大的棋啊！

但是对艾维·李来说，对苏联采取更具建设性立场的建议，与他之前的所作所为一样符合逻辑、一以贯之。在随后的 20 世纪 30 年代，美国为"前所未有的保守爱国主义所统治"，一步步地摆脱了曾经的孤立政策。①李站在了一场新运动的最前头，这场运动后来促进了美国在国际事务中承担重要职责，参与世界各国政府构成的同盟以及大量的国际间公共关系项目。

他始终抱有一种国际主义情怀。年轻时代的李非常热爱旅行，甚至尚未在公关领域取得任何成就之前，他就已经游历过西欧、巴拿马、俄国，这在某种程度上继承了他父亲的性情和品调。1909—1912 年的欧洲之旅，让他成为一名坚定的旅行者。当回到美国并开始自己的事业后，他每年都固定去欧洲旅行一次，有时是多次，这个习惯一直延续到他生命的尽头。

他对外交事务的浓厚兴趣让他成为该领域的专家，就像在铁路、

---

① See Faulkner, op. cit., p.701.

劳资关系以及其他所有吸引他的领域一样。随着李的公司不断成长，他开始为客户处理一些国际事务。即使他后来雇用了许多副手，他都还亲自处理客户在美国之外的国际问题。他加入了一些国际机构，并频繁在国际问题上发表意见，同时还为一些国际人士提供建议并赢得了他们的信任。

然而直到第一次世界大战爆发，李才真正有规律地投入到国际事务中去。与红十字会曾经成功合作的经验，使他确信自己的公关理念能够在实践中取得成功。他对国际公共关系的理念从来未被系统地梳理过，但可以从他的著作中推衍而出，可以从他的演讲、文章和公开声明中窥见踪影。其中最完整、最重要的论述应该出现在他生命的最后时光，此时距离他生命的结束仅有四个月。

在战争期间，李曾到国外帮助国际红十字会发展业务，战后他也曾积极帮助国际联盟起草红十字会公约。他在日内瓦会议上参加了一些条文的讨论，在他启程返回美国时曾接受《纽约时报》的记者采访："要确保红十字会组织未来能够在所有国家都取得成功，最有效的保障就在于修正后的国际联盟公约必须包含第二十五款。这一条款要求国际联盟的所有成员国促进致力于和平活动的红十字事业发展。"①

① *New York Times*, May 11, 1919, p.Ⅲ. 2.

他希望红十字会能够和国际联盟建立密切联系。他建议红十字会总会建造一幢新的大厦，与国际联盟在日内瓦的其他办公楼比邻而居。他同时还建议成立一个专家委员会，成员由杰出的国际名流构成，并最终将红十字会的活动扩展到世界范围。

从一战到20世纪20年代初，李始终密切观察着世界局势。他在1919年从欧洲回到美国后，曾经为《纽约时报》写过一篇文章描述国外的情况。他说，欧洲已经变得疲惫不堪了，精神和物质两方面都已经耗竭。欧洲最重要的事务是重新振作起来。但是，"悬在欧洲上空的最大的乌云是布尔什维克主义"②。

② Ivy Ledbetter Lee: "A Tour Through Europe Since December," Ibid., May 18, 1919, p.Ⅳ, 8.

及至1920年，李对欧洲局势的观察显示了他的预见性。"欧洲不会有和平，"他告诉一名记者，"除非俄国和德国的局势得到平息。"并且，他已经开始预判问题的解决方案，"俄国，"他说，"永远不会被打垮。同盟国一方唯一能做的就是承认苏联政府，并让阳光透进来。而这么做将会干掉苏联。"③同样的方案他也曾经建议过铁路公司和洛克菲勒家族。

③ Ibid., August 22, 1920, p.13.

李依然对英国颇有好感。"不管你在欧洲何处，都会发现只有英国

第十六章
国际公关

取悦公众

人做着挽救世界文明的工作，"他在1920年如是说。① 但是，随着时间推移，他的这种好感也逐渐幻灭。在英国人离开的地方，美国人出现并填补了空白。李越来越看清，正是美国人在挽救文明。"欧洲正仰仗我们带去春天的气息，"李在1922年时说，"必须将一种新的精神注入欧洲。我们美国人必须将这种精神移植到欧洲去。"②

在旅行途中，李总是不停地打听大家的意见——既包括那些能够影响别人意见的名流的想法，也包括那些反映公众意见的小人物的心声。他交谈的对象包括内阁成员和首相、银行家和经济学家、记者和实业家，因此李总是能够把握舆论的脉搏。他成了国际商会的一员，并在各种会议上频繁充当美国利益的代言人。

李成功地访谈了一些平常不易接近的社会领袖，比如意大利的尼蒂（Nitti）和墨索里尼、德国的库诺（Cuno）和斯廷内斯（Stinnes）、苏联的李可夫（Rykov）和拉德克（Radek）。1923年，他获得了一次独家的采访机会，和时任意大利新总理本尼托·墨索里尼有过一次私人谈话。

李在总理官邸基吉宫（Chigi Palace）一间"巨大、朴素乃至空旷的房间里见到了墨索里尼，他对国家遭逢的困境不屑一顾"。李询问这位意大利领导人，为什么他对社会主义感到厌恶，而墨索里尼的回答是，战争与俄国革命让他明白资本主义才是解救意大利的唯一道路。墨索里尼的这句话当时肯定让李十分欣慰。

据李说，在他们谈话的中场，一位信使走了进来，向墨索里尼汇报说，意大利的出租车司机正威胁要进行罢工。"这个时机可不合适，正是收获的季节，罗马到处都是游客。"李引用墨索里尼的话，"他们会让我们在全世界名誉扫地。告诉他们，从我开始掌权以来，就从来没有支持过罢工。约瑟夫，你将我的意思传达给他们吧！"李带着崇敬的口吻说道，"就这样，原定的罢工被取消了。"③

李还采访了德国首相库诺，并在因俾斯麦而闻名的首相官邸受到了库诺的款待。他感觉库诺"竭尽全力在一个乱糟糟的世界中维持自己的政府"④。在德国，李还对工业巨头雨果·斯汀内斯提出了采访请求，后者罕见地答应了他。他在一家自己拥有的酒店里接见了李，酒店的门上有一个显著的标志："恕不接待法国人和比利时人。"

---

① Ivy Ledbetter Lee: "A Tour Through Europe Since December," *New York Times*, August 22, 1920, p.13.

② Ivy Ledbetter Lee: *Vacant Chair at the Council Table of the World*, New York: by the author, 1922, p.19.

③ *New York Times*, May 27, 1923, p.6.

④ Ibid.

总之，李感觉"德国人丝毫没有因为战争而产生道德负罪感……除非美国加入，否则欧洲国家之间根本没有善意可言。"①

和生活在20世纪20年代的许多美国人一样，李也认为美国的命运和世界的命运紧密相连，美国不可能将自己孤立起来，对欧洲和亚洲事务不管不顾。"今天的世界在经济上被深刻地连为一体，"李写道，"没有哪个国家能够在做生意时不和世界其他地区打交道。"②

李从一开始就认识到，第一次世界大战的解决方案是错误的，因为它没有认识到世界的经济属性。《维也纳和约》是强加给世界的病根，因为在协约讨论和形成的过程中，过多地考虑了政治规则、自决原理和种族野心，旨在促进各民族基于各自的内部传统和意愿来建立主权国家。"③

对李来说，战争债务与赔款问题尤其麻烦。协约国特别是法国，坚持要求德国赔偿总额高达315亿美元的战争赔款，以救赎他们的战争罪行。英国和美国特别是后者，在战争中财政注资甚巨，因此坚持要求全体同盟国共同偿还这些债务。即使德国由于不堪赔款重负面临崩溃，美国仍旧拒绝同盟国延期偿付债务。李强调说："如果我们不能理智地对待法国、意大利和比利时，我们怎么可能希望这些国家能理智对地待德国呢？"④

在李看来，更具破坏性的是美国未能加入国际联盟。他将之称为"文明的一大悲剧"。⑤李在当时就清楚地意识到许多人在二战之后才知道的事情：世界保持健康对美国保持健康至关重要。防止德国崩溃，帮助奥地利重新站起来，避免法国衰落，辅助意大利，甚至保持一个有活力的俄国，所有这些都与美国利益攸关。⑥

"我们国家的一些领袖告诉我们，"李接着说，"如果欧洲不向美国偿付战争债务，这一负担将分摊到美国纳税人身上。一项研究证明美国人民为了振兴几近枯竭的欧洲各国的购买力，付出了何等代价。"正因如此，美国必须加入这一世界性的协商机构——国际联盟，而且它的主席——世界话语权的最高领导者——竟然还空着！李说，"要知道我们对世界文明的存续至关重要，美国亡则文明亡。"

美国拒绝加入国联一事，导致了李的早年导师——威尔逊总

第十六章
国际公关

① *New York Times*, May 27, 1923, p.6.

② I.L. Lee: *Vacant Chair at the Council Table of the World*, op. cit., p.10.

③ Ibid.

④ Ivy Ledbetter Lee: "Letter to the Editor," *New York Times*, August 17, 1923, p.12.

⑤ *New York Times*, May 27, 1931, p.9.

⑥ I.L. Lee: *Vacant Chair at the Council Table of the World*, op. cit., p.9.

> 和生活在20世纪20年代的许多美国人一样，李也认为美国的命运和世界的命运紧密相连。今天的世界在经济上被深刻地连为一体，没有哪个国家能够在做生意时不和世界其他地区打交道。

统——的逝世。这件事没有杀死李，但也让他愤怒不已。这实在是对美国国际形象的一大打击。他后来引用阿伯丁主教（Bishop of Aberdeen）的话来描述美国人性格中的矛盾之处："美国人是一个奇怪的民族。他们缔造了《维也纳和约》，却拒绝加入；他们缔造了国际联盟，却拒绝加入；他们发明了鸡尾酒，却拒绝饮用。"①

1922年，李在一群银行家面前作了一个类比，试图让大家将目光聚焦到国联问题上来。他说，假如纽约某家大银行将遭受运营和金融危机，并可能给全国金融业带来冲击，J.P. 摩根公司、联邦储蓄银行和其他银行家都聚在一起商讨如何对待那家正摇摇欲坠的银行。李问道，出席会议的联邦储蓄银行和 J.P. 摩根公司最终难道会认为不应向这家银行提供任何金融援助吗？他随后继续问道，"试想一下，银行大佬们竟然在信用危机中袖手旁观，既不提供建议也不告知以往的经验教训，更不利用自己的强大实力去拯救这一机构，你们觉得银行作出如此道德沦丧的事情后，各方会作何反应？"②

毫无疑问，在整个20世纪20年代，李的国际主义观点一直都能从大公司那里获得支持，因为大公司会把世界看作一个经济整体。美国的资本家在世界广泛投资，美国已经成为世界上最大的债权国和贸易国。然而美国的公众、政客乃至知识分子都还倾向于维持孤立政策。

李采用了几乎所有可能的手段，让公众和政府官员对他所谓的建设性的世界图景产生兴趣。演讲、信件、小册子、公开声明源源不断地从他的办公室涌向媒体。1926年，他做了一次更加不同寻常的努力，资助一名从普林斯顿大学挑选出来的教授去欧洲切身考察实际情况。

普林斯顿大学推荐了一名叫沃特·菲尔普斯·霍尔（Walter Phelps Hall）的历史学教授，但这位教授却拒绝了这份邀请。他给出的理由是他正在写一本专著，并且孩子尚小需要照顾。而事实上，他显然是担心自己一旦接受了那些"肮脏的金钱"，将迫使自己戴上有色眼镜，得出"有利于大公司的印象"，他知道这些大公司正在全世界攻无不克。不过，据霍尔说，李断然强调这笔钱乃是自己的收入，而非来自洛克菲勒或宾夕法尼亚铁路公司的资金。此外，李还强调，霍尔可以"我手写我口"，自由表达他对欧洲的切身感受，也可以

① Ivy Ledbetter Lee: "The Black Legend," *Monthly*, CXLIII (May, 1929), p.578.

② I.L. Lee: *Vacant Chair at the Council Table of the World*, op. cit., p.20.

在书中写下任何他想写的内容。

这位历史学教授最后接受了邀请。他来到欧洲并写了一本视野开阔的著作。在扉页，他将这本书献给了艾维·莱德拜特·李。

在1926年之前，李有关国际事务的大多数想法和言论都被媒体用一种礼貌而简略的方式予以报道。1926年1月7日，纽约商会通过了一项决议，敦促美国政府只要共产党还统治着俄国，就拒不承认这个国家。而此时，李正是纽约商会的一名成员。

对李来说，这项决议是在国际公共关系方面的一种倒退，他将这种看法以信件的形式传达给商会的常务委员会。他喜欢积极、建设性的行动，反对消极、破坏性的行动。他建议采取措施，如在莫斯科成立招商咨询局来推动贸易发展。他认为必须理解而非无视苏联的存在。李曾经建议一家大公司的副总裁，他能够为这家公司所做的最好的事情就是每天坚持阅读《召唤》（*Call*，一份社会主义报纸）。艾维·李自己则是《新群众》（*New Masses*）这份20世纪美国共产主义杂志的忠实读者。

李在给商会管理层的信中写的正是诸如此类的内容。收信者包括美国前国务卿伊莱休·鲁特（Elihu Root），纽约人寿保险公司总裁达尔文·P·金斯莱（Darwin P. Kinsley），委员会主席威廉·L·德波斯特（William L. DeBost）等等。信件内容经过李的润色，交给了《新群众》的编辑鲁斯·斯托特（Ruth Stout）。李这么做的动机并不明确，也许他只是想让斯托特女士明白，在商会的内部也存在着积极和消极两种不同观点。

但是，所有消极意见在1月突然消失了，而媒体也根本没有觉察到这一点。3月27日，《纽约时报》发表长篇报道，宣告美孚石油公司和真空石油公司已经与俄国达成协议。俄国政府将向这两家美国公司出售石油，以换取数以百万计的美元贷款和现金。

第二天，《纽约时报》和其他一些报纸刊载了整版报道，公布了李寻求鲁特及其他人承认苏联的信件内容。《纽约时报》写道："艾维·李，最有名也最昂贵的新闻代理人，作为美孚石油公司的公共关系顾问参与了许多活动，如今又展现了对谋求承认苏联政府一事的浓厚兴趣。"[①]

上述这些消息无疑来自斯托特女士，《纽约时报》将其称为不愿透露姓名的可靠人士。而其中的暗示再明显不过，以致其

第 十 六 章
国 际 公 关

① *New York Times*, March 28, 1926, p.1.

他不那么隐晦的报纸甚至直接公布了出来。在媒体看来，李之所以冒险背离政府立场，致力于承认苏联，只是希望为美孚石油公司和约翰·D·洛克菲勒的商业帝国计划获得更多的贸易收入。

但是，我们有理由相信上述指控完全是捏造的。尽管李当时仍然给洛克菲勒家族当顾问，但是他们几乎已经切断了和美孚石油公司的所有联系。此外，虽然李曾经为美孚石油公司服务过，但是他能力所及也不过是为贝德福德提供咨询。此人担任公司总裁至1917年，后担任董事会主席到1925年，并于1925年9月去世。李断然否认自己在苏联问题上的立场与美孚石油公司有任何关联。新泽西和纽约的美孚石油公司也都分别发布公告，否认他们与李寄送给各方的信件有任何直接或间接的利益。

不可否认的是，美孚石油公司曾深度卷入开发苏联的商业投资计划。但另一方面，我们找不出任何理由证明，李会因为美孚石油公司的苏联计划而得罪自己的其他客户，因为后者在当时与他的合作显然更活跃、更重要。因此更合理的解释是，李之所以倡导承认苏联，是因为他相信，建设性的国际合作贸易政策对美国商业更有利，也因此能够为国家和世界带来好处。

美国商会主席刘易斯·皮尔森（Levis Pierson）给李写过一封公开信，对李的建议提出了激烈批评。国家公民联盟（National Civic Federation，一家致力于改善劳资关系的组织）的拉斐尔·M·伊斯利（Ralph M. Easley）也严厉谴责李的立场。李遭受了双重攻击、挑战和争论——保守主义者批评他支持共产主义，自由主义者不满他鼓吹资本主义。但是，在随后的四年里，他还是以他特有的热情，对苏联问题保持浓厚的兴趣。

第十七章
俄国：客户还是个人兴趣？

李曾经六次造访俄国，其中最重要的一次是在 1927 年。李在这次访问中收集了一些材料，并以之为基础写作了一本名为《苏联：世界之谜》（*USSR: A World Enigma*）的书。该书首印于 1927 年 7 月，1928 年由麦克米兰公司（Macmillan Company）再版时改名为《今日俄国》（*Present-Day Russia*）。李在前言中写道："毫无疑问，我是资本主义的忠实信徒，但我希望直接走进俄国——这个被整个西方世界视为敌人的国度，了解它到底在做什么。"①

① Ivy Ledbetter Lee: *Present-Day Russia*, New York: The Macmillan Company, 1928, p.7.

> 毫无疑问，我是资本主义的忠实信徒，但我希望直接走进俄国——这个被整个西方世界视为敌人的国度，了解它到底在做什么。

李对苏联的兴趣并非毫无缘由。俄国社会和苏联模式的诸多方面都与他的理念不谋而合。在他看来，俄国和美国一样进入了大众社会，舆论成为一切权力的核心。他认为，俄国革命之所以发生，是因为沙皇帝制的荒淫无度引发了民愤；因此，如果美国不采取公共关系战略和措施，通过自我修正来防止资本主义变得毫无节制，美国必将重蹈俄国的覆辙。

李之所以如此沉迷于苏联模式，还在于苏联将宣传和公关用到了极致，以此来控制舆论，为执政党利益服务。李当然不会容忍这种宣传手法，因为他相信每一个公民都有权利去影响舆论，但宣传在苏联所展现的强大力量对李有着致命的吸引力。

根据李自己在书中的描述，他于 1927 年 5 月初访问了苏联。当时苏联社会仍然百废待兴，但是已经展现出一个超级强国的雏形。大规模的宣传机器已经布局到位，这恰恰激起了李的兴趣。一些专为外国人设计的有关俄国历史的小册子已经改写完毕。他收集了各式各样的符号、海报和口号。新式字母表的运用使俄语变得更易为普通人掌握。此外政府还推广了一套新型的缩写语言，它将复杂的术语简化为简单的音节，从而方便农民的理解，比如共产国际（Communist International）被简写为 Comintern，苏联人民外事军需处（People's Commissariat of Foreign Affairs）被简写为 Narkomindel，等等。

李最关心的印刷品内容，完全掌握在执政党手中。所有报纸都被收归国有，由共产党或政府经营。最大的新闻生产机构——塔斯通讯社——直接听命于政府。对于那些买不起也看不到报纸的人来说，墙报无处不在，且都由政府制作。书籍、杂志以及其他所有印刷品都处于党的严格控制之下——甚至是一张小小的电车换乘凭证。

其他一些媒体也很快被用于宣传，包括广播、动画、舞台剧等。所有输入外部信息的渠道，包括外国记者和外国媒体，都受到了严格的管控和审查，而人民之间的交流也受到了严格限制。

李在描述自己于苏联期间的正式采访时谈到："让我印象深刻的是，几乎在我与俄国官员的所有交谈中，总有一两名默不做声的人在场。一般而言，交谈双方的问答都会被速记下来。那些不出声的在场者往往会在交谈的过程中给内阁部长递上一张小纸条，显然是在建议问题可能包含的答案。"①

俄国宣传的很多手法已经为李所用，尽管李应用的范围要小得多。事实上，苏联的做法不过是李的想法在最极端、最彻底意义上的应用。李对此表现出极大的兴趣。如果说李反对苏联做法的话，那也是因为他相信所有人都有权利应用这些技巧，而非为执政党所垄断。

在访问中，李发现这个国家的领导人对政府管理很业余，他们中大多数人都很朴实，且本质上是现实主义者。他们所有人都在寻求解决国家问题的最优方案。李相信，他们迟早会发现，答案就是走资本主义道路。他引用列昂·托洛茨基（Leon Trotsky）的话，说明有必要利用那些有经验和金钱的外国资本家来协助建设这个国家。著名的革命编辑卡尔·拉德克也对资本主义持相对乐观态度。尽管拉德克不愿接受西方资本，但他还是告诉李："如果你不想俄国驶往亚洲，你就应该将它引向西方。"② 时任政府总理李可夫（Alexie Rykov）也持相似的观点。

李本来计划与斯大林会面，但是这位党的领袖和幕后的掌权者并未给李采访的机会。巧合的是，托洛茨基、拉德克、李可夫等与李会面的这些人，后来都遭到了清洗。

---

① Ivy Ledbetter Lee: *Present-Day Russia*, New York: The Macmillan Company, 1928, p.49. 令人称奇的是，这一做法后来也为美国华盛顿的官员所用，此事见证了宣传技巧在大众社会中（无论是民主社会还是共产主义社会）都发挥了重要作用。

② Ibid., p.99.

第 十 七 章
俄国：客户还是个人兴趣？

李还发现，俄罗斯人民基本能够接受美国和美国的理念。他与斯坦尼斯拉夫斯基（Stanislavsky）①和契诃夫夫人（Madame Chekhov）这样的政治圈外人士共进晚餐，并从他们那里感受到了对美国的好感，尽管他们对英国和法国少有善意、对德国只有厌恶。当李告诉契诃夫夫人他不久将返回美国时，夫人感叹道："啊，幸福的人！"李说，夫人的语气意味深长。②

李对人民的力量有着坚定不移的信仰。在李看来，由于沙皇统治下的压制、迫害和苦难，俄国革命无可避免。李说："俄国人民对资本主义和帝国主义的憎恨正是源于那段历史体验。"③人民本性纯良。"他们都一样是人，是14亿个生命。"李引用埃德蒙·伯克（Edmund Burke）的话补充道，"你不可能控告一个民族。"④

面对整个西方文明世界，苏联的难题可以简要概括为："如何将俄国引向西方阵营，如何治愈布尔什维克主义的病症，如何防止来自正在革命的亚洲的威胁。"⑤对李来说，这些难题并不难回答。如果俄国人民能够挣到足够的钱，有自己的储蓄，而不是像现在这样生活在饥荒之中，人性的本能会让他们选择拥有这份财产，还是放弃呢？在李看来，答案只有一个——坚持拥有财产。比较讽刺的是，李在思考这个问题时并未承认宣传在改变人类心理动机上可能发挥的巨大作用。

"在美国，布尔什维克主义实际上是怎样被扼杀的呢？"李问道。"不正是因为美国的财产私有状态，每个人都在为赚取更高的工资而工作，每个人都有平等的机会拥有自己的财产吗？而一旦拥有这些，人又怎么会愿意放弃呢？还记得激进主义是怎样被逐出美国的钢铁公司的吗？"李接着问道，"不正是通过让工人们持有公司股票，使他成为自重自爱的国家公民的一员吗？这就好比许多医生在实践中发现的一条生物学法则——药物通过提高内在的免疫力，从而强健身体来战胜疾病，企业也通过改善内部工人待遇来解决罢工问题，进而发展壮大。"⑥

李强烈地感觉到，通过资本主义式的援助，美国能够削弱布尔什维克主义思想在苏联的影响。他并不鼓吹用语言来同化俄国人。"俄国人有权利做他们想做的事，而不受我们的干扰。最好的宣传难道不是行胜于言吗？"⑦

---

① 斯坦尼斯拉夫斯基（1863—1938），前苏联著名演员、导演、戏剧教育家和理论家、舞台艺术改革家。一生导演和担任艺术指导的话剧和歌剧共有120余部，并扮演过许多重要角色。著有《我的艺术生活》和《演员的自我修养》等书。——译者注

② Ivy Ledbetter Lee: *Present-Day Russia*, New York: The Mamillan Company, 1928, p.46.

③ Ibid., p.94.

④ Ibid., p.149.

⑤ Ibid., p.156.

⑥ Ibid., pp.154-155.

⑦ Ibid., p.155.

李后来坦承，他真正欲达成者，乃是"面对问题时实事求是的态度：想方设法弄清事实真相，怀着友善的精神走近伟大的人民，而非沉浸在我们单方面的臆想中，想象真相如何，理应如何，或者那些和我们不同的人应该如何行动"。

用行动来宣传,意味着给予苏联当局更多的支持,尽管这可能将是历史上最大的赌博。"我们难道不应该尽力尝试贸易关系、银行投资、商业往来等一切可能的手段吗?我们尝试过孤立苏联,其他国家也尝试过武装干涉,但这些都被证明徒劳无功。那么还剩下什么方法呢?"[①]

换言之,苏联的问题可以在温和、理性的公共关系使命的指引下,通过实施资本主义来加以解决。李后来坦承,他真正欲达成者,乃是"面对问题时实事求是的态度:想方设法弄清事实真相,凭着友善的精神走近伟大的人民,而非沉浸在我们单方面的臆想中,想象真相如何,理应如何,或者那些和我们不同的人应该如何行动。我们首先要弄清楚他们真正如何行事,我们有哪些因应措施,从而在复杂、艰难的形势下,可以让苏联和对立阵营彼此达成妥协和调整。"[②]而公共关系是一条双行道,苏联也必须公平地参与竞赛。像洛克菲勒公司那样,苏联也必须"树立拥有美好信仰的声誉,展现遵守国际公约的意愿,无论这些公约是否指向资本主义世界。"更进一步,苏联还必须"采取一切可能的措施,取缔国内所有以暴力干涉他国事务的组织机构"。李说道:"没有人可以反对为人类福祉努力的言论和行动,而通过暴力推动改革却与文明的方向背道而驰。"[③]

为了建立一个真正的文明社会,李认为两样东西是必不可少的:首先是必须保证思想、行动和信仰的真正自由;其次是建立一个公正的社会系统,"基于那些发乎人之自由本性的根本原则"[④]。

当然,苏联最后并未实施李为其设计的公共关系项目,美国也是如此。作为一名现实主义者,李对于苏联问题的看法并非一成不变。到了1930年,李预见到胜利的天平正在偏向苏联这边。他在1930年访问苏联后,对《商业周刊》的一名记者说,苏联在政治上正变得更加自信,甚至还有点骄傲。它极力发展经济,一步步完成工业化改造的"五年计划",实现"伟大的苏联梦,这看似疯狂",却在不断取得进展。同时苏联也在集中精力完成农业的社会主义化。苏联人已经向世界证明,没有外国资本的援助他们照样可以生存。"在五年内,俄国将拥有世界上最大的拖拉机厂、最大的造纸厂,以及其他许多世界上最大的产业。这绝对不是梦想,

---

[①] Ivy Ledbetter Lee: *Present-Day Russia*, New York: The Mamillan Company, 1928, pp.154-155.

[②] Ivy Ledbetter Lee: "Relationships to the Russian Problem," *Annals of the Academy of Political and Social Science*, CXXXVIII (July, 1928), p.93.

[③] I.L. Lee: *Present-Day Russia*, op. cit., pp.152-153.

[④] Ibid., p.153.

而是现实。"①

20世纪20年代后半段，艾维·李身上的"迷"就和关于苏联的"迷"一样令人难以捉摸。"你做这一切到底为了什么？"《华尔街日报》的编辑C.W. 巴伦（C.W.Barron）这样问道，"谁在为你所做的一切埋单？"②

李的回答是："我做这件事和你饲养根西牛的原因是一样的，都是出于个人兴趣。有人收集原版书，有人收集邮票，我却喜欢收集有关苏联的信息。这就是我和你所说问题的全部关系。"③

但是几乎没有人相信李的话。《商业周刊》以下面这段话表达了当时人们的一种普遍感受："无论是在天性上、信念上，还是从他所从事的职业看，李都属于最彻底、最纯粹的资本主义信徒。他被认为是资本家们最狡猾的保护人，是主流价值的推动者，是充满争议的公关行业的名副其实的最高领袖，是一位专业的公关顾问。正因如此，李一反寻常地花三年时间来宣传并支持苏联的政治实践，实在是华尔街的一大不解之谜。"④

对很多人来说，答案似乎显而易见。李只不过接到了一个新客户——不过这个客户有些过于庞大罢了。"纯粹是出于个人兴趣？那些久经世故的执行主编们根本不会相信这种说法。作为众多百万富翁的助手，李怎么可能仅凭兴趣就严肃认真地对待与苏联有关的事务。他的心机该有多深啊？"⑤《商业周刊》这样写道。

对李的指控还来自国会。来自马萨诸塞州的议员乔治·霍尔顿·汀克汉姆（George Holdon Tinkham）向国会报告说，一伙国际银行家（其中包括美国银行家）正策划一起阴谋，企图迫使美国"放弃不干涉外国事务的传统政策，并且加入国联"。汀克汉姆主张通过一项决议，调查国际银行家以及其他影响美国外交政策人士的开支情况。他告诉国会，第一个应该传唤的证人就是艾维·李——约翰·D·洛克菲勒的代理人。他宣称，"美孚石油公司、约翰·D·洛克菲勒及其代理人艾维·李如今公然开展违背美国利益的宣传。在他们眼中，没有祖国，没有旗帜，没有忠诚，只有金钱的力量，只有金钱能够驱使或者购买的东西。"⑥

一年之后，时任众议院调查共产党活动总

第 十 七 章
俄国: 客户还是个人兴趣？

① Anon: "A Realist's Looks at Russia," *Business Week*, January 29, 1930, p.35.

② Quoted in I.L. Lee: "Relationships to the Russian Problem," op. cit. p.93.

③ Ibid.

④ Anon: "A Realist Looks at Russia," op. cit., p.35.

> 无论是在天性上、信念上，还是从他所从事的职业看，李都属于最彻底、最纯粹的资本主义信徒。他被认为是资本家们最狡猾的保护人，是主流价值的推动者，是充满争议的公关行业的名副其实的最高领袖，是一位专业的公关顾问。

⑤ Ibid.

⑥ *New York Times*, February 23, 1929, p.8.

负责人的议员小汉密尔顿·菲什（Hamilton Fish, Jr.），同样专门选择艾维·李作为批判对象。他宣称，李是"为苏维埃俄国服务的声名狼藉的宣传家"[①]。不过，对于菲什调查报告的细节，我们至今仍不得而知。[②]

有关李与苏联故事中最离奇的情节，发生在1929年年初的参议院里。一批文档偷偷流入了墨西哥，并在那里被美国国务院截获。这批文档成为一场大规模恶意抹黑运动的起源，同时引发了参议院的调查。在这批文档中，有信件显示部分参议员如威廉·E·博拉（William E. Borah）和乔治·W·诺里斯（George W. Norris）涉嫌一宗大规模的苏联贿赂活动。诺里斯是一名进步主义参议员，支持承认苏联，而博拉是参议院外交关系委员会主席，推动了对苏联的最终承认。根据这批文档，他们两人都被指控收受苏联的贿赂，以换取他们对苏联的支持，其中博拉受贿的金额甚至高达10万美元。但是两位参议员都激烈地否认了这些指控。

在这批文档中，也有几份与艾维·李有关。原文为法文，翻译成英文后被参议院听证会采用。内容如下：

苏联驻法国大使馆，巴黎，1927年9月11日

请从苏联人民外事军需处[③]的362号（No.362 M.W.）特别账户里拨出足够的资金给艾维·李先生或是他授权的人士，以支付其所有预期的开销。同时也请正式告知艾维·李或是他的代表，他已经获得了补充的信用额度，用来支持他为莫斯科制订的工作计划。

这些补充的信用额度以及日常定期支付数额的增加，必须统一由苏联人民外事军需处的特别账户支出，编号为361 M.W.，此账户与参议员博拉相关联。

拉科夫斯基

坎普纳

北欧商业银行，巴黎[④]

这些文件无疑为艾维·李的敌人们提供了最生猛、最确凿的证据。李迅速对整个事件加以否认。他在听到这批文档的事情后，第一时间给参议院调查委员会发去电报，请求获准出席听证会并宣誓回答委员会所欲质询的任何问题。"任何宣称我从

[①] *New York Times*, October 29, 1930, p.14.

[②] 有关艾维·李的大量历史文献资料至今封存在美国普林斯顿大学。——译者注

[③] Narkomindel，苏联人民外事军需处的简称（the People's Commissariat for Foreign Affairs），存在于1923—1946年，苏联外交部（The Ministry of External Relations）的前身。——译者注

[④] *New York Times*, January 11, 1929, p.4.

苏联政府得到哪怕一分钱的报告,不管是以直接还是间接的方式,都是彻底的编造。"李说道,"毫无疑问,那个制造谣言的幕后黑手,在污蔑美国参议院外交关系委员会主席接受苏联政府贿赂的同时,认为有必要也把我拉进这场争论之中。"①

参议员博拉着手展开大规模的独立调查,以确定这批文档的来源。博拉联系上了 A·M·坎普——位于巴黎的北欧商业银行行长。这位在文档中被指为行贿账户的直接控制者表示,他对整个事情一无所知,"我是今天读报时,才第一次知道了艾维·李的名字,"②这位法国银行家说道。

或许对于艾维·李来说比较幸运的是,两位参议员也卷进了此事。他们像艾维·李一样,迫切渴望澄清自己的名誉,并且他们能够调动美国政府的所有资源。最终,他们给出了一个令大多数人都满意的结果,证明这批文档是伪造的。伪造者是俄国的流亡人士,他们希望摧毁苏联政府,同时打击这批在美国呼吁承认苏联当局的人,因为这将增加苏联存续的力量与尊荣。

最后,李指出,蓬勃发展的苏联是从"俄罗斯主义"(Russianism)中汲取能量,而非从共产主义那里获得精神动力。李说:"今日苏联开展的大多数事业,在沙皇统治时期就已存在,"如秘密媒体(secret press)、秘密警察和限制自由等。共产主义天生脆弱,因为"它根本不以创造人类的尊严和独立为目标,"相反,正因为资本主义能做到这点,所以它天生强大。③

第 十 七 章
俄国:客户还是个人兴趣?

① *New York Times,* January 11, 1929, p.4.

② Ibid., January 12, 1929, p.6.

③ Ibid., February 24, 1931, p.17.

第十八章
商业政治

> 在李开创的公共关系理念的指导下，美国商业在20世纪20年代发展到一个新的高度。

20世纪20年代这十年被人们赋予了许多标签：爵士时代（the Jazz Age）和迷惘的一代（the Lost Generation）、枯败的十年（the Dry Decade）、商业时代（the Age of Business）。在艾维·李看来，最后这个说法最为恰当。在李开创的公共关系理念的指导下，美国商业在20世纪20年代发展到一个新的高度。运用公共关系的技巧能有效抵制激进分子和改革派的攻击，19世纪自由放任的资本主义经济理论也由此重新焕发生机。

在20世纪头十年，商业并购曾经遭到立法和规制的普遍约束；而到了30年代，商业兼并几乎不会遇到任何阻力。新的大型公司和垄断企业在20年代不断兴起，而《联邦储备法案》（Federal Reserve Act）、《克莱顿反托拉斯法》（Clayton Antitrust Act）、联邦贸易委员会（Federal Trade Commission），以及其他一些早先制定的试图约束企业并购的法案和机构，皆在共和党执政期间为了扶植大企业而被有效规避了。这些大企业已经懂得如何掌握话语权，并通过从艾维·李之流那里学到的技巧来影响舆论，最终在舆论法庭上拒斥对企业并购违法的指控。

正如李曾经给铁路公司的建议一样，既然破产可以被称作"资产的重新配置"，[①] 垄断也可以用新的词语来代替。于是在20年代，大型商业发展出股份公司、投资信托公司、股权信托（voting trusts）、无表决权股份（non-voting stock）等形式以及其他一些并购和信托机制，包括李经常鼓吹的行业公会等，使垄断资本主义在美国得到了前所未有的发展。

20年代最重大的一些商业并购都发生在公共事业领域，而李和

[①] I.L. Lee: *Human Nature and the Railroads*, op. cit., p.17.

他的公关公司又一次在其中发挥了关键作用。不过直到 1935 年，李的这些活动才为世人所知。时任亚拉巴马州参议员的雨果·布莱克（Hugo Black）是公共事务调查委员会主席，他透露李的公司在一场有关公共事业的论战中支持大企业共同反对惠勒—雷伯恩法案（该法案主张限制股份公司发展），并每月从中收取 5000 美元的佣金。李及其公司为公共事业执行委员会（Public Utilities Executive Committee）提供服务，内容包括"整理材料，与杂志、报纸及广播电台合作，策划公关活动，为政策性事宜提供建议，并与国会成员保持联系"。[①]

① Quoted in *Editor and Publisher*, June 20, 1935, p.12.

第 十 八 章
商 业 政 治

站在 20 世纪 20 年代的末尾，回首过往，这十年对李来说可谓辉煌至极。他赚到了钱，交到了朋友，虽然交恶的仇敌也比一般人多很多，不过这也明确地证实了他的影响力。他可以带着几分自豪回顾过去，因为在很大程度上，正是由于他的影响，由于他所倡导的理念逐渐得到认可，才使得资本主义商业发展到一个新的高度。一度几乎只有李孤军奋战，而到了 20 年代末他已经拥有数百位追随者。公共关系的时代已经到来。

但就在 20 年代行将结束之时，公共关系的高潮却遭遇了股市崩盘。美国缔造的商业神话，在风雨飘摇中最终坍塌。在随后的几年里，李和很多人一样，生意日渐萧条。

在李看来，这场由股市崩盘带来的持续数年的国际经济大萧条，在相当意义上是由于国际关系紧张以及国联和全球贸易的失败。他认为，政客们没有认识到自己在战争债务和赔款问题上所犯的经济错误，美国和欧洲国家在债务问题上至今仍各执一词，从而损害了跨国贸易。

一战后的欧洲与内战后的美国有很多相似之处。正如内战后美国北方试图在社会、政治和经济上彻底重建南方，一战后的同盟国也将战争的全部责任归罪于德国，惩罚其偿付沉重的战争债务和赔款；内战后南方的波旁派极力摆脱重建的束缚，无独有偶，一战后的德国法西斯也试图逃离沉重的债务压力。

从经济的角度来看，战争债务和赔款导致欧洲贸易和世界市场虚弱不堪。无力参与贸易的德国，却成了整个国际收支与跨国贸易系统的临时平衡点。一个很好的例子是，当赫伯特·胡佛（Herbert Hoover）总统在 1931 年 6 月允许德国暂缓偿付赔款时，纽约股票交易所市值在两周内增加了 100 亿美元。李指出，这恰恰有力地证明了，战争债务造成的市场疲软是经济大萧条的首要原因。

在李看来，各国在解决战后德国问题上出现关系破裂，同样是导致大萧条的重要原因。1932年，他在迪堡大学（Depauw University）的演讲中指出，美国在1911年生产了1600万捆棉花，其中一半都出口到了英国和德国；但是在1931年，美国同样生产了1600万捆棉花，英德两国却因战争破坏和需要偿还战争债务而无力与美国交易，造成对美国棉花的购买量锐减。他说："因此，棉花价格的灾难性下跌给美国南方各州造成了严重冲击。"李指出，战前英德两国占到美国出口总额的40%，但是"如今德国和英国购买力日趋下降，导致美国大街上随处可见失业者，工厂里机器闲置，公路上货车空载，农场主可怜巴巴，一切都在共同诉说着经济萧条"①。

① Ivy Ledbetter Lee: "The War Debts Question," *Information*, March 4, 1932, p.3.

此间，李对国际关系的关注超过了国内问题，也许正因为如此，他才能轻易地完成从"商业时代"（age of business）到"罗斯福新政"（the new deal）的完美转身。除此之外，和大多数资本家不同的是，他本来就非常信任和赞赏罗斯福在大萧条期间推行的大部分经济复苏方案。

李对于国际问题也有一套自己的解决方案，且和罗斯福存在一定的相似之处。过去，通过他的理念及影响力，李已经成功重塑了美国商业。现在，他希望通过他所谓的"商业政治才干"（business statesmanship），将公共关系的原则和策略在全球范围内加以应用，推动商业自由，从而促进世界的和平、进步与繁荣。

他以个人身份参加了很多国际会议，并不代表任何具体客户。其中最著名的是太平洋关系学会（Institute of Pacific Relations）举办的会议，李于1927年在夏威夷、1929年在东京两次代表美国参会。1927年，在檀香山会议上，李就国际交流主题发表演讲。他对大会成员说，各个国家必须"让所有重要的事情都能在报纸上公开报道"，而要想做到这点，就必须用一种妇孺皆知的方式来讲故事，从而培养公众的阅读兴趣（appetite）。②

② *New York Times*, July 23, 1927, p.13.

1930年，李组织了一场有关苏联问题的圆桌会议，会议在威廉学院的威廉斯顿政治研究所举办，由李担任主席。这次会议最终达成了一个共识，即苏联应该得到美国的承认。这导致了新一波对李的批评浪潮，连威廉学院也被牵连其中。

同时，李也直接代表客户出席了一些会议。如1931年，他作为古巴与美国糖业的代表，参加了在巴黎举行的国际贸易会议。他与托马斯·L·查得伯恩（Charles L. Chadbourne）一道提议并推动了"查得伯恩方案"，促进了国际糖业市场的稳定。

在整个20世纪20年代和30年代初期，国际军备会议和裁军会议都十分常见。由于李一方面代表奉行和平主义的洛克菲勒家族，另一方面又代表主张建造海军军舰的伯利恒钢铁公司施瓦布家族，所以他不断被指控为一手散布反战言论，一手又在煽动战争之火。1927年，日内瓦国际军备会议由于海军巡洋舰问题而陷入僵局。不久之后，李被指控收受了美国造船业委员会（Council of American Shipbuilders）"大约5万美元"的费用，从而帮助美国在日内瓦会议上获得更大的海军配额。他同时也被指控帮助英国推广海军武器。不过，他一直否认曾经参与过这些活动，即便是在1929年宣誓接受国会调查时也是如此。①

① *New York Times*, October 2, 1929, p.24.

在李的整个职业生涯中，他只直接代理过两个国家（经李后来确认）的公关事务：波兰和罗马尼亚。代理波兰的短期项目是帮助波兰银行（Bank of Poland）发行国债。虽然李参与的罗马尼亚项目的细节并未公开，但工作性质与波兰的项目大体相同。

他也曾代理过两家大型外国公司。在30年代早期，他曾短暂地帮助比利时的索尔维公司（Solvay Company）处理与美国政府的关系，这家公司是当时欧洲最大的化学制品公司。此外，李在20年代后期到30年早期的大约五年时间里，曾为I.G.法本工业集团（Interessen Gemeinschaft Faben Industrie）提供服务。这家公司又被称为德国戴伊信托公司（German Dye Trust），在德国工商界具有举足轻重的地位。与法本公司的这段合作关系后来被证明是李一生中最为重要的经历之一，并可能因此招来了杀身之祸。

然而，李对国际事务的兴趣与他对资本主义的信仰并不矛盾，他依然随时在全国各大学、社团就资本主义话题发表演讲和展开辩论。在美国历史上，这是一个资本主义鼓吹者并不受欢迎的时期。在哥伦比亚大学召开的一次关于资本主义问题的研讨会上，一名学生在李演讲的过程中忽然站起来并大声喊道："取消那些禁令和州民兵，否则我们就会把你砸个稀巴烂。"李很平静地答道，他感到十分高兴，因为竟然有人认为他有能力取消禁令和阻止民兵的行动。②

② *New York Times*, December 29, 1927, p.7.

李认为，尽管资本主义体系在任何绝对意义上都称不上完美，但是"追求利润的动机"依然是他所知的最有效的激励力量。滋生于美国的罪恶并不是资本主义体系所固有的。他说:"奴隶制在当时曾被视为资本主义带来的罪恶,但是它被废除了。"他相信童工、逼良为娼以及其他一些罪恶都可以在不改变资本主义属性的条件下得以根除。他说:"人类社会拥有强大的自净化能力,能够不断自我完善。"①

在一场和美国社会主义党党首诺曼·托马斯(Norman Thomas)的辩论中,李回应了托马斯对资本主义不完美的批评。托马斯说,资本主义"向前推进的速度过快,以至于未能与人类的智力水平相协调一致"。因此,其中最重大的一个缺陷正在于它不是按计划发展的,而是自然生长的。但是,李认为资本主义最重要的优势也在于此,它"承认私有产权以及追求利润是所有产业活动的基础,并因此能最大限度地激发人类的开拓精神"。当然他也赞同,"这种进取精神必须加以保持,而对资本的利用却不能毫无节制,如是才能保证资本主义为人类共同体的最高福祉服务。"②

在国外访问期间,他发现美式资本主义缺乏计划且不受控制,导致美国在国际上声名狼藉。他感到,这一情形与洛克菲勒当年在世纪之交时遇到的困境并无二致。世界对美国存在偏见。他引用德国《科隆报》一位编辑的话说:"未来会掌握在谁的手上呢?是新兴机械主义的美国文明,还是反对物质支配精神的传统文明?"③李认为这是一种错误的世界观,显然美国人并非仅仅是物质的、机械的。美国急需当年宾夕法尼亚铁路公司和洛克菲勒家族曾经获得的那些帮助——公共关系战略和行动。要有人把美国解释给世界,同时把世界呈现给美国。

在1929年《大西洋月刊》上的一篇文章中,李阐述了自己对于国家公共关系的建议。他试图分析他国对美国的各种看法,并指出这是"抹黑的传说"(black legend)。在世界上,一些国家反对美国的一切,反对典型的美国文化或美国人。他说,相当多的国家以"善意的帮助和真诚的劝告"之名,反对美国的一切,包括"美式英语、摩天大楼、规模生产、标准流程、物质至上、尔虞我诈、独断专行、一夜暴富、暴民心态、灯红酒绿、耸人听闻的新闻标题、铺天盖地的媒体广告,以及对自我、企业和机器的极端崇拜"④。

李发现,世界范围内对美国的忧惧正是源于对

① *New York Times*, December 29, 1927.

② Ibid., March 27, 1933, p.16.

③ I.L. Lee: "The Black Legend," op. cit., pp.579-580.

④ Ibid.

其资本主义事业不断扩张的担心，基于"我们作为债权国在国家实力上的巨大提升……即使不谈别国所欠的战争债务，我们一战后的投资也已遍及世界每个角落"①。

通过把脉世界其他国家对美国的偏见，李发现，尽管对美国的善意正在消失，但也有许多国家准备"抛弃口号和简单化的公式，基于清晰的事实，来解决具体问题"②。他认为，这是"美欧之间真正相互理解的必要前奏"。他发现在欧洲的很多谈判中，越来越多的国家希望能听到另一种观点，愿意向美式资本主义作出妥协……但是欧洲的政治家并不了解美国的政治家。他们之间的交流主要还是依靠原始的手信，中间还必须跨越 3000 英里的大洋。③

李意识到，需要一种新型的外交方式，以公共关系为路径，向世界说明美国。首先，世界必须看到，美国是一个公共关系于其中发挥着关键、彻底作用的国家。李在《不列颠圆桌期刊》（*Round Tablee of Britain*）的一篇文章中说，"如果为了和平的缘故，美国加入各国同盟之中，只可能是因为清晰地意识到了自身力量的局限。美国绝非一个普通的国家……她的政府形式与别国的议会制和其他责任制都截然不同……这是一个政府力量薄弱，公共舆论占据主导地位的国家，公众的力量可能强大到让那些故步自封的欧洲人无法想象。"④

这种以公共关系为路径，借由商业政治才能向世界呈现美国的策略，意味着必须"提供建设性的信息"，比如民间交流。"没有什么比得上人与人之间的接触能更有效地增进理解。"⑤李发乎内心地赞成这种人际交流，比如查尔斯·林德伯格（Charles Lindberg）的善意访问（good will flight），德怀特·莫若（Dwight Morrow）在担任驻墨西哥大使期间与当地领导人建立良好的个人关系，赫伯特·胡佛对南美洲的私人访问。人际外交（personal diplomacy）的理念注定将在未来的几十年内成为普遍的外交手段。

李强调，向世界说明美国的工作，"只能由那些已经具备公共关系理念的政治家，通过有意识的行动才能达成，这是一种观念的启蒙"。在李看来，这一新思想的基础已经存在，"存在于美国人民的善意"。但是，新思想必须进一步拓展，"挑战国内外那些古老的符号、神秘的传说和腐朽的观念"。这一说明和解释工作必须是双向的："不仅面

第 十 八 章
商 业 政 治

① I.L. Lee: "The Black Legend," op. cit., p.580.

② Ibid., p.585.

③ Ibid., p.587.

④ Ibid., p.585.

⑤ Ibid., p.587.

> 李意识到，需要一种新型的外交方式，以公共关系为路径，向世界说明美国。这种以公共关系为路径，借由商业政治才能向世界呈现美国的策略，意味着必须"提供建设性的信息，"比如民间交流。没有什么比得上人与人之间的接触更能有效地增进理解。

向世界，也面向美国自身。"①

从 1929 年末至 1930 年初，李开始落实他所谓的"向世界说明美国"的政策，至少是对英国如此。他受邀担任伦敦当地报纸《观察报》（*The Spectator*）的驻美记者。1929 年 6 月至 1930 年 3 月间，他为该报写作每周专栏，之后改为按月发表并一直持续到 1930 年 6 月。这一专栏名为《美国纪事》（*American Notes*），李涉及的主题相当广泛，旨在使英国读者了解一个更真实的美国。他谈到了美国铁路的发展、英国人与美国人之间的渊源、托拉斯问题、自由主义、抵制广告运动等等。据李的客户总结，他写作客观公正，从未直接，当然亦极少间接地为某人或某物制造噱头。这当然对积累商业政治资本并无多大好处，却是李积极实践向世界说明美国的范例。

艾维·李有关国际关系问题最重要的论述，来自 1934 年 7 月 3 日他在伦敦面对一群国际事务关注者所作的演讲。这也是李最后一次重要的公开演讲，发表于他去世前四个月。十天后，他深度卷入了一起国家"公共关系大案"的消息不胫而走，而这几乎使他身败名裂。

这篇演讲后来以单行本的形式发表，题为《对外公关问题》。在这篇文章中，李比较系统地阐述了他的原则。他认为问题的关键在于，如果人人都坚持维护自己国家的主权（全世界都正在这样做），那么"唯有真相才能永存"。是的，唯有完全了解真相才能保证不同背景的人民相互理解。他引用了一句古老的法国谚语："见多才能识广。"（Tout comprendre c'est tout pardoner.）②

20 世纪 30 年代，公众之间达成共识的必要性与一战期间同样迫切，但是达成共识的方式与一战中让人民理解新战略所采取的措施显然大不相同。"战时宣传并没有带来国家间的健康交往，和平时期那些地下的和间接的宣传同样未能达于此，"李说道，"在这样一个进步的时代里，必须尝试一些新方法。"③

首先，李认为这个世界并不是非黑即白的。国际公关和商业公关一样，必须是一条双行道，有进取也有妥协，有给予也有所得。他引用《伦敦观察家报》（*London Observer*）的编辑 J.L. 加尔文（J. L. Calvin）的一句话论证道："悲剧往往并非正确与错误之间的冲突，而是正确与正确之间的相互较量。"因此，他说道："这个时代最大的悲剧就在于，民族国家未能理解彼此最好的一面。"④美国再也不能奉行泰迪·罗斯福"温言细语，但手持

---

① I.L. Lee: "The Black Legend," op. cit., p.588.

② Ivy Ledbetter Lee: *The Problem of International Propaganda*, New York: by the author, 1934, p.17.

③ Ibid., p.8.

④ Ibid., p.4.

大棒"的信条了。如今，人们应该大声说话、清晰表达，但是背后不再挥舞大棒。

20世纪30年代早期，作为一个学科的心理学已经完成了主体知识的积累，不仅涉及个体心理学，还涉及群体心理学和社会心理学。在李此前的职业生涯中，他对社会心理学这门"艺术"只是浅尝辄止，但是现在他完全觉察到了自己的局限。李意识到，通过科学而非艺术，世界范围内新的和平关系将变得更具可能性。"毕竟，当你走遍世界见识到各个民族的人民，你将不得不承认，作为人类共同体的一部分，不管是日本人、印度人、波斯人还是土耳其人，也不管是德国人、法国人还是英国人，各地的人们是如此相像，他们对同样的心理刺激会作出本质上一致的反应。"① 既然如此，李追问道，为什么普罗大众会觉得互相理解是如此困难呢？他觉得，通过社会心理学家的工作，这一问题可能会迎刃而解。

他发现，社会心理学研究已经揭示出许多令人震惊的可能性。通过科学有效的方法，我们能够影响特定对象的情感，并直抵人们的内心。但是，李意识到这些方法尚未打破国界的壁垒。尽管这些方法可以在一国之内得到有效实践，可一旦被采纳到国际交往之中，却因为运用不当而显现出一定的局限性。

事实上，李还意识到，自己之前运用的宣传技巧在社会心理学看来不仅运用不当，而且本身就存在许多缺陷。他说："社会心理学家承认，面对任何一个特定群体，职业宣传家使用的一些技法、'咒语'，经过一段时间之后总会失效。最终，即使在国内事务中，也不得不诉诸理性。"当人们经历更多、了解更多，更加清楚地意识到自己的情绪如实验室的小白鼠般被有意识地操纵时，"他们将坚持要求知道更多真相，摆脱情感的约束，不受他人诱导，进而得出自己的结论"。而这本身也意味着，随着人类的不断进化，更新更好的取悦大众的技巧也将随之升级，并最终提供"能够让不同民族之间进行明智、理性交往的机会"②。

然而就当下来看，李发现，要想从大众那里获得关于某些重大问题的理性见解，最大的困难在于，这些重大议题往往缺乏足够的戏剧性，因此不能吸引大众的注意力。关于裁军的讨论之所以迟迟未能取得进展，一个主要原因就是这项议题的专业性太强，以至于很难向大众呈现。他说，"多数公众看起来对此并不感兴趣，因此他们没有表现出任何的兴奋，或者施加自己的影响力，

第 十 八 章
商 业 政 治

① Ivy Ledbetter Lee: *The Problem of International Propaganda*, New York: by the author, 1934, p.8.

> 悲剧往往并非正确与错误之间的冲突，而是正确与正确之间的相互较量。这个时代最大的悲剧就在于，民族国家未能理解彼此最好的一面。

> 当人们经历更多、了解更多，更加清楚地意识到自己的情绪如实验室小白鼠般被有意识地操纵，"他们将坚持要求知道更多真相，摆脱情感的约束，不受他人诱导，进而得出自己的结论"。而这本身也意味着，随着人类的不断进化，更新更好的取悦大众的技巧也将随之升级，并最终提供"能够让不同民族之间进行明智、理性交往的机会"。

② Ibid., pp. 22-23.

去支持那些试图解决此问题的有益尝试。"[1]

他一针见血地指出,国际关系的所有问题都可以归结为,"由于不同国家在交往过程中,不得不受到诸如风俗和传统的束缚,加上互相冲突的利益以及诡计图谋,大众参与的力量亦受限制,如何才能让世界上不同民族的思想、抱负和愿景为他人所知——从最起码的相互承认到深度信任,并最终愿意合作共建一个值得生存的新世界呢?毫无疑问,再也没有比这更加重要的问题了"[2]。

尽管人类尚未发展到能够进行无间的国际沟通的地步,但还是存在一些方法,假以善用则可在正确的方向上跨出一大步。李所提出的措施对他自己来说并不新鲜,其中的很多方法都与他当年在应对铁路工人罢工、处理洛克菲勒家族事务时的路数相同,只不过现在应用到了新的情景之下。

首先,李认为,如果每个国家的政府都充分重视媒体关系,那么这无疑将大大促进国家之间的交往。各国政府必须认识到,"外国报纸的记者前来是为了确认事实——且仅为事实而来,他们希望能够及时、准确地确认真相。"因此,他认为"最睿智而开明的政府"一定是能够有效地帮助媒体的政府,最大限度地帮助记者"迅速、准确、权威地获得他们渴望公开报道的信息"[3]。

其次,向媒体传达这些事实的语言也需要经过加工。"古板的约翰逊式语言以及典型的外交辞令,都应该从大众阅读的报纸中彻底消失。"我们不应取缔律师和外交官,但是我们可以摆脱那些"戴假发、穿长袍的做派",并说服那些外交官也用公众的语言来相互交谈。[4]

因此,他认为那些涉外事务人员应该重新培训。他觉得理应设立专门的国际关系学院来培养政治家,就像军事学院训练士兵一样。这一学院不仅要训练未来的政治家学会使用人民大众的语言,而且应该教育他们与公众保持更紧密的联系。政府应该促进国际沟通、文化交流,以及艺术家、学者、科学家、政治家之间的跨国合作。

最后,李强调政府应该开放地、灵活地、虔敬地考量公众心理,在此基础上有效使用以下三种媒介(three media)向全世界发布重要信息以促进国际认同。更进一步,政府还应该认识到,要想有效使用这些媒介必须付出巨大代价,而政府对此有所

---

[1] Ivy Ledbetter Lee: *The Problem of International Propaganda*, New York: by the author, 1934, pp.23.

[2] Ibid, p.3.

[3] Ibid., p.4.

> "最睿智而开明的政府"一定是能够有效地帮助媒体的政府,最大限度地帮助记者"迅速、准确、权威地获得他们渴望公开报道的信息。古板的约翰逊式语言以及典型的外交辞令,都应该从大众阅读的报纸中彻底消失。我们不应取缔律师和外交官,但是我们可以摆脱那些"戴假发、穿长袍的做派",并说服那些外交官也用公众的语言来相互交谈。

[4] See Ibid., pp. 24-25.

准备。

第一种也是最重要的一种媒介是纸媒。李认为，今日大多数国家存在的一个重大问题，即一国政府特别依赖别国纸媒来报道本国消息。例如美国会将新闻消息发到法新社派驻华盛顿的记者那里，然后希望该新闻能够在法新社的报纸上刊登，从而让法国读者知晓。为什么不直接通过"公开印刷文件、书籍、小册子、海报或是材料，向其他民族讲述本国的故事呢"？只要材料的来源是完全公开的，这种做法就不存在任何问题。①

拿付费广告（paid advertising）来说，它就可能成为对外表达的一种有效途径。李举了一个例子，苏维埃俄国否认并拒绝支付沙皇时期欠下的债务，这对俄国民众来说可能理由充分，但这一态度却激起了世界范围内对苏联的反感。李问道："为什么这时的苏联不在所有重要国家的媒体上投放付费广告，并借此说明债务问题呢？广告可以由斯大林亲自签署，如是可以确保引起关注。这样的广告肯定会有人阅读，并且如果论证有力动人，还会赢得国外公众对苏联的支持。在这样的尝试上花费几百万，意味着可能会给苏联带来数十亿的收入。"②

电影是第二个重要的媒介。如果意大利能以一部或者一系列电影向全世界说明国家所面临的问题，在每部电影的开头都展示一张由墨索里尼签发的文件，那将是一件多么有趣、有效的事？"这充分说明意大利人在真诚地解释自己，这种坦诚让人耳目一新，"李说道。

最后，李认为广播也是一种可供利用的国际沟通媒介。他十分欣赏富兰克林·D·罗斯福借助广播，通过"炉边谈话"赢得公众对诸多新政项目支持的做法。李认为，同样的做法可以用来促进国家间的理解。譬如，如果大不列颠的乔治国王能亲自向美国民众说明战争债务和海军军备问题，"所有美国人不仅会饶有兴趣，而且会充满敬意地倾听。而如果演讲者换作其他一个小角色，美国人可能根本就不会听"③。

当然，李意识到所有这些建议对以国家元首会晤为主的高层外交将造成巨大冲击。然而李呼吁，如果真正由人民统治，那么这种高层外交的套路就是"过时的传统"，政府应当努力采取一些新的"直接且符合常识的做法，特别是在

第十八章
商业政治

① See Ivy Ledbetter Lee: *The Problem of International Propaganda*, New York: by the author, 1934, p.26.

② Ibid., pp.29-30.

③ Ibid., pp.34-35.

取 悦 公 众

① See Ivy Ledbetter Lee: *The Problem of International Propaganda*, New York: by the author, 1934, pp.35-36.

> 宣传可能制造的所有罪恶和威胁,并非来自观念的扩散,而是由于消息来源未能公开。只要每一则声明都附有签名,人民就可以判定其价值几何。

眼下的措施都被明确证实无效的情况下"①。李认为,宣传可能制造的所有罪恶和威胁,并非来自观念的扩散,而是由于消息来源未能公开。只要每一则声明都附有签名,人民就可以判定其价值几何。

李关于商业政治的思想过于超前了,这种旨在促进世界认同的观点对于20世纪30年代早期的受众来说,或许有些太异想天开了。然而及至二战结束,大多数世界强国已经在全球范围实践这些理念和技巧,到了50年代,李的模式已经席卷全球了。

第十九章
最后的战役

1933 年的一个夏日，艾维·李在他位于百老汇 15 号的办公室召集所有员工举行一场重要会议。他当时 56 岁，正处于人生的巅峰状态。报纸都称他为百万富翁，他的公司被认为是商界最负盛名、最完善的公关公司。而事实上李远称不上百万富翁，而且他的公司也正面临着一些可能导致重大危机的事件。

随着李对国际事务参与程度的日益加深，他越来越远离公司的日常工作。公司业务更多地落在了员工们的肩上。更糟糕的是，当事情进展不顺时，他的脾气越来越暴躁，嗓门也越来越大。此外，他的健康状况也不理想，他长期以来事必躬亲的做法榨干了自己的身体。这导致李在 1933 年夏天宣布对公司业务进行重组。他把助手们召集起来，自己站在一旁，由主管托马斯·罗斯本人向大家宣布他已经成为公司的高级合伙人。公司改名为艾维·李与 T.J. 罗斯联合公司，以合伙形式经营。而事实上只要李还活着，他依然拥有和控制着公司，并可以按照自己的想法分配收益。

这一改变对于李自己和整个公司来说，可能都是一件好事。罗斯是一个稳健、踏实的经理人，长期以来在老板艾维·李分身乏术的情况下，将所有事情捏合在一起。1919 年，26 岁的罗斯开始为李工作，当时他对李所从事的业务并不比别人更了解。他是一名天主教徒，1893 年出生于布鲁克林（Brooklyn），上的是公立学校，最后毕业于圣·弗朗西斯·泽维尔学院（St. Francis Xavier College），曾在《布鲁克林之鹰》（*Brooklyn Eagle*）负责夜间新闻报道。

大学毕业后，罗斯成为《纽约朝阳报》（*New York Morning*

Sun）的一名全职记者，之后就职于《纽约先驱论坛报》（New York Herald Tribune）。一战时曾在军队中服役，获得中尉军衔。退伍后他联系《太阳报》（Sun）前执行编辑 W.W. 哈里斯，此人当时在李与哈里斯与李联合公司担任副手。罗斯被哈里斯介绍给艾维·李，并加入了后来新成立的艾维·李联合公司（Ivy Lee and Associates）。在李去世后的很多年里，罗斯一直经营着这家公司，而他自己也成为公共关系行业的领军人物。

公司的其他成员也都成为小股东（junior partners）。伯纳姆·卡特（Burnham Carter）1923 年加入公司，并于 1929 年离职，此后担任美国驻古巴大使亨利·F·古根海姆的秘书。1933 年，卡特在新的合伙制度确立前不久回到李的公司任职，主要负责国际公关事务，其中最重要的客户是 I.G. 法本公司。

另一个小股东哈考特·帕里什（Harcourt Parrish）在加入艾维·李联合公司之前，曾担任路易斯维尔（Louisville）的《信使报》（Courier Journal）编辑和美联社记者。他曾被李"借"给梅尔文·阿尔瓦·特雷勒（Melvin Alvah Traylor），并在 1932 年特雷勒企图获得民主党总统提名的竞选中，为其提供建议。

约瑟夫·M·李普利（Joseph M. Ripley）于 1927—1930 年间曾在俄亥俄州的《多佛记者》（Dover Reporter）工作，历任记者、体育新闻编辑和都市新闻编辑，并在贸易刊物出版社的《美国媒体》担任执行编辑。在此期间，李普利为杂志撰写了一篇称颂艾维·李的文章，并于 1930 年加入李的公司成为一名小股东。

福斯特·雷亚·杜勒斯（Foster Rhea Dulles）是后来出任国务卿的约翰·福斯特·杜勒斯（John Foster Dulles）的堂兄。他只是李的一名员工而非股东。他后来成为俄亥俄州立大学的教授，并撰写了许多有关美国及其外交事务的专著。杜勒斯曾是《基督教科学箴言报》（Christian Science Monitor）和《纽约先驱论坛报》的记者，还曾是《纽约晚邮报》（New York Evening Post）的主笔。

最后两位小股东是李的两个儿子。小詹姆斯·怀德曼（James Wideman II）当时 26 岁，自四年前从普林斯顿大学毕业后就一直为父亲工作。他父亲选择让他来接管自己的生意，并逐渐让他承担更多的责任。他在公司中工作了很多年，多数时间都在担任底特律分公司主管。另一个儿子小艾维·李（Ivy Lee, Jr.）当时 24 岁，一年前刚从普林斯顿大学毕业,并立即加入了公司。他后来在旧金山成立了自己的分公司。

就在李重组公司的几个月前,德国政府刚刚经历了一场巨变,阿道夫·希特勒(Adolph Hitler)上台掌权。李长期以来一直对德国颇感兴趣,如同他对俄国的兴趣一样。早在十年前李就预见到,《凡尔赛合约》(Versailles Treaty)不可能在德国和世界其他国家之间营造出善意的新氛围,这就好比在李很小的时候,有关美国南方的重建计划也没能达成目标一样。李试图推动终结赔偿战争债务,建立更紧密的贸易关系,并且平等对待德国。李所做的这一切与当年亨利·格雷迪为美国南北方建立新关系的尝试何其相似。

尽管面临着战争赔偿的艰难时势,但由于诸如古斯塔夫·施特雷泽曼(Gustav Stresemann,1923年—1929年担任德国外交部部长)等人的努力,德国在20世纪20年代逐渐形成了和解与合作的整体氛围。但是,这种氛围在经济萧条袭击欧洲后就烟消云散了。随着海因里希·布鲁宁(Heinrich Breuning)主持的最后一任民主内阁于1932年呼吁抵制耻辱的《凡尔赛合约》,德国人的爱国主义浪潮被激发了。愤怒而桀骜不驯的德国大众,愿意倾听希特勒之流的煽动家的狂热言论。他们抛弃了民主的魏玛共和国,并愿意以个人自由为赌注。

新政府上台让德国人民和工商业处于动荡之中,其中最焦虑不安者当属康采恩的法本化工联合公司,一般简称为 I.G. 法本,又被称为德国戴伊信托公司。它是德国最大的公司之一,其子公司遍布全世界。这家公司与德国政府和其他有经贸联系国家的政府保持着重要而复杂的关系。在1929—1933年这四年里,艾维·李一直为 I.G. 法本的美国分公司处理公共关系事务。美国 I.G. 法本是一家控股公司,下面还有诸如艾克发图片公司(Agfa Photo Company)等子公司,董事会成员包括福特汽车的埃兹尔·福特(Edsel Ford)、新泽西美孚石油公司的总裁沃尔特·蒂格尔(Walter Teagle)、纽约城市银行的官员,以及其他部分美国商界名流。

李为这家德国公司的美国分公司所做的一切其实微不足道。这家公司每年付给李3000美元,而李则在需要时为公司提供公共关系方面的建议。在整个20世纪20年代和30年代早期,这家公司一直致力于与美国建立更好的贸易关系。但是纳粹上台后,公司

第 十 九 章
最后的战役

高管意识到希特勒的政策导致德国与美国的贸易关系正变得越来越糟糕。

他们向美国的公关公司寻求可能的帮助。他们邀请艾维·李扩大与公司合作的范围,把德国母公司也纳入服务内容。他们将李为美国子公司服务的佣金提高到每年 4000 美元,同时每年还额外支付给李 2.5 万美元作为服务德国母公司的报酬。公司的董事们向李坦陈,他们"十分关心德美关系以及美国国内对纳粹德国的批评"。他们希望李能够提供建议,告诉他们应该"如何持续不断地行动,来提升德美关系"①。德国的新政权导致公司出现了劳工问题,当得知李曾有成功应对劳资关系的经验时,他们希望李也能在此问题上提供建议。

李一直坚称,他"在一开始就保证,自己决不在美国散布任何消息。我非常虔诚地保持这样一种状态,因为我认为这(指在美国散布消息)徒劳无益且充满争议"。李还拒绝为德国公司提供劳工问题上的建议,据他说,这是因为他认为自己缺乏对德国内部事务和德国人内心想法的了解,而这对解决劳工问题来说十分关键。李说,他与这家公司的合作关系仅限于为公司高管提供建议,告诉他们"美国公众对德国发生的事情会作出什么样的反应,同时如果可能,就告诉他们应该做什么来加以应对"②。

为了能提供这样的建议,李调拨公司的几名员工为这家新客户工作。首先,他让卡特负责研究美国报纸和杂志,了解对德国的报道情况。这些信息被摘录出来,并以备忘录的形式呈现,同时附注有关信息重要性的说明。这些备忘录都被呈递给德国公司。

他还派儿子小詹姆斯·怀德曼常驻德国,研究当地的情况和德国人的内心想法。小詹姆斯充当着联络官的角色,将李的想法以一种比较私人的方式传达给德国公司的高管们,同时也将高管们的想法反馈给父亲。小詹姆斯的另一项常规工作是收集一些能够有效帮助李理解德国公众和领袖们观点变化趋势的资料。李的儿子在欧期间,还充当比利时索威公司(Solvay Company)的联络官。另外,他通过与德国铁路公司一位高管接触,参与了一个小型公关项目。他一直对汽车抱有浓厚的兴趣,于是为铁路公司制作了一个小册子,

---

① See U.S. Congress, House, *Special Committee on Un-American Activities, Investigation of Nazi Propaganda Activities and Investigation of Certain Other Propaganda Activities*, 73d Cong., 2d Sess., v. 7, p.176.

② Ibid.

向乘客介绍如何驾车游览德国。

李自己在1933—1934年间也频繁访问德国，亲自评估情况并与公司高管们会面。李主要接触的对象是公司的执行董事马克思·伊尔格纳（Max Illgner）博士。伊尔格纳和I.G.法本公司其他高管都对李的建议表示赞赏，他们希望李能够将这些建议传达给政府官员。他们把李介绍给德国宣传部部长约瑟夫·戈培尔（Joseph Goebbels）、内阁副总理弗兰茨·冯·巴本（Franz Von Papen）、外交部部长康斯坦丁·冯·诺伊拉特男爵（Baron Konstantin von Neurath），以及经济部部长科特·施密特（Kurt Schmitt）。

李最后也被介绍给希特勒本人。据李后来透露，公司的高管希望李能够"预估一下"希特勒。李和希特勒交谈了大约半小时，询问了一些德国政策问题，并告诉希特勒，如有可能他期待对希特勒有更深的了解。李后来说，这引起了希特勒的一番长篇大论。①

① See U.S. Congress, House, *Special Committee on Un-American Activities, Investigation of Nazi Propaganda Activities and Investigation of Certain Other Propaganda Activities*, 73d Cong., 2d Sess., v. 7, p.189.

这位德国独裁者凭自己的本事成为宣传大师。颇具讽刺意味的是，正如他在《我的奋斗》中所说，他通过研究同盟国在一战中对德国使用的宣传方法和共产党人在俄国革命中使用的宣传技巧，掌握了宣传这门艺术。

李给德国人的建议与他曾经给美国铁路公司和洛克菲勒家族的建议大抵一致。他后来说："我一遍遍地告诉他们，德国想要得到美国的理解，唯一的方法就是由德国当局相关负责人发表官方声明，这样就能够以正常渠道得到宣传。德国应完全依赖这一路径。"②

② Ibid., p.178.

李依然坚信，如果一个人对公众保持彻底的坦诚和开放，那么或者他将不得不改变自己的政策，或者他的政策在一开始就能得到公众的接纳。

李认为，让外界更准确地了解德国的方法只有一个，那就是"与美国常驻德国的新闻记者建立更紧密的、更官方的联系"③。李建议德国当局的声明应该得到最广泛的宣传，他同时建议，所有重要声明都应正确标注出处，从而可以在美国得到传播——尽管李拒绝由他自己来传播这些声明。

③ Ibid.

李同时还负责为那些寻求美国支持的德国官方声明提供指导意见。他在给I.G.法本公司高管的一份备忘录中写道："我不可能提

第十九章
最后的战役

李依然坚信，如果一个人对公众保持彻底的坦诚和开放，那么或者他将不得不改变自己的政策，或者他的政策在一开始就能够得到公众的接受。

取 悦 公 众

出这样的建议,要求阿希姆·冯·里宾特洛甫①依靠一场预设的公关运动,就能让美国人在裁军问题上形成清晰的判断。"② 他建议应该就裁军问题举行一系列新闻发布会,并让里宾特洛甫通过广播就裁军问题对美国人民发表讲话。他甚至建议里宾特洛甫访问美国,当面向美国总统罗斯福阐述德国在裁军问题上的立场,同时就此问题向外交政策协会(Foreign Policy Association)和外交关系协会(Council on Foreign Relations)发表演讲。

在李提交的一份长篇备忘录中,他列出了里宾特洛甫应发表的各种声明。其中一则建议声明如下:"国家社会主义政府(National Socialist Government)一再重申,它真诚渴望世界和平……大家应该都明白,德国人民要求的不是军备,而是平等权利……这一原则已经成为德国与其他国家沟通谈判的基础。具体来说,德国希望拥有一支30万人的军队,以保卫漫长的边界。"③ 下面紧接着列出了一系列枪炮、飞机、坦克等方面的事实和数字,以证明德国的虚弱和在自卫方面能力不足。

在另一则声明中,李建议纳粹政府说"德国其实本身并不想武装自己"。它愿意摧毁所有战争武器,如果其他国家也愿意这样做的话。但是如果其他国家继续拒绝裁军,那么德国政府别无选择,只能要求平等的武装权利。"德国人民不希望看到,时至今日还会有哪个国家拒绝承认这一权利"④。

有关萨尔地区(Saar Basin)的争端是纳粹政府面临的另一项公共关系难题。李建议内阁副总理冯·巴本在萨尔问题上采取与里宾特洛甫在重新武装问题上同样的措施,通过广播发表演讲,为杂志撰写文章,面向报纸记者召开新闻发布会。

在纳粹德国的各项计划中,最让邻国不安的是希特勒的冲锋队(storm troops)。李建议德国政府发表一份坦诚的声明,告诉世人冲锋队的人数为250万。正如李在备忘录中所写,"这些冲锋队士兵年龄在18岁至60岁之间,训练良好,严守纪律,但是尚未武装,也未作好战争的准备,他们被组织起来只是为了防止德国重新陷入敌方的危险之中。鉴于目前各国对这些民兵组织存在误解,德国愿意接受诸如国际军控委员会等各种国际组织的调查,以确定德国民兵组织的性质"⑤。

尽管看起来有些自相矛盾,但是李也提出意见,

---

① 阿希姆·冯·里宾特洛甫(Joachim von Ribbentrop,1893—1946),希特勒统治时期的德国外交部部长,对促成德意日同盟起到了重要作用。——译者注

② Ibid., p.205.

③ Quoted in Anon.: "An Extraordinary Press Agent Gives Advice to the Nazis," *Business Week*, IV (July 21, 1934), p.24.

④ U.S. Congress, House, Special Committee on Un-American Activities, op. cit., p.203.

⑤ Ibid.

认为"在这个国家，任何带有纳粹宣传色彩的事情都是错误的，人人都应抛弃它"。李告诉德国人民，"我们的人民认为，任何与美国相关的事务都是瞎折腾；它不是一件好事"①。可以在广播上讲话，也可以为杂志写文章，但是它们都不应沾染纳粹宣传的气息。

其他的公共关系难题还包括：纳粹政权对犹太人的迫害、对待宗教的方式、媒体报道和言论自由的丧失。李后来说，"在一开始我就告诉他们，他们永远不可能在迫害犹太人的问题上获得美国人的谅解，对于美国人来说，迫害罪行闻所未闻，舆论永远也不可能赞同这一做法，德国为此所做的一切尝试都是徒劳。"②针对纳粹对待教会和宗教的做法以及言论和媒体自由问题，李的看法也是如此。

然而，德国的情况正变得越来越糟糕。"李的建议到底有多少被采纳了"这一问题仅具有学术讨论价值。纳粹政府有他们自己的想法和计划，并且坚持不懈地将其付诸实践。希特勒自己就是一名相当杰出的宣传大师，他知道"人民大众更容易沦为弥天大谎的受害者，而非小谎言"。尽管李不会使用如此刺眼的字词，但他也应该会同意希特勒写在《我的奋斗》中的这些话。希特勒同时还将他的另一项声明付诸实践，"生理上的恐惧对个人和群体所产生的作用正变得逐渐清晰"③。但是，李对此并不赞同。

随着他日益看清希特勒纳粹德国的暴力和非理性本质，李开始建议 I.G. 法本公司断绝与纳粹的联系，回归理性政策。当他意识到这是不可能时，李终于确认自己犯下了一个重大错误，并随即与德国彻底断绝了关系。根据官方记录，李甚至从来没有领全过自己的工资。④

在与 I.G. 法本公司的合作中，李的信念陷入了极度动摇之中。也许，这件事让他开始对自己那些曾经坚信不疑的原则产生了怀疑，他一度认为这些原则能够帮助双方最终达成相互理解，并为所有人带来和平与自由。而当环境未如理想预期时，他为德国提供的建议看起来就像是对祖国的背叛。

很多年来，李一直都在谈论如何将他的公共关系原则应用到国际问题的解决上。德国问题给了他这样一个尝试的机会。事实上，

第 十 九 章
最后的战役

① U.S. Congress, House, Special Committee on Un-American Activities, op. cit. p.178.

② Ibid.

③ Quoted in Georffrey Bruum and Henry Steel Commager: *Europe and America Since 1492*, Cambridge: The Riverside Press, 1954, p.756.

④ U. S. Congress, House, Special Committee on Un-American Activities, op. cit. *See* testimony by Dudley Pittenger, v.7.

这是一场实验，而实验以失败收场，这或许是因为并非李所有的建议都得到了遵行。而这一切罪责都落到了李的身上。

当李意识到这一切时已为时太晚，他无力从"反美行为特别委员会"这个不久前才在众议院成立的机构所设置的陷阱和魔爪中挽救自己的名誉。20世纪30年代早期，来自共产党和纳粹的宣传活动显著增加，这促成了一项特别调查。1934年，特别委员会成立，时任主席约翰·W·麦克科马克（John W. McCormack）是一名来自马萨诸塞州的众议员，副主席萨缪尔·迪克斯坦（Samuel Dickstein）是来自纽约州的众议员，后者由于积极曝光在对纳粹宣传调查中发现的反犹主义，而被称为委员会的"中坚神探"（arch bloodhound）。

截至1934年春，特别委员会的调查已经触及了艾维·李所参与的活动，并于5月19日传唤了李并汇集了相关资料，在纽约举行了秘密的行政听证会。李意识到自己处境微妙，他做了充分的准备，确保一切都绝无问题。他工作了很长时间，准备自己的辩护词。他让同事们提出所有可能的问题，从而训练自己对所有可能发生的情况都做好准备。他实战演练了自己的陈词。他很清楚自己要说什么，应该如何表达。他一生中的很多时间都在为此类来自新闻发布会和听证会上的诘难做准备，而这是其中最重要的一次。

特别委员会在纽约举行了闭门会议。在几个简单的问题之后，李开始了自己的陈词，他对特别委员会说道："我经常和德国的官员们（他们是我的朋友）讨论德国与美国的关系。很多年来，我对德国一直非常感兴趣。库诺（Cuno）首相是我要好的朋友……我的德国朋友在希特勒上台很久之前，就常常和我讨论怎样做才能让德国得到美国人更好的理解。"①

他继续陈述自己的理念，并回答有关他和I.G.法本公司关系的问题。他坚持说自己从未直接给德国或纳粹提供建议，而只是在I.G.法本公司给德国政府提建议时予以指导。他之所以试图加强美国对德国的好感，只是为了公司更好地发展业务，而非为了加强纳粹政府的影响。

特别委员会询问李，是否曾在美国的报纸和杂志中进行过为德国辩护的宣传？李回答道："没有，不管什么样的都没有。我从来没有在美国和任何美国报纸上讨论过德国。我曾经和几位记者在柏林讨论过当前局势，我毫不隐瞒地告诉他们我在德国拥有的关系，告

---

① U. S. Congress, House, Special Committee on Un-American Activities, op. cit. See testimony by Dudley Pittenger, p.178.

诉他们在柏林会面时我和官员们曾经谈过什么。1933年6月，我在德国的最后一天还曾经和纳粹的部长们以及希特勒有过接触，但随后就拜访了美国驻德大使，并向其汇报了所有情况。"①

特别委员会还质询了李的几位同事，包括曾经为 I.G. 法本公司服务过的卡特、李公司的办公室经理及会计杜德利·皮腾杰（Dudley Pittenger），以了解德国公司对李所付报酬的有关情况。特别委员会看起来十分满意他们得到的答案。他们让李离开，并继续调查其他公关活动，比如另一家公关公司——卡尔·拜奥尔联合公司（Carl Byoir & Associates），这家公司更深地卷入了德国宣传事务。李的证词至少在这时还是保密的，并未对媒体公布，也未让公众知晓。

① U. S. Congress, House, Special Committee on Un-American Activities, op.cit. *See* testimony by Dudley Pittenger, p.191.

李的性格使其一直保持紧张和高度紧绷的状态。在过去几年中，他的身体一直不好，因为他把自己压榨得太厉害了。他总是工作时间太长，他不仅承担着自己公司的事务，还肩负着他所代表的客户的使命。由于他的客户具有全球影响力，因此他开始关注国际关系，他又将全世界都扛在身上。正如一位旁观者所说，李觉得如果没有自己的建议，世界将不能顺利运转。

然而，他的坚持终会付出代价，当国会委员会找他前去接受质询时，他的身体已不再健康。这次的挑战太残酷了，因此在听证会之后不久，医生就强制李彻底休息一段时间。他回到欧洲，来到自己最喜欢的一个地方——德国巴登（Baden）浴场接受治疗。特别委员会批准李离开美国，说已经从李身上获得了足够的信息。

在李参与的最后的公共关系活动中，他最大的失误在于错把希特勒当成了另一个洛克菲勒。李并没有意识到他的理念存在一个根本的缺陷，那就是要想这些理念发挥作用，就必须保证参与者首先具有良好的意愿。1934年在德国发生的事件可能让李开始警醒，正如这件事让全世界看清希特勒的真面目一样。

关于希特勒的冲锋队所犯下罪行以及秘密警察的传闻在全世界逐渐传播开来。1934年6月30日，希特勒最残酷的一次"血腥清洗"（blood purges）大白天下，有1000人由于政治原因而遭到屠杀。其中甚至包括前纳粹成员及其同情者，他们只不过站出来说了一些反对已经失去理智的希特勒的话，就惨遭杀害。一些政府高官、少数政党政客，仅仅因为过去对希特勒有过稍许不满就被杀害。这样的新闻导致在全美和世界其他国家产生了新一波对纳粹德国的强

第十九章
最后的战役

> 在李参与的最后的公共关系活动中，他最大的失误在于错把希特勒当成了另一个洛克菲勒。李并没有意识到他的理念存在一个根本的缺陷，那就是要想这些理念发挥作用，就必须保证参与者首先具有良好的意愿。

取悦公众

烈反感。

仅仅一周半后,在公共舆论依然对纳粹屠杀事件群情激奋之时,"反美行为特别委员会"在一次公开会议中,发布了针对李的听证会的情况。对李来说,这是一个灾难性的时刻。这条消息登上了各大报纸的头条。他们一直以来都试图抓住李的把柄,现在他们抓到了确凿的证据,可以把他钉死了。《李为纳粹提供建议》,《李的公司是德国的新闻顾问》,这些都是当时头条新闻的标题。

这一事件使李的名声一落千丈,终其一生未能恢复。既往改变和把握公共舆论的经验一定清楚地告诉他自己,如今他在公众心目中的名声有多差。毕竟,大萧条正处在最糟糕的时刻。美国大地上到处可见排队等着领面包的人,他们都把艾维·李看作洛克菲勒家族、强盗资本家、大资本家的代言人,而现在李又在为纳粹暴行——恐惧之源辩护。

十分奇怪的是,李未践行自己的理论,也未采用自己的建议。在李出席听证会的消息被公布后不久,记者们就蜂拥赶到巴登,此时李表现得像老洛克菲勒那样,将自己蜷缩在壳里,拒绝对媒体发表任何评论。数周之后,他回到美国。船一靠岸,记者们就围了上来。但是,李只对欧洲的状况发表了一个简短声明,并未回答任何问题。

李的健康状况始终没有改观。10月29日,他被送到纽约城的圣·鲁克医院。一群医生,包括弗里德里克·蒂尔尼(Frederick Tilney)、E·利文斯顿·亨特(E. Livingston Hunt)、查尔斯·A·埃尔斯伯格(Charles A. Elsberg)和阿尔伯特·C·赫林(Albert C. Herring)对他进行了会诊。诊断的结果是他患了脑瘤,且不能通过手术得到治疗。诡异的是,根据医生报告,肿瘤形成于4个月以前,大约是7月份,也就是公众刚刚知晓李与纳粹德国存在联系的那段时间。

直到11月5日,星期一,李才开始在病房处理生意上的诸多事务,给秘书写信和备忘录。1934年11月9日,星期五,艾维·莱德拜特·李与世长辞。守候在病床边的是他的母亲、妻子、儿女、妹妹以及和他的生意从来没有发生太多关联的最小的弟弟刘易斯。

他曾经为众多公司准备了难以计数的媒体声明,却未给自己留下哪怕一份声明。《纽约时报》报道说:"在他治下的这一庞大机构的众多文件中,没有一份是准备好的讣告。他的同事们匆忙地拼凑了一份，在复式图印刷机上印制出来。这种印刷机在近些年已被广泛用来印制公告。"①

在李生病期间，小约翰·D·洛克菲勒通过电话和医院保持着密切联系。但是，老洛克菲勒此时已近百岁高龄，对此则缺乏关心。李在傍晚的时候去世，晚上六点之后记者们抵达老洛克菲勒家中，告诉了他李去世的消息，并请他发表评论。

洛克菲勒家族处理媒体的方式瞬间倒退了几十年，他们莽撞地告知记者，洛克菲勒在六点之后将不允许受到打扰，哪怕是在这样特殊的情况下也不例外。尽管李曾为老洛克菲勒做了很多公关工作，这件事显示洛克菲勒依然需要一个优秀的公关顾问，只是那位曾经长期为他服务的人已然与世长辞了。

第十九章
最后的战役

他曾经为众多公司准备了难以计数的媒体声明，但却未给自己留下哪怕一份声明。

① *New York Times*, November 10, 1934, p.15.

第二十章
结　语

艾维·莱德拜特·李在他的遗嘱中,把妻子科妮莉亚·巴特利特·比格洛·李(Cornelia Bartlett Bigelow Lee)指定为自己唯一的财产受益人。在李死后,科妮莉亚迅速采取措施,邀请托马斯·罗斯加盟成为公司的资深合伙人,以确保她丈夫开创的事业不致中断。在之后的很多年里,罗斯和他的同事哈考特·帕里什(Harcourt Parrish)、J. M. 李普利等一直供职于该公司。

正如他一直喜欢结交大人物那样,李一生热衷于追求奢华的生活,而这使他所赚取的财富大大缩水。扣除应偿还的债务,李死后的资产总额不足 24 万美元,其中私人财物和生意收益占了大部分。李去世时债务总额超过 10 万美元,其中大部分为酒店和俱乐部花费,另外还包括欠州和联邦政府 2.15 万美元税款。①

尽管如此,当时美国最举足轻重的商业大亨和企业高管都出席了李的葬礼,尽皆表达敬意。其中包括小约翰·D·洛克菲勒、J.P.摩根公司的合伙人亨利·P·戴维森、美国烟草公司董事长乔治·华盛顿·希尔、纽约中央铁路公司董事长弗里德里克·E·威廉姆斯、美国无线电公司董事科尼利厄斯·N·布利斯(Cornelius N. Bliss)、国际制糖公司的埃德温·W·弗里曼(Edwin W. Freeman)、亨利·古根海姆、威廉·M·查德伯恩以及其他大约 250 位李生前的朋友、客户以及那些受益于李所开创事业的人士。

葬礼在纽约麦迪逊广场的基督教长老会教堂举行,仪式简单朴素。现场没有悼词,只有乔治·A·巴特里克(Rev. Dr. George A. Buttrick)在仪式结束前发表了简短的祷告文。"感谢上帝赐予我们艾

---

① *New York Times*, November 30, 1935, p.16

维·李，为他和善的愉悦，为他朴素的信仰，为他刚毅的品质，为他促进人与人互相理解的娴熟技巧，为他对世界和平的祈盼和行动。"① 这番话很好地道出了很多和李相交的人对他的评价。

毫无疑问，李智慧超绝，他总能把握住复杂的概念，用穿透含糊与暧昧的眼光，直达问题的实质。李的同事，宾夕法尼亚铁路公司董事长 W.W. 阿特伯里（W.W. Atterbury）对李评价道，他那"聪慧的大脑"总是"毫无偏见"，"通过亲身观察与接触"，李"获得了对世间诸事及其发生原因的独一无二和无与伦比的洞察。李的意见无比珍贵。"②

与李在工作中交往甚密的同事罗斯，在日后谈起李时说："他的勇气、真诚和明澈让我们的公司在业内获得了优势地位，我们的私交对于我在公关领域的工作至关重要。"罗斯还说道："李阅读广泛，能同时关切问题的正反两面。对待同事，他总是坦率而友善，但如有必要，他也会勇于表达自己的不同意见。"③

勇气与坦率伴随李一生，并且使他不仅是一名发言人，也不仅是大企业利益的代言人。他不知畏惧为何物，哪怕面对最有权势的人，他也能勇敢地说出自己内心的真实想法。李的另一名同事悉尼·霍林斯沃斯评价道："他拥有一种罕见的才能，这使他的同事形成一种既似共鸣板、又如跳板的思维方式，从而能设计出种种极具魅力而又行之有效的活动。"霍林斯沃斯说，正是通过这样的活动，李将自己关于公共关系的一系列想法传递给了各家大企业，而"李所获的报酬，堪比那些使商业大亨们免受金融之困的杰出律师和免受生理之苦的外科医生"④。

李之所以不只是一个传声筒，是因为他对于自己所奉行的理念、所服务的机构抱以纯粹的信任。他相信民主，相信人人皆有权大声表达自己的意见，相信根据全体公众意见作出的最终决定，相信只要人民知晓一切真相就会同意资本主义经济是人类迄今为止所发展出的最文明、最进步的一种制度安排。英国一位公共关系的研究者指出："他（艾维·李）的成功在很大程度上应归于他对大企业制度的彻底赞同，而且我们毫无理由怀疑他的这份赤忱。"⑤

李去世之后，《编辑与出版人》（*Editor and Publisher*）杂志的一名编辑曾说过一番话，准确地代表了报界对李的评价。李的贡献在于他"革新了

第二十章
结　语

① *New York Times*, November 13, 1934, p.17.

感谢上帝赐予我们艾维·李，为他和善的愉悦，为他朴素的信仰，为他刚毅的品质，为他促进人与人互相理解的娴熟技巧，为他对世界和平的祈盼和行动。

② Ibid., November 11, 1934, pp. II-9.

③ Quoted in Broughton, op, cit., pp.231-232.

李智慧超绝，他总能把握住复杂的概念，用穿透含糊与暧昧的眼光，直达问题的实质。李获得了对世间诸事及其发生原因的独一无二和无与伦比的洞察。李的意见无比珍贵。

④ Hollingsworth, op. cit., p.18.

⑤ Ivy Lee: "Pioneer of Public Relations, Scope," *Magazine for Industry* (London: July, 1951), p.81.

取 悦 公 众

宣传的概念与视野",同时"使纸媒宣传获得了广泛欢迎"。他第一次"使美国贸易和工业界的权贵们相信,通过严密控制公众所了解的信息,他们能够从中广泛获益……他从未背弃过朋友,因为他并不通过与报社的老板和员工建立私人友谊来达成他的目的。通过对报纸运作规律的掌握,李使自己成为那些总是渴望获得其客户机密的报人们可亲可敬的对手"①。

① *Editor and Publisher,* November 17, 1934, pp.18, 26.

然而,即使像本特这样对李持批评态度的人也意识到,"相较公关人,大众媒体应该对当前局势负起更大的责任"。报社的老板们对于只付给记者与通讯员相同的工资自然总是很乐意的,但记者也因此就自然地退化为通讯员,只满足于从宣传册子中获取信息,而非对新闻事件进行深度调查。本特说:"记者们这种不言自明的需求,很容易被公关人所利用。对此我们不应感到惊讶。"②

勇气与坦率伴随李一生,并且使他不仅是一个发言人,也不仅是大企业利益的代言人。他不知畏惧为何物,哪怕面对最有权势的人物,他也能勇敢地说出自己内心的真实想法。

李之所以不只是一个传声筒,是因为他对于自己所奉行的理念、所服务的机构抱以纯粹的信任。他相信民主,相信人人皆有权大声表达自己的意见,相信应根据全体公众意见作出最终决定,相信只要人民知晓一切真相就会同意资本主义经济是人类迄今为止所发展出的最文明、最进步的一种制度安排。

对于那些追随李、信守奉行他的事业的人来说,李有双重的历史贡献。格伦(Glen)和丹尼(Denny)二人称得上是李之后公共关系学科的代言人,他们曾说:"李的第一个贡献在于他首先意识到商业人性化的重要性,应该将公共关系的落脚点下沉到诸如雇员、顾客和伙伴等共同体之中。"李的第二个贡献在于他坚持主张"公共关系应该得到企业高层的积极支持和亲身参与"③。

② Bent: *Ivy Lee: Minnesinger to Millionaires,* op. cit., p.372.

商业大亨们对李的建议广泛接纳,有力地促成了20世纪前半叶商业理念的革命;同时,这也在很大程度上阻遏了逐渐觉醒的大众发动革命的可能性。社会学教授爱德华·A·罗斯(Edward A. Ross)在20世纪初曾经描述过当时公众对大企业的看法,他在1907年出版的历史著作《原罪与社会》(*Sin and Society*)中指出:新型企业毫无人情味可言,这在一定程度上加剧了公众的社会抗争,这种抗争在传统意义上是受到良知和理智谴责的,而倘若这些企业能够更加重视公众的利益,那么公众根本就不会加入到抵抗活动之中。

③ Glen and Denny Grisword: *Your Public Relations*, New York: Funk and Wagnalls, 1948, p.7.

哪怕只对美国工商业界随意一瞥,观察者也会发现,如今几乎再也没有真正毫无人情味的企业了……大企业不再被视为恶魔。不管是大企业还是小企业,它们皆属人类文明之中富有人情味的创造物。

"与过去不同,"罗斯说:"现今的恶棍不再歪戴帽子,胡乱系着围巾,嘴里骂骂咧咧,喷着酒气,咬牙切齿,面孔阴沉邪恶,四处游荡,干着丑恶的勾当。"而当那些毫无人情味的新型企业出现,"当下权焰嚣张的大亨们穿着高档精致的亚麻制衣,戴着丝绸帽子,叼着雪茄，看起来仪容端正，灵魂清澈，笑容安详，似乎与他们制造的苦难毫不相干。那些终由大众承受的血泪悲苦，似乎根本就没有影响到他们的绅士风范和派头。"①

以上描述，很好地反映了世纪之交阶段公众对洛克菲勒家族及其他敛财大亨的看法。李建议这些商业大亨通过正确使用公共关系方法，使自己的企业变得更富有人情味，不再对社会作恶；并以此为基础，使大众形成对企业有利的观念。

李在1930年写道："哪怕只对美国工商业界随意一瞥，观察者也会发现，如今几乎再也没有真正毫无人情味的企业了……大企业不再被视为恶魔。不管是大企业还是小企业，它们皆属人类文明之中富有人情味的创造物。"②

李将发生在美国商界的变化，在一定程度上归功于那些由他发展的公共关系的观念和技巧。"毫无疑问，"李写道，"美国商界及商业大亨们如今的观念和态度，以及在商业运行技巧上的演进，至少应该部分归功于公共关系。"③

李参与大企业公共关系实践的历史贡献有三：

第一，他主张坦率、公开、诚实的公共关系原则和策略，而这大受媒体欢迎，亦可赢得公众的同情和理解。

第二，李认识到光有坦率的姿态是不够的，更应确保承诺的内容是有利的、良善的。资本家应付给工人体面的工资，提供良好的工作环境，用企业的利润来服务社会。如是更能反映公司坦率、公开策略背后的善意和美好价值。

第三，李成功地使日用品公司的巨头们愿意雇用专家，为维护公司与公众的关系提供建议，正如他们也会聘用专家来指导法律事务一样。由于李的倡导，公共关系领域的专家由原先的新闻代理人和宣传员摇身一变，进入了公司的高级管理岗位和决策层，并在其中发挥着将公众意见传达给公司高管，将公司高管的想法解读给公众的作用。

李的成功可以说是不可复制的。因为他生活在一个唯有彼此妥协才能解决社会纷争的时代，他生活在通过公共游说来达成妥协的各色人等中间。也许最重要的是，李准确地认识到现代美国社会是一个大众社会，而作为集体的人民享有至高的权力，统治着这个社会。在他眼里，美国人民是一个集体概念，与苏联并无二致。

第 二 十 章
结　语

① Quoted in Regier, op. cit., pp.7-8.

② Ivy Ledbetter Lee: "The Man Behind Steps Out: A Study in Public Relations," *Public Utilities Fortnightly*, February 6, 1930, p.143.

③ Ibd., p.144.

商业大亨们对李的建议的广泛接纳，有力地促成了20世纪前半叶商业理念的革命；同时，这也在很大程度上阻碍了逐渐觉醒的大众发动革命的可能性。

李的成功可以说是不可复制的。因为他生活在一个唯有彼此妥协才能解决社会纷争的时代，他生活在通过公共游说来达成妥协的各色人等中间。

李从最根本的意义上说是时代之子。除了在少数范畴，李是时代精神的代言人，而非时代精神的开创者。他的伟大之处在于敏锐洞察时代大势，并通过提出重要想法来反抗或善用这些趋势。尽管他是一个精明的经济学家，却还称不上是一位伟大的原创性的思想家或哲学家。他总是能够将自己的想法广泛传播，并加以极致利用。

在工作中，李是一名地道的美国人，几乎就是美国社会的象征。他全力践行着美国人的信念，即人人皆可影响他者，关键在于能否成功推销自己的想法，而这将决定思想的价值。或许，既有讽刺意味又有象征意义的是，正是一个不那么"美国化"的政府竭力地曝光李的行为，伤害了李的名誉。

尽管李不断地提及自己对人性本善的信念，但他并不像18和19世纪的人们那样具有卢梭式的浪漫情怀。他的全部哲学，皆筑基于对人性的理解，根植于对舆论在民主社会中绝对正确与至高权威的信念。事实上，李是一名20世纪的现实主义者。他认识到公众并不理性，他们自己不能做出可靠的判断。公众是很容易被引导和误导的。因而，关键取决于公众的领袖们能否运用技巧，巧妙地操纵舆论，从而保全自由，防止其毁于公众之手。李是一名汉密尔顿式的民族主义者，而非杰斐逊式的联邦党人。

或许李的最大贡献就在于，他提出揭示真相不仅是最民主的做法，而且能够最有效地引导公众，同时李还使得这一理念被广为接受。李认识到，面对大众，事实比谎言的效力要强大得多。在一个开放的社会中，尤其是声音多元的情况下，事实永远是最重要的。

对李最严苛的批评，大概是指责他曾尝试将法律实践中的尊严和限制引入到自己的工作——公共关系中来。一名律师必须说服由精心挑选出的公民所组成的评审团，受经过专业训练、掌握法律精要的法官的监督，而且整个法庭都被置于法规和判例的框架之内。但是，当公共关系顾问在舆论法庭上进行辩护时，既缺乏有代表性的公众"陪审团"，也没有受过训练的法官，更缺少法规和判例的守护。

在庄严的舆论法庭上，李并不像毫无偏私的法官那样，只是向被告和陪审团解释法律法规。他是被告的一名辩护律师，站在一个没有法官、没有判例，而且在很多情况下也没有反对律师的法庭之上。他总是能为自己的代理人做出成功的辩护，动用一切能想出来的办法，改变陪审团的看法，让他们最终得出被告无罪的结论。他取悦公众，他实际上是公众的取悦者。

　　本书并非是对李个人的控诉书，而是针对整个社会系统。即使李没有对这个系统做出贡献，也会有别人来做同样的事情。在一个社会中，只要相信人民的力量，相信人民掌握着统治权，且舆论是需要首先面对的至高力量，那么上述这些变化就是内生的和必然的。李对人民登基为王的社会形态做出了准确的评估，对其加以巧妙利用，曾为自己赢得荣誉，并为他所开创的社会问题解决方案取得了永久的地位。

第二十章 结 语

> 在一个社会中，只要相信人民的力量，相信人民掌握着统治权，且舆论是需要首先面对的至高力量，那么上述这些变化就是内生的和必然的。

附录

资料来源

有关艾维·李的传记资料至今依然难以获取。他的私人文件尚未公开,商业文件由他生前创立的公司保管。该公司现在还叫艾维·李与 T. J. 罗斯公司,位于纽约克莱斯勒大楼。李当年的合伙人罗斯依然活跃在公司中,并小心地保管着这些文档。

李一直认为,公关顾问就像律师和医生一样,应该对他们和客户的关系保密,李自己确实非常职业地保守着这些秘密。同时,当我向包括宾夕法尼亚铁路公司、洛克菲勒家族或伯利恒钢铁公司在内的这些李当年的客户提出资料请求时,得到的回复仅仅是让我咨询他们的公关顾问——艾维·李与 T. J. 罗斯公司。

因此,除非另有说明,本书所涉及的传记资料都出自以下几处:(1).对李的公司成员的访谈;(2).普林斯顿大学校友办公室的资料;(3).李在世时有关李的杂志和报纸文章;(4).普林斯顿的学生阿诺德·M·伯林(Arnold M. Berlin)的学士学位论文,该学生和李的家人打过交道。

李所有关于宣传、公关和商业的理论都直接来自于他自己的文章和演讲。有关李的资料目录最好的一本参考书是斯科特·卡特里普(Scott Cutlip)的《公共关系参考文献》(*A Public Bibliography*),但也远不完整。据我所知,本书有关李的参考书目应该是目前最全面的了。

艾维·李作为宣传与公关顾问所从事的工作情况,大多都收集在他公司的文件中,别处并不多见。但是,普林斯顿大学图书馆保留了一些有关艾维·李的重要资料。其中包括四个剪贴簿的有关他在 1904 年帮助民主党总统竞选以及一战中帮助红十字会进行宣传的资料。普林斯顿大学图书馆还藏有一些李撰写的特殊文献，被统称为"出版物杂项"（Miscellaneous Publications），其中包括超过一打的演讲稿和小册子，许多是孤本。

拉福莱特参议员无意间的一个举动为有关艾维·李的研究带来了帮助。他曾经在国会档案中重印了一份有关李参与1913—1914年铁路提价运动的完整材料。沃尔什参议员在调查科罗拉多大罢工的过程中，审查了李的信件与文件，因此也起到了和拉福莱特类似的作用。这两处提供了有关李职业生涯中最重要事件的基本资料，铁路提价运动和科罗拉多大罢工这两件事都极大地促进了公共关系的发展。

其他调查委员会也提供了一些材料，其中包括纽约州运输委员会在1926年和1927年举行的地铁票价上涨听证会的资料，众议院非美国运动委员会在1933年和1934年发起的针对纳粹宣传活动的调查资料，以及1935年参议院公共设施调查委员会的资料。

其他一些李编写的宣传和公关资料则分散在全国范围的几个图书馆中。唯一的新闻简报文件夹依然保存在李的公司的办公室中，并对外开放。这个新闻简报文件夹有着不同的名字，包括"笔记与简报"、"公共关系"和"信息"。

李积极活跃、发挥影响的这段时期里更广泛的背景资料，尤其是政治、社会和经济方面的历史，我主要参考了哈罗德·安德伍德·福克纳（Harold Underwood Faulkner）的《美国政治与社会史》，以及哈维·维西（Harvey Wish）的《当代美国社会与思潮》。有关李的工作以及广义上公共关系的作用，其思想史基础请参阅亨利·斯蒂尔·康马杰（Henry Steele Commager）的《美国心灵》（*The American Mind*）、默尔·科蒂（Merle Curti）的《美国思想发展史》（*The Growth of American Thought*）、拉法尔·加布里埃尔（Ralph Gabriel）的《美国民主思想的进程》（*The Course of American Democratic Thought*）以及斯托·博森斯（Stowe Persons）的《美国心灵》（*American Minds*）。

有关艾维·李早年生活的南方的历史及情况，详细的背景请参见C·凡·伍德沃德（C. Vann Woodward）的两本极其有用的书：《重新统一及其反应》（*Reunion and Reaction*）和《汤姆·沃特森：农业反叛》（*Tom Watson: Agrarian Rebel*），后者以传记的方式描绘了少年李生活环境的格调及氛围。雷蒙·B·尼克松（Raymond B. Nixon）的传记《亨利·W·克雷格》（*Henry W. Grady*）以及李自己的有关乔尔·钱德勒·哈里斯的著作《雷默斯大叔的回忆》（*Memories of Uncle Remus*）也极其有用。

在其他一些方面，还有几本书非常有帮助。举例来说，为了解李在铁路发展史中的作用，我曾经参考过几本通史，如约翰·斯得福（John Stover）的《美国铁路》，以及几部专门史，如 H.W. 肖特（H.W. Schotter）的《宾夕法尼亚铁路公司的发展与壮大：1846—1926》。为了解新闻业的特殊问题，我参考了弗兰克·卢瑟·莫特撰写的通史《美国新闻业》，以及 C.C. 里基尔（C.C. Regier）的专门史《"扒粪"时代》。对于李曾发挥关键作用的所有领域，我都以同样的方式来增进自己的了解。

附件一①

公共关系与宣传

一、公共关系包含一切表达观念的手段

我想与大家分享我所理解的公共关系（publicity）②和宣传（propaganda）③。首先，和许多人不同，我认为公共关系并非新闻代理人。我有时会听到广告代理人跟我这样说："李先生，我们会负责为这件事情做广告，请您负责处理公共关系。"

我总是在想，他们到底说的是什么意思呢？因为在我看来，公共关系包含对某个观念或事件的完整表达，广告则只是其中的一部分。

公共关系当然包含广告，它还囊括了广播、电影、杂志文章、演讲、书籍、公众集会、铜管乐队和公众游行等一切可能的表达形态。表达某一观念或描述某一机构发展进程所涉及的一切内容和手段（包括所表达的政策和观念本身）都包括在公共关系之中。

很久之前，我就得出这样一个结论：对于一个机构来说，最重要的不在于它如何描述自己或是别人如何描述它，而在于它到底做了什么。

E.W. 温特（E.W. Winter）是我见过的最优秀的公关人之一。温特先生多年来一直担任布鲁克林捷运公司（Brooklyn Rapid Transit Company）总裁。当初他刚接手公司事务时，这家公司声名狼藉。它的各项政策饱受乘客诟病。温特先生没有与人会谈，没有打任何广告，也没有发表任何演讲。他所做的仅仅是真抓实干，调整公司的政策，以更关切公众的感受。一直以来，我都认为温特先生的作为乃是真正的公共关系。

---

① 三篇附件皆是艾维·李的演讲，《取悦公众》一书无此附件，系译者添加。——译者注

② 艾维·李此处使用的公共关系一词是 publicity，在 1925 年之前，他本人主要使用 publicity，偶尔使用 public relations 指代公共关系。——译者注

③ 艾维·李在美国新闻专业教师联合会（American Association of Teachers of Journalism）的演讲，芝加哥，1924 年 12 月 30 日。同一演讲也在纽约广告俱乐部发表，1925 年 1 月 20 日。——译者注

二、只有公众想阅读的内容才会被报纸作为新闻发表

多年之前，当我刚刚进入你们所说的公共关系行业时，一些公司的管理者持有这样的想法，认为他们能够炮制一项政策，然后把这项政策丢给我，由我来把它刊登在报纸上。或者是对某个事态发表一项声明，然后让我把这项声明在报纸上发表出来。

没有什么比这样一个想法更可笑了：竟然有人能够让报纸随他所愿，发表他想发表的内容。常常有人来找我说："我们之所以来找你，就是因为有人说你有本事把消息登上报纸的头版。"我一般会这样回答他们："我对此无能为力。如果你想在报纸头版刊载某则消息，你就得让你的声明中包含足够的新闻点，使之配得上头版新闻的要求。"

我的确认识很多报纸的编辑和记者，但是我从没有要求他们在报纸上发表过任何内容。因为这种要求首先对于双方来说都是一桩糟糕的交易、一个不明智的做法；我深知如果让报纸刊载一则若非我请求就不会刊登的新闻，那么人们也就因其缺少新闻价值而根本不会去阅读。

报纸编辑之所以发表某些特定的消息，是因为他们基于长期的经验，能够辨别出某些消息真正具有新闻价值，能够吸引公众的阅读兴趣。

编辑在评估某篇文章的新闻价值时，判断的标准就在于它有多大可能性吸引到大量读者。

既然这些训练有素的编辑觉得某篇文章不会吸引读者，那么让他们发表出来又有什么意义呢？

三、如果不会有人阅读，那么将其发表也无济于事

所以当有人告诉你能在报纸上发表自己想发表的内容，或是他们向我这样的从业者要求发表某些消息时，你应该回答说，这种尝试无济于事。即使尝试成功了，也根本不会达到你想要的效果。

有一天一位来自纽约某家机构的代表找到我，说他们将要参与一项有关公共设施的所有权问题的讨论。他们预计将有一位知名的

激进派人士会支持公有,而对立面则是私有派。后者的代表人物是两位极端保守的绅士,根本不可能发表出任何引人入胜从而能见报的言论。来找我的人告诉我,他的朋友们都在讨论当辩论真正发生时,支持公有的那帮人会不会抢占了全部的公共关系机会,而对手阵营能否得到较为公平的报道。

为了解答上述疑惑,他被朋友们选作代表来向我咨询,保守派能否在报纸上捞到曝光的机会。我是这样回答的:"我只给你一个建议,而且即使我从现在开始仔细研究你的案例并一直思考到辩论之时,我想我的建议也不会改变。我的建议就是雇用一名随堂速记员记录下整个辩论的内容,就像大型政治会议中所进行的那样。然后把这份辩论记录交给报纸,作为事件的一份真实记录。如果这样都不能让保守派得到公关机会的话,那只可能是因为保守派没有说出任何值得发表的内容。"

大多数公共关系的问题都可以用这样简单的方法来解决问题。

四、人们花钱是为了买新闻,广告是花钱买关注

你们是否曾经试着给新闻下个定义?另外,是否曾试着给广告下个定义?

我二者都试过,并想和你们分享我努力思考的成果。

新闻就是大众觉得有趣的事件。它不一定意味着当天发生的事情,它甚至可能发生在 1000 年以前,但是如果今天阅读它的人感到有趣,那它就是新闻。它可以是鲁德亚德·吉卜林(Rudyard Kipling)的一首诗,也可以是让人兴奋的某部畅销小说中的最新一章。如果人们在今天兴致勃勃地阅读它,既非昨天也非明天,那它就是新闻。

那么新闻和广告的差别是什么呢?新闻是人们愿意花钱来主动关注的事物;而广告则是客户自己花钱来吸引人们关注。

五、为什么棒球是新闻,而汽车则不是呢?

让我来解释一下这个问题。

在这个国家没有什么比职业棒球更商业化了。棒球像汽车制造商或商店一样商业化,但是报纸给前者比后者多得多的报道版面。

尽管报纸试图抵制棒球新闻并迫使棒球俱乐部老板们花钱为棒球做广告，但是每一个报纸发行人都知道，如果他的报纸不每天报道棒球新闻，而他的竞争对手这样做了的话，他的报纸将会销量大跌。因此，他只好报道棒球新闻，尽管没有什么能比职业棒球赚取更多的免费公共关系了。

这是一个典型的例子，证明商业消息对于报纸发行人来说也可能具有价值。职业棒球新闻属于商业消息，而人们愿意付钱来让报纸刊登这样的消息。

遵循同样的道理，凯迪拉克汽车公司如果想在公众面前呈现有关公司发展状况的消息，那么公司就得付钱购买版面，因为报纸发行人知道，即使他拒绝刊登凯迪拉克公司的消息而竞争对手这样做了的话，他的报纸的发行量也不会有任何损失。因此，凯迪拉克公司会意识到，如果想让公众知道某则消息，就必须花钱来吸引公众的注意力。

这就是新闻和广告的差别。

六、在"免费宣传"中既没有美德也没有恶行

① 一旦提供给媒体的消息具有新闻价值，媒体将自愿报道，它便成为免费宣传。——译者注

那种认为在"免费宣传"①中存在恶行或美德的说法，在我看来纯属无稽之谈。在很多年里，我都目睹了试图取消新闻代理或者禁止散发免费宣传资料的运动，其中一些运动也许在座各位很熟悉。出版业的一些行业领导者如《编辑与出版人》（*Editor and Publisher*）以及《油墨》（*Printer's Ink*）持续地开展一项宣传（propaganda）——他们肯定不愿意将其称之为宣传——试图消灭将他们所谓的新闻代理人（press agent）和宣传员（publicity man）。在他们看来，新闻代理人和宣传员并无区别。

我从事这一行业已经快20年了。上面提及的这些人自始至终都在试图铲除新闻代理和宣传，但是我的生意却在不断发展。

与历史上任何时刻相比，今天，所谓的新闻代理人和"宣传员"在数量上都要更多。与历史上任何时刻相比，今天面向大众的"免费宣传"在规模上也要更多。如果不是因为它对某些人有价值的话，怎么会有人提供并印刷这些宣传资料呢？

有人说在"免费宣传"（顺便说一句，这是一个愚蠢的命名）中存在美德或邪恶，这显然是极其荒谬的说法。

七、报纸编辑们占据着优势地位

有时候我收到乡下小报的编辑们寄来的信件说,"把我的名字从你的寄信名单里划去吧,我们不想再收到你们任何的资料。"不过这样的信件通常都来自那些微不足道的出版商。看到这样的信件,我通常也是一笑了之。

但是,当我看到《编辑与出版人》这样的出版商也认为报纸应该对别人寄来的那些并非自己主动寻求的材料置之不理时,我觉得如果哪个编辑竟然会接受这样的建议,那他无疑是个傻瓜了。

如果我是一名编辑,我会敞开怀抱欢迎所有给我提供信息的人;我会做出自己的判断,决定哪些是新闻,哪些可能对我的读者具有价值。我会以自己的创新精神和工巧心思来判断这些消息的真假;我可以如自己所愿处理这些提供给我的信息;如果一开始就拒绝别人向自己提供信息的话,这真是愚蠢至极。

拒绝别人给自己提供信息,就好比我的妻子走进了梅西百货商店,却抗议商店在她从一个部门走到另一个部门的路上,把所有货架都摆放了太多吸引人的商品——这两种做法同样愚蠢。她对自己的钱包本有绝对的控制,她本不用购买任何的商品。

在我看来,那些反对给他们提供"免费公关"的人们的思维和我那抗议梅西百货公司摆放了太多诱人的商品的妻子如出一辙。

八、宣传 VS 全部事实

许多人都反对他们称之为宣传的东西。上周我就在报纸上读到了美国总统的一篇演讲。在这场上周六发表于华盛顿报纸编辑联合会上的演讲中,柯立芝总统说道:

"宣传试图隐瞒一部分事实,或歪曲事件之间的关系,或者得出一些与基于完整、真实考察相悖的结论。"

他继续说:

"我们不能得到真正的教育和足够的真实信息;但是我们受到的宣传可不少。"

那么,总统先生,为什么您不说说,在人类历史上可曾有过能够向人们完整呈现全部事实的情况呢?

我在这里发表的不是政治演说,而仅仅是对某种思维的分析,我之所以举柯立芝的演讲为例，是因为他无疑代表了很多人在此问题上普遍缺乏思考的想法。去年，柯立芝政府发动了这个国家有史以来最激进的一场煽动运动，针对的是一篇被称作"梅隆计划"（Mellon Plan）的文章。①

难道柯立芝先生能够在这会儿坚称梅隆先生向全国呈现了"一个完整、真实、包含所有真相的调查吗"？为什么梅隆先生在参议员里被指斥为"扒手"，因为他没有像参议员所预想的那样呈现事实？甚至那位来自密歇根的共和党参议员也从一个完全不同的角度来看待梅隆先生，并强迫梅隆先生收回并修改部分数据。

我对于"梅隆计划"深表同情，并认为梅隆先生发动的这项运动作用明显，但是它仍然是宣传，它当然没有呈现"一个完整的、真实的、包含所有真相的调查"。

---

① 梅隆计划：安德鲁·梅隆在1921—1932年连任哈定、柯立芝和胡佛三届政府的财长，他在位期间推动低税收政策、保护企业利益、刺激经济发展，被称之为"梅隆计划"。——译者注

九、呈现"全部事实"从人性上看是不可能的

呈现有关某一事件的"完整、真实、包含所有真相的调查"，从人性上来说是不可能的。

《纽约世界》（*New York World*）的著名编辑沃尔特·李普曼（Walter Lippman）在最近讨论该话题时说道："这个世界有数以万计的政府雇员，有众多的政府部门、官僚机构和委员会，多得你根本数不清，更不要提美国的48个州、3000个乡镇、难以计数的城镇、至少50个驻外使馆区，以及每天每时都在上演的政府行动。假设每一个事件都在每一天的报纸上呈现，这也许会是你所期待的理想报纸，但它会像电话簿那样厚、那样'迷人'。想象一下你面对这样的报纸的场景吧。你还会每天花上30分钟或者一个小时来读报和填字谜吗？"

"不可能呈现所有的公共事务。这么一条简单、明显但却遭人忽视的事实蕴涵着公共舆论的一个重要问题。因为不可能呈现全部真相，就必须有人来挑选一些事件以提醒公民注意。对于这项首先是挑选然后是强调的工作，并没有确定的认识标准……"

从理论上看，公众应该关注那些与其利益和福祉关系最为密切的事件。但是这些事情也许并不那么吸引人。公众觉得有趣的事情并不总是甚至通常不与他们真正的利益相符应。不幸的是，对于

民主政体来说，与公共利益有关的事情对于公众来说并不总是非常有趣。

此外，什么才是事实呢？你曾经问过自己吗？

如果我和你走出这间屋子，在麦迪逊大道上走一圈，然后回来分别告诉听众我们见到了什么，我敢打赌说我们中的任意两个人都不能就我们观察的结果达成共识。

我曾经读过一篇文章，有人说只有那些可以通过数学方程式呈现的东西才堪称真相，因为那很抽象，人皆认可相通的术语。但是，如果我对你们陈述一个我所认为的绝对事实，在这个房间的每个人都会对我的话产生不同的理解，因为我所使用的每个单词对每个人来说虽相通却有着不同的含义。

试图呈现绝对事实乃是人性无力企及的尝试，我所能做的是给予你们有关事实的解释。

如果你们今晚觉得我对事实的解释是正确和真诚的，如果我的解释看起来包含了准确的观察和可靠的推理，然后我明天再对你们讲述一次，你们将会对我给予足够的重视，你们也将更相信我的话。日复一日，天天如此，你们会越来越相信我说的话。但是，如果你们明天再反思我说过的话时，意识到我今晚对事实的解释并不真切，它与你所确信的其他事实相冲突；如果在这种情况下你第二天再听到我说的话，你就会对我的话打点折扣，因为你认为我今晚的话没有经得起考验。

十、提供信息来源能够治愈宣传之恶

上述就是宣传的整个过程。宣传是一个糟糕的字眼；我希望能够提供一个替代性的术语，但毕竟它意味着在宣传观点上所做的努力，并且我也不知道有任何其他衍生性的字眼可以代替它。对于任何能包含在宣传中的事情，任何提供给公众的信息，公众都有权利要求知晓信息的来源，要求明示谁在传播这些信息，以及谁应该为这些信息负责。

宣传的真正罪恶在于未能公布信息的来源，在于散布信息之人不愿意为此担责。因为，向公众说谎是无效的，并且会很快地反过来给自己造成困境，这就好比开出一张空头支票一样。如果你今天开出一张假支票，明天它就会被拿到票据交易所去核验，并被扔出银行之外。除非你秉持诚信原则，真正在银行里存有现金，否则不出 48 个小时你就会被逮捕。

如果你向公众散布一个虚假声明，它会很快就被指出来，因为有 100 万双眼睛正盯着每一个可能出现的造假情况。如果某人向公众撒了谎，群众的眼睛是雪亮的，他很快就会被识破。为了保护自己免受信息的误导和伤害，我会要求了解是谁在讲述这些事情。如果一个人告诉了我某一个真相，并且一直在持续不断地告诉我真相，我就会随着时间的推移越来越信任他，正像你在生活中处理所有关系时那样。但是如果一个人或某家机构试图欺骗我和公众，我们会很快就会看破这一点。

在我看来，所有关于公共关系，或曰"免费宣传"的讨论，以及所有宣传带来的罪恶与威胁，都可以用最简单的方式得到解答，仅需要对编辑们说：

"当信息被送到你的桌上时，运用你的判断力。"同时对公众说："运用你们的权利，要求知道任何所谓包含事实的信息来源。"

我认为，如果你们善用这些规则的话，你们将会发现所有关于公共关系和宣传的罪恶都能够被克服。

附件二

对公共关系基本问题的解答

Q：我想问一下你是怎样看待正当宣传和不正当宣传的？如果宣传有明确的信源，它就是正当的吗？

A：那是肯定的。假设你去发表一个自己署名的支持俄国红军事业的声明，我会坚决反对你，但是我想说这是完全正当的宣传。因为作为一个美国公民，你有表达任何自己想说的事情的权利。唯一要明确的是，信源意味着什么？我认为如果公众能知晓信源，那么你在公众自我保护方面就做得足够了。在明示信源的情况下，如果你去散布谎言，很快就会失去信任。

Q：您能再详细阐述一下您刚才提到的企业在公关工作方面所提供的机会吗？

A：我认为机会几乎是无限的。这个国家的每个企业、每个机构都应该有一个——为了更好听一点我们叫它——公关人。而如果他是一个活得真实的人，他就不会甘心只做一个新闻代理人。在事业发展的过程中，他会发现这个职位不仅仅是发布官样文章，如果自己局限于将已经确定的政策"发出去"，那么公关工作是无法完成的。如果一个有自尊的人发现做传声筒就是自己的全部任务，他很快会辞职的。如果他有个性、头脑和判断力，就应该立即让公司领导知道，问题的关键在于公司政策的制定和执行，而不仅是向公众发布信息。

Q：我觉得你对正当和不正当宣传的定义完全正确。合法、授权的宣传是正当的，问题在于不正当的宣传。

A：正当宣传和不正当宣传的存在就跟正当和不正当的法律程序、正当和不正当的生活方式的存在一样是不可避免的。在我看来，全部问题都可以简单地归结为诚实问题。如果你可以用自己的名誉为所说之事担保,我就能评判你诚实与否。你可能发表一些不正确的东西,但是你要确保自己是诚实的。我们一位杰出的同胞,可敬的伯燕,发表了很多我不太认可的东西,而他本人对之坚信不疑。我也绝对相信他是诚实的,他所做的就是正当宣传。

我认为公众的头脑受其接触的信息的影响如此之深,他们因此有权利知晓这些信息的来源。

Q:是不是很多对宣传的批评都来自这一点,即组织机构致力于把与公众利益无关的,而且应该付费的广告当作新闻发布出去?有两种宣传:公关人去收集那些很难被记者有效收集到的,这对媒体和公众有益的信息;但是在我看来很多批评都是针对另外一种宣传,即那些应该被处理成广告而非新闻的宣传。

A:我觉得你说得很对。但编辑对此应该有完整的答案。他完全可以把这些材料扔进垃圾桶。为什么要为梅西百货在你四周陈列很多商品而忧心忡忡呢?你没必要全部买下来。当然,很多人认为公关人比一些报人聪明得多,以至于不太聪明的报人不知道如何应对。公关人所提供的材料是如此之好,他不舍得丢弃,但他又觉得这应该被当作广告发表,所以他很苦恼。这是个严肃的问题,但是我看这跟我妻子所遇到的问题没什么不同。她去一个充斥着漂亮商品的商场时很想买一些东西,如果商场没有把它们摆放得那么吸引人,她也许不会这么强烈想买。但你总不能通过拆除商场来解决这个问题吧?如果还没想好要买什么东西,我妻子就必须学会辨别。面对那些不请自来的宣传材料,报纸编辑也要学会这样。他们必须聪明地应对局势。

Q:你怎么定义正当宣传呢?

A:我认为正当宣传理应诚实。

Q:当前的危险在于片面的公关人正在取代那些应该公正的记者。

A:如果新闻的生产正在变得一边倒,而且还将继续如此,那么我承认这是个很危险的状况。

Q:你谈到过公关人要跟报纸建立特定关系,以便当报纸或多或少确信他所做的宣传是诚实的时候,就会听从于他。现在,我能理解一个诚实的公关人不会因为任何理由而做出错误的,或者跟公众利益相抵触的报道。但是还以宾州铁路公司为例,譬如他们要宣布一项重要政策的新变化,并让你去发布,你对此有所怀疑,你会在发表之前在多大程度上去说服自己，或者你根本就不会去说服自己？我认为如果一个公关人要保持公信力，他就不应该在不确定的情况下发布任何东西，即使是为一个大公司发布。

A：当然，我不会让任何公司发布我认为绝对是蓄意的谎言。我可能会以他们的名字发布一个我不同意的政策和意见声明，而不是以我自己的名字。他们会对它负责。如果我已尽力为一家公司提出建议，那剩下的决定就是公司自己的责任了。跟律师一样，一个公关人的品格很快就会成为他的砝码。人人都得按自己的良心行事，得知道品行低劣的人会很快被唾弃，而品行高洁的人则会赢得众人的信任。

Q：如果一个公关人向报纸发出一份他认为有利于自己的客户却不利于读者的东西，这道德吗？

A：我对这个问题的唯一答案是，公关人也是人，他做了亏心事也没法自我解脱。你受雇于一家公司，公司领导认为某项政策是明智的，或者按你所说符合他们的利益，但是你认为那项政策不符合公众利益。我想这是你要问的，即你有权为那项政策的推广做公关吗？当然没有，不能用你自己的名义来发布。但是机构有权以自己的名义发布。我可能会对某些情况有自己的观点，并会向我的客户强调这些见解。我的客户完全可能会有不同的意见——而他可能是对的。

Q：如果不服务于读者，就不是正当宣传了吗？

A：我坚决认为任何诚实的宣传都是正当宣传。譬如，回到我之前提到的那位政治家伯燕，他向读者表达了很多我觉得不公正的内容，但是他很真诚。没有什么比光明更让错误害怕的了，而作为公众的一员，我特别想看到一个犯了错的公司在公众面前为自己作出解释。宣传和公关是对错误最可靠的纠正之法。犯错的人在大多数情况下不会希望有任何公开宣传。如果你发现有个人真的想作公关，那么他很可能认为自己是正确的。

Q：我能理解你说的正当宣传是应该服务于读者利益的吗？

A：不是的。我说的正当宣传是所有那些诚实的宣传。

Q：公关人给编辑灌输——这个词就是通常所说的意思——东西，然后通过编辑来影响他的读者，这道德吗？

A：如果你所说的是不诚实的"灌输"，我得说是不道德的。

Q：您认为如果读者知道了信源，他就能被很好地保护了吗？

A：即使是最聪明的人，如果他总是说谎话和半真半假的话，或者采取了一种反社会的姿态，很快也会被公众发现。难道对错误立场的公开传播不正是最有效的纠错之法吗？我从事公关行业已经20年了，在这段时间里，我还从来没有见过公开声明里哪怕最微小的错误在第二天不被人发现的，即使是那些以最大诚意发布的声明也是如此。向媒体提供一个不正确的声明就像是开一张空头支票，它第二天就会被银行清算并退回。如果你在公开声明中说了谎，它一出现就会被质疑。

即使声明里最无意的错误也会立即被指认出来。而我的经验是，你通常会先在自己公司内部得到更正。公司领导对公司所发声明中的错误十分敏感，这一点很明显。再以宾州铁路公司为例，如果它发表了一个声明，铁路上的每个人都会在第二天早晨的报纸上阅读并思考，而如果声明中哪怕只有最细微的事实、数据或意见错误，你就会马上知道。公开更正错误的最主要的呼声正来自于公司内部。①

① 这些内容是在为纽约广告协会演讲的时候被提问和回答到的。——译者注

Q：我不太理解公关人的职责是什么。除了必须准备发布稿和对编辑记者友好之外，他还有什么其他职责吗？

A：单就沟通而言，我得说我被一些人叫作新闻代理人，我已经干这行近20年了，但去纽约的报社的次数不超过4次。个人关系一点用都没有。如果材料有价值，它就会靠自己的内在价值得到发表。

最优秀的公关人会给客户提出建议，建议他采取哪种策略，而采取这种策略之后就会创造有利的公共关系。

当政策被制定好，行动计划也被决定了以后，公关人的职责就是清晰明了地去描述事实，以让报纸和公众可以从发声者的角度，完整地理解它们的意义。

Q：报纸对公众的真正责任是提供正在发生的事情，而不仅仅是那些公众想读的事情，难道不是吗？

A：有人描述过英国报纸和美国报纸的区别：英国报纸发表重要的东西，而美国报纸发表有趣的东西。

报纸是要卖掉的。报纸必须发表那些足以最大量地卖给自己所欲到达群体的内容，我觉得只要报纸还是个商业机构，恐怕就会一直这样。②

② 本篇内容是艾维·李在为美国新闻学教师协会演讲时的回答。——译者注

附件三

应用于公共服务企业的公关

公共关系并不像许多人认为的那样，是一把让你躲避舆论风雨的保护伞。它应该被看作包裹伤痛之处的绷带，使你能妥善处理存在着的真正麻烦。如果你想要解决麻烦的话，公共关系更应该被当作一剂消毒药水，它能够清理困境的真正病根儿，并将病根儿展现在医生——公众——的眼前。

让我们再换一个比喻吧。公共关系不应被认为是张外表光鲜的斗篷，用来遮掩里面畸形而病变的躯体。它应该被视为社会的 X 光，让躯体里的骨头、组织，以至心脏统统暴露在我们眼前。

没有人能够为了一己私利而试图去运用公共关系，除非他已经做好了承担一切后果的准备。没有公司能够一边对着股票持有者大唱公司繁荣的赞歌，一边对着税收评估师和职员哭穷。

一、每个公司都应首先对自己诚实

公共关系是一把双刃剑。一个人除非已经做好坦诚交待一切的准备，否则最好不要试图"耍弄"公共关系。如果他只希望在对己有利时使用公关，在不需要时就一头躲进帘幕里的话，我对他就只有一个忠告：别碰公关。

在采用一项公关策略的时候，任何公司都应该信心十足，确认听纳之策正是眼下最合理的选择。如是，这个公司应该确信自己正在全力行动，即便身处困境之中。

世事之不如意十有八九。前方总有无限的上升空间等着你迈进，但你自己必须确保已经创造了最好的条件。如果目前并非最佳状况，那你无论如何也应该确保自己正在尽一切努力去让状况变得更好。

二、与公众打交道的基本原理

要实现以上策略，接下来你得坚定地认可以下这些基本原理。

首要的原理：人民是智慧的，他们不会接受被强行灌输的东西。

我们必须坚定地相信以下事实：美国人民是公正的——只要他们了解事实。

有时候，形成貌似公正的结论是一个很慢的过程。而从长久看，我相信真理存在于美国人民的心中。只要我们是理性的并且已经尽力做到最好，我们便可确信，如果一件事对于我们来说是合理的，那么对于全美国人民来说也是如此。

但正如美国总统近日所言，打动人们的是感性而非理性。在策划一个公共关系策略的时候，我们不能指望光讲道理就能说清楚情况，单靠数据和数学公式就能让人们得出我们期待的结论。人们只对自己的事情感兴趣，他们对你的事情并不上心，因此也不会去分析数据。

三、公共关系策略的根本目标

公共关系的根本目标是让人们相信公司管理层的真挚和诚实，而公司管理层的目标也正是赢得人们的信任。这个根本目标是一切公关策略的基石。

如果公司管理者享有社会中人们的全然信任之情，那么这个公司一半的麻烦已经不复存在了。

公司管理层拥有人们的信任，对人们说实话，人们也会对他讲的话报以对等的信任。因而从长远看，人们采取的行动正是他们所认同的理性行为。这是因为人们信任他们，同时也认可这样的事实：他们脑海中认为是理性的东西，在事实上也的确是理性的。因此我还要再强调一遍，任何公关策略中最重要的因素，乃是公司管理层自身能够赢得人们内在的信任。

四、和谐公共关系的首要条件

从根本上说，公共关系意味着公司与公众的实质联系。这一实质联系不仅包括"说"，更包括"做"。因此，为公众尽可能提供最好的服务是任何和谐公共关系的基础。

你可能会说，人们对优良服务的欲望远超过你拥有的钱，如果你有足够的钱就能够提供最好的服务。但是，先生们，优良服务还包括许多与钱无关的方面。让你的雇员对汽车里的乘客更有礼貌不会让你花掉更多的钱。对于美国的电车和火车这两个行业来说，最有用的莫过于来一场"礼貌优先"运动——让职工对乘客更有礼貌。

五、"礼貌优先"运动从何处入手

如果领导要求员工对公众有礼貌，而自己却对员工无礼，那么谈"礼貌"就是毫无意义的。"上行下效"这句俗语在大多数公司中都成立。如果领导对员工有礼貌，那么员工就会尽可能对公众有礼貌。这是不用钱就能够办到的事。

以严肃认真的态度对待投诉也不需要花钱。如果公司接到一个投诉，那么我们可以推断，还有许多人受到了所投诉之事的影响，只不过他们没有说出来。

我们应该把提出合理投诉的顾客视为朋友，而且要认真核查投诉反映的情况。如果可以改正，就必须改正。如果解决不了，就应对投诉者给出坦诚、公正的解释作为回应，告诉他无法改正的理由。

公共服务企业最应该做的一件事是出版一份"投诉公告"，其中印上每一条投诉以及对它的回应。对于有牢骚的人，不管他有没有把牢骚发出来，这个世界上最能够让他们满意的事情就是看到自己的意见被印刷出来，获得表达不满的机会。

六、管理层的个人态度

另一种不用花钱的东西是"腔调"，即管理层个人对客户、媒体和置身其中的社会的态度。

如果人们感觉到管理层对人们的期待、感受和情绪抱持强硬、无所谓且不回应的态度，他们也不会关心公司发生的事情。

但是如果人们感觉到公司正面临着一个异常艰辛的局面，而公司的管理层正为此竭尽全力，人们就会倾向于同情处在困境中的管理者。

一个铁路公司的领导者并不一定是一个健谈者，我认为最重要的是他应该是一个实干家。从领导者对说和做的态度，可以看出他对新事物是否持开放心态。

全部公关策略的另一个基本要素是向顾客表达我们的同情，尤其是在发生事故的时候。

公众倾向于认为，铁路公司只会关切那些需要花钱才能平息整治的事故。一些公司发出的声明听起来十分冷血。他们貌似对受害者缺少起码的同情和悲悯。

然而，铁路管理者和所有人一样是血肉之躯而非草木。当事故发生的时候，他们为什么不让人们知道受害者的遭遇同样引起了他们的悲痛之情？

要让人们明白，当和电车公司或其他公共服务企业的领导者打交道时，他们面对的是人，不是机器。

七、专门利己的策略不是好策略

我上述的意思能够通过以下这个例子获得很好的阐述，这个例子是西联电报公司针对政府推进所有制政策问题而正在实行的策略。公司领导说道：

"我们不知道政府所有制——电报事业收归国有——是不是最好的方案。我们相信如果电报变成了政府所有，我们能够获得与我们财产实际价格相当的赔偿。在现阶段，我们预设的责任是尽可能提供最好的服务；而下一步则是为人们提供我们能提供的一切信息，以便让大家在所有制问题上得出合理的结论。"

"我们相信，在任何有关政府所有制的调查中，我们的主要价值是作为专业证人而存在。公民是我们的首要角色。如果对于美国人民来说，电报收归政府所有是最佳选择，那么西联电报公司也认为如是理所应当。不过我们并不认为这是一个明智的决定，当然我们的判断也可能是错的。我们会尽力帮你弄明白到底什么才是明智的决定。"

上述陈述所呈现的策略可以被公共服务企业用于市政财产所有权的斗争中。

为什么有必要告诉大家你正在做什么？尽管你或许提供了最好的服务，尽管你或许做了一切该做的事情，尽管你承担了一切应该承担的角色，公众却会倾向于认为这一切都是天经地义的。打个比方，就像人们认为自来水的供应是天经地义的。在自来水供应状况良好的时候，没有人会想到它；而一旦自来水哪怕被污染了一丁点儿，或者供应量减少了，所有人立马都会激动起来。

公众对所有公共服务企业的态度里包含着许多基本要素，这些要素决定了告诉公众你在做什么是十分必要的。如果光靠嘴说的话，你不可能将这些事告诉足够多的人，因此你得将它们变成铅字印刷出来。

正如拜伦有诗云：

文辞妙韵何所似？

恰似甘露落碧水。

滴翠溅得千浪舞，

片墨唤出万思飞。

如果你希望通过铅字来发言的话，那么你所说的东西必须是有意思的。

举个例子，在多年以前一个寒冷的冬日，宾夕法尼亚铁路公司的总经理给每个道班领班都发了一份通知：在火车驶入之时，领班吹响警报哨子后，还必须确认每一个工人听到他吹了哨子；领班不可自顾自地一吹了事，所有工人皆应听到哨响，以提前作出反应，保护好自己。——这是因为天气寒冷，大多数轨道工人都带着厚厚的耳套。

八、公众对"人"感兴趣

上述案例的秘密武器是"人"，这还是很有意思的。这件事在全美国都被报道了。宾夕法尼亚铁路公司的管理层对他们的员工给予的深切情意，给人们留下了深刻的印象。在形成舆论方面，与此案例相类似的一件小事情，其作用会远胜于长篇大论。

同样有意思的案例还有一家著名的电车公司在夏季开展的公关工作进行的实践：它每周为员工提供三套清洗干净的白帆布西装，很少有人知道这件事。人们每天都看见这些员工穿着干净漂亮的西装，然后认为这是理所应当的。但是如果人们知道这家电车公司为员工提供免费服装和免费干洗服务，他们便会对公司的管理理念给予更高的评价。

九、说人话——远离那些只有法律思维的律师

通过纸媒发言时，要表现得人性化一点，自然一点，用大众的语言说话。

我们能够为铁路公司和电车公司——事实上应该是为全美国的公

共服务企业——做的最伟大的事，正是比利·森戴为宗教所做的事。比利·森戴最伟大的成就在于他用大众的语言和大众——那些挤着公共汽车赶去打球的人、那些嚼着口香糖吐着烟沫的人——说话。人们了解比利，比利也了解他们，比利走进了对方的内心。在最富有教养的英格兰地区，他比任何布道者都更能打动人们，影响人们生活中的行为。

当你试图用大众的语言说话的时候，记得远离律师。在我见过的情况中，律师的插手比其他任何方式都更能毁掉公众本应给予的理解和同情。每当律师开口对公众说话时，他总是把情况弄得一团糟。他或许善于解释法律程序，但公众对他表达的内容却完全是丈二和尚摸不着头脑。

整整100年以前，艾德蒙·伯克写道，律师"通过组织各种形式和礼节将全世界和他们自己弄得一头雾水，用形而上学的行话将最简单的问题复杂化。仿佛外行一旦缺少律师的忠告和帮助，擅自迈出细微一步也会带来极大危险"。

H.G. 威尔斯在他最近写的一本书中提道："律师们将大多数中世纪行会组织的错误拖进了现代生活。他们固守的法律和程序的架构还没有被现代精神改造，他们的思维还是中世纪争论时的调子。我们现在亟须的并非让律师不再插手我们的事务，而是清除法律界遗留的'发套—长袍'式旧思维，并寻找和培养新的律师。"

当然，会有"新律师"出现。比起传统律师，他们会更像"人"。

被"发套—长袍"式旧思维困住的传统律师会更看重权利而非正确之事。对他来说，惯例就是一切，它存在于万事万物之中；传统必须被遵从；职业礼仪比任何东西都要神圣。

十、大众就是力量

我和所有人一样尊重法庭。但律师们倾向于把法庭、立法机构和公共服务委员会看作令人敬畏的组织，以至于将它们当成终极决定者。他们忘了这些机构是由人民大众创造的。他们总是奔向这些法律机构，却忽视了人民——一切权力的源头。我一直坚持的信条是：将你的故事告诉公众。

如果你能直接面向公众，并让他们支持你，那么你就能够确保立法机构、委员会和其他力量最终都会为你让步。

我十分认同对法统持尊敬态度。但如果法统本身犯了错误，每个公民都有义务在抗议中发出自己的声音。如果人们在反对某一法律条文或者法庭决议上站在了你这边，那么该法律或者决议的改变将只是时间问题。

你或许会说这是一个目光短浅的策略，它终将损害你的利益。因此你必须迎合委员会或者政府。

然而过去几年里，公共服务委员会在判断上犯了大错。大多数委员个人是诚实的，但他们却在玩弄当下的政治，而对他们的政策将对公众产生什么长远影响一无所知。

让公众知晓一切，如果你是对的，你就会成为赢家。

十一、为什么要信任报纸？

当你跟公众打交道，当你通过铅字讲述你的故事，你当然绕不开报纸。全然地信任报纸吧！不要把它们仅仅当成报纸，要把它们看作公众的代言者。

十二、利用好所有你能购买的广告版面

利用好你有能力购买的所有广告版面。人们对那么多的事情都有兴趣，因此你必须付出格外的努力才能够吸引他们的目光。很多内容以新闻的形式印刷在报纸的新闻版上，而人们并非总是阅读新闻版。

广告版最重要的价值不是把信息塞进报纸——你总是可以把信息以新闻的形式放上去，而是能够规划好你自己的版面位置，写你自己拟定的大标题，展示你自己的排版。通过这种方式，你起码能够在转瞬即逝间抓住读者的眼球。

除非你能够让人们把注意力从眼前一大堆吸引他们的东西上移开，否则实在没有多少印刷媒体可以让我们选择。

让我们进行最后的总结吧！"是什么"、"做什么"远比"说什么"更为重要；一个运用公关策略的人必须彻底相信自己是正确的，同时他可以通过"真理喜欢阳光"这条原则证明自身策略的正当性；他能够心安理得地依靠这一真理所具有的纯粹价值。

如果你献身于让公众了解真相的事业，那么你便会百分之百相信，公众判断真理的能力会为你带来真正的自由。

参考文献

Books and Pamphlets

1. Albig, William: *Public Opinion*, New York: McGraw-Hill Book Co., 1939.
2. Batchelor, Bronson: *Profitable Public Relations,* New York: Harper & Bro., 1938.
3. Bent, Silas: *Ballyhoo: The Voice of The Press,* New York: Horace liveright, 1927.
4. Bernays, Edward L.: *Public Relations*, Norman: University of Oklahoma Press, 1952.
5. Beuick, Marshall: *Bibliography of Public Relations*, New York: privately printed, 1947.
6. Brook, Henry: *Meddlers*, New York: Ives Wasburn, 1930.
7. Broughton, Averell: *Careers in Public Relations:The New Profession.* New York: F. P. Dutton and Company Inc., 1943.
8. Buck, Paul H.: *The Road to Reunion:1865-1900*, New York: Vintage Books, 1959.
9. Burnett, Verne: *You and Your Public.* New York:Harper & Bros., 1943.
10. Childs, Harwood Lawrence: *A Reference Guide to the Study of Pubilc Opinion.* Princeton: N.J. privately printed, 1934.
11. Cochran, Thomas C.: *The American Business System: A Historical Perspective, 1900-1955,* Cambridge, Massachusetts, Harvard University Press, 1957.
12. Cochran, Thomas C.: *Basic History of American Business*, Princeton, N.J.: Van Nostrand Company Inc., 1959.
13. Commager, Henry Steele: *The American Mind: An Interpretation of American Thought and Character Since the 1880's*, New Haven: Yale University Press, 1950.
14. Commons, John R.: *Industrial Goodwill*, New York: McGrawHill

BookCompany, Inc., 1919.

15. Curti, Merle: *The Growth of American Thought*, New York: Harper & Bros., 1951.

16. Cutlip, Scott M. and Center Allen H.: *Effective Public Relations*, Englewood Cliffs, New Jersey: PrenticeHall, Inc., 1952.

17. Cutlip, Scott M.: *A Public Relations Biblidgraphy*, Madison: University of Wisconsin Press, 1957.

18. Doob, Leonard W.: *Propaganda: Its Psychology and Technique*, New York: Henry Holt and Co., 1935.

19. Doob, Leonard W.:*Public Opinion and Propaganda,* New York: Henry Holt and Co., 1948.

20. F*acts Concerning The Struggle in Colorado or Industrial Freedom*, Denver: privately printed, 1914.

21. Faulkner, Harold Underwood: *American Political and Social History*, New York: Appleton-Century-rofts, Inc.,1948.

22. Flynn, ohn T.: *God's Gold: The Story of Rockefeller and His Time.* New York: Hardcourt, Brace and Co., 1932.

23. Fosdick, Raymond B. John D. Rockfeller, Jr.: *A Portrait*, New York: Harper and Bro., 1956.

24. Gabriel, Ralph Henry: *The Course of American Democratic Thought*, New York: The Ronald Press Co., 1956.

25. Gibb, George Sweet and Knowlton Evelyn H.:*The Resurgent Years, 1911-1927: History of Standard Oil Company* (New Jersey), New York: Harper and Bro., 1956.

26. Goldman, Eric F.:*Two-Way Street: The Emergence of The Public Relations Counsel*, Boston: Bellman Publishing Co., 1948.

27. *Readings in Public Opinion*, Edited by W. Brooke Graves, New York: D. Appleton and Co., 1928.

28. Griswold, Glenn, and Griswold, Denny: *Your Public Relations*, New York : Funk & Wagnalls, 1948.

29. Harris, Joel Chandler: *Life of Henry Grady*, New York: Cassell Publishing Co., 1890.

30. Hofstadter, Pichard: *The Age of Reform*, New York: Alfred A. Knopf, Inc., 1955.

31. Irwin, Will: *Propaganda and the News*, New York: Mcgrawhill Book Company, Inc., 1936.

32. Josephson, Matthew: *The Robber Barons*, New York: Harcourt, Brace and Co., 1934.

33. Lasswell, Harold D., Casey, Ralph D., and Smith, Bruce Lannes:

Propaganda and Promotional Activities, Minneapolis: University of Minnesota Press, 1935.

34. Lee, Alfred McClung: *The Daily Newspaper in America,* New York: The Macmillan Company, 1947.

35. Lee, Ivy: *The American Railway Problem*, London: B. F. Stevens & Brown, Publishers, 1910.

36. Lee, Ivy: *The City for the People: The Best Administration New York Ever Had*, New York: Citizens Union, 1903.

37. Lee, Ivy: *The Crux of the Railroad Difficulty*, New York: privately printed, 1916.

38. Lee, Ivy: *Human Nature and the Railroads*, Philadelphia: E.S. Nash &Co., 1915.

39. Lee, Ivy: *Memories of Uncle Remus: Joel Chandler Harris as Seen and Remembered by a Few of His Friends*, New York: By the author,1908.

40. Lee, Ivy: *Present-Day Russia*, New York: The Macmillan Co., 1928.

41. Lee, Ivy: *The Press Today: How the News Reaches the Public*, New York: privately printed, 193?.

42. Lee, Ivy: *The Problem of International Propaganda*, New York: privately printed, 1934.

43. Lee, Ivy: *Publicity for Public Service Corporations*, New York: privately printed, 1916.

44. Lee, Ivy: *Publicity: Some of the Things It Is and Is Not*, New York: Industries Publishing Co., 1925.

45. Lee, Ivy: *Railway Progress in the United States*, London: B.F. Stevens & Brown, Publishers, 1912.

46. Lee, Ivy: *The Truth About the Asphalt Trust*, New York: privately printed, 1906.

47. Lee, Ivy: *USSR: A World Enigma*, New York: privately printed, 1927.

48. Lee, Ivy: *The Vacant Chair at the Council Table of the World,* New York: privately printed, 1922.

49. Lee, James Wideman: *The Geography of Genius*, New York: Fleming Revell Co., 1920.

50. Lee, James Wideman: *The Making of a Man*, New York: Cassell Publishing Co., 1892.

51. Lee, James Wideman: *The Religion of Science: The Faith of Coming Men*, New York: Fleming Revell Co., 1912.

52. MacNeil, Neil: *Without Fear of Favor*, New York: Harcourt Bruce and Co., 1940.

53. Mott, Frank Luther: *American Journalism*, New York: The Macmillan Co., 1942.
54. Mumford, John Kimberly: *A Physician to Corporate Bodies*, New York: Industries Publishing Co., 1925.
55. Nevins, Allen: *Study in Power: John D. Rockefeller, Industrialist and Philanthropist*, 2 vols, New York: Charles Scribner's Sons, 1953.
56. Nixon, Raymond B. Henry W. Grady: *Spokesman of the New South*, New York: Alfred A. Knopf, 1943.
57. *Occasional Papers*: Edited by Ivy Lee, New York: privately printed, 1934.
58. Parrington, Vernon Louis: *The Beginning of Critical Realism in America*? 1860-1920, New York: Harcourt, Brace.
59. Pimlott, J.A.R.: *Public Relations and American Democracy*, Princeton, N.J.: Princeton University Press, 1951.
60. Presbrey, Frank: *The History and Development of Advertising*, Garden City, New York: Doubleday, Doran & Company Inc., 1929.
61. Regier, C.C.: *The Era of The Muckrakers*; Gloucester, Mass.: Peter Smith, 1957.
62. Rockefeller: *John D. Statement Before the United States Commission on Industrial Relations*, New York: privately printed, 1915.
63. Ross, T. J.: *Public Relations: Some Basic Attitudes*, New York: privately printed, 1958.
64. Schlesinger, Arthur Meier: The Rise of the City, 1878-1898, New York: The Macmillan Company, 1933.
65. Schotter, H.W.: *The Growth and Development of The Pennsylvania Railroad Company: 1846-1926*, Philadelphia Allen, Lane & Scott, 1927.
66. Sinclair, Upton: *The Brass Check: A Study of American Journalism*, New York: Albert & Charles Boni, 1936.
67. Smith, Bruce Lennes, Lasswell, Harold D. and Casey, Ralph D: *Propaganda, Communication, and Public Opinion: A Comprehensive Reference Guide,* Princeton, N.J.: Princeton University Press, 1946.
68. Stover, John F: *American Railroads,* (The Chicago History of American Civilization Series), Chicago: University of Chicago Press, 1961.
69. Tarbell, Ida M.: *The History of The Standard Oil Company*, New York: McClure, Phillips & Co., 1904.
70. Tarbell, Ida M.: *The Nationalizing of Business: 1878-1898,* New York: The Macmillan Co., 1936.
71. Untermyer, Samuel: *Report and Recommendations of Special*

Counsel, New York: State Transit Commission, 1927.
72. Walker S. H. and Sklar, Paul: *Business Finds Its Voice*, New York: Harper & Bros., 1938.
73. West, George P.: *Report on the Colorado Strike*, Washington, D.C.: Commission on Industrial Relations, 1915.
74. Wish, Harvey: *Society and Thought in Modern America*, New York: Longmans, Green and Co., 1952.
75. Woodward, C. Vann: *Reunion and Reaction*, Boston: Little, Brown and Co., 1951.
76. Woodward, C. Vann, Tom Watson: *Agrarian Rebel*, New York: The Macmillan Co., 1938.

Articles and Periodicals

77. Baumgartner, J. Hampton: "Railway Publicity Departments," *Railway Age Gazette*, LV (July 18, 1913), p. 90.
78. Bent, Silas: "Ivy Lee: Minnesinger to Millionaires," *New Republic*, LXI (November 20, 1929), pp. 369-372.
79. Bernays, Edward L.: "The Revolution in Publicity," *Saturday Review of Literature*, XXIV (November 1, 1941), pp. 3-4.
80. "Bridge in Business," *Editor and Publisher*, VII (January 18, 1908), p.2.
81. Creel, George: "Poisoners of Public Opinion," *Harper's Weekly*, LIX (November 7 and November 14, 1914), pp.436-438, 465-466.
82. "Department of Public Policy and Relations," *Railway Age Gazette*, LIX (August 27, 1915), pp.376-377.
83. "The Difference Between 'Public Relations Advisor' and 'Press Agent'," *Printer's Ink*, CXXXIX (June 1927), pp.10-12.
84. Dorney, Joseph: "The Railroad Press Agent," *Railway Age Gazette*, LXII (May 4, 1917), p.960.
85. Dudley, Pendleton: "Current Beginnings of Public Relations," *Public Relations Journal*, VIII (April, 1952), pp.8-10.
86. Gras, N.S.B.: "Shifts in Public Relations," *Business Historical Society Bulletin*, XIX (October, 1945), pp.97-148.
87. Hollingsworth, Sydney Pierce: "Pioneers—Blair, Barnum, and Lee," *Public Relations Journal*, I (November, 1945), pp.15-18.
88. Irwin, Will: "The Press Agent, His Rise and Decline," *Collier's* XLVIII (December 2, 1911), pp.24-25.
89. "Ivey Lee: An Extraordinary Press Agent Gives Advice To the Nazis," *Newsweek*, IV (July 21, 1934), pp.24-25.

90. "Ivy Lee: Pioneer of Public Relations," *Scope: Magazine for Industry*, (London: July, 1951), pp. 74-82.

91. "Ivy Lee's Film Revealed As Reich's Press Advisor," *The Literary Digest*, CXVIII (July 21, 1934), p. 15.

92. Kimball, Arthur Reed: "The Profession of Publicist," *The Atlantic Monthly*, XCII (December, 1903), pp. 804-811.

93. "Lee and Company," *Time*, XXII (August 7, 1933), p. 21.

94. Lee, Ivy Ledbetter: "Advertising in Publicity Work," *Electric Railway Journal*, L (October 6, 1917), pp. 617-618.

95. Lee, Ivy Ledbetter: "American Notes of the Week," *The Spectator* (London), CXLII (January- June, 1929), pp. 649, 687, 737, 777, 818, 856, 895, 930, 968. CXLIII (July-December, 1929), pp. 14, 49, 76, 122, 155, 405, 488, 439, 525, 577, 624, 663, 714, 765, 810, 903, 942. CXLIV (January- June, 1930), pp. 14, 51, 86, 121, 158, 194, 229, 271, 311, 364, 427, 476, 522, 606, 814, 1048.

96. Lee, Ivy Ledbetter: "Anomalies in American Politics," *The Spectator* (London), CXLIII (August 24, 1929), p. 245.

97. Lee, Ivy Ledbetter: "The Art of Publicity," *in Book of Business* (4 Vols., New York, 1920), IV, pp. 78-86.

98. Lee, Ivy Ledbetter: "The Black Legend," *Atlantic Monthly*, CXLIII (May, 1929), pp. 577-588.

99. Lee, Ivy Ledbetter: "Commission Regulation of Utilities Is Itself on Trial," *Electric Railway Journal*, L (November 10, 1917), pp. 859-860.

100. Lee, Ivy Ledbetter: "The Duties of an Advisor in Public Relations," *Printers' Ink*, CXL (July 7, 1927), 73-80.

101. Lee, Ivy Ledbetter: "Education in the United States," *The Spectator* (London), CXXXIV (September 7, 1929), p. 302.

102. Lee, Ivy Ledbetter: "Enemies of Publicity," *Electric Railway Journal*, XLIX (March 31, 1917), pp. 599-600.

103. Lee, Ivy Ledbetter: "Features of the American Political Structure," *The Spectator* (London), CXXXIV (August 10, 1929), p. 185.

104. Lee, Ivy Ledbetter: "Higher Fares Benefit the Public," *Electric Railway Journal*, L (September 15, 1917), p. 441.

105. Lee, Ivy Ledbetter: "The How and Why of Publicity," *Electric Railway Journal*, L (July 14, 1917), pp. 52-53.

106. Lee, Ivy Ledbetter: "How Red Cross Money is Handled and Spent," *Review of Reviews*, LVI (December, 1917), pp. 615-616.

107. Lee, Ivy Ledbetter: "How The Costs of Operation Are Steadily

Mounting," *Electric Railway Journal*, XLIX (June 30, 1917), pp. 1180-1183.

108. Lee, Ivy Ledbetter: "How The Costs of Operation Are Steadily Mounting," *Electric Railway Journal,* XLIX (June 23, 1917), pp. 1139-1141.

109. Lee, Ivy Ledbetter: "The Human Nature of Publicity," *Electric Railway Journal,* L (August 4, 1917), pp. 181-182.

110. Lee, Ivy Ledbetter: "Indirect Service of Railroads," *Moody's Magazine,* IV (November, 1907), pp. 580-584.

111. Lee, Ivy Ledbetter: "Interborough Solicits Complaints," *Electric Railway Journal*, XLIX (April 7, 1917), pp. 638-640.

112. Lee, Ivy Ledbetter: "Law in the United States," *The Spectator* (London), CXXXIV (August 17, 1929), p. 216.

113. Lee, Ivy Ledbetter: "The League of Nations: Pacific Relations," *The Spectator* (London), CXLIV (January 4, 1930), p. 15.

114. Lee, Ivy Ledbetter: "Making the Railway Gateways of the City Attractive," *The American City*, XXXVII (September, 1922), pp. 221-224.

115. Lee, Ivy Ledbetter: "The Man Behind Steps Out: A Study in Public Relations," *Public Utilities Fortnightly*, V (February 6, 1930), pp. 141-145.

116. Lee, Ivy Ledbetter: "Modern Lawyer," *World's Work*, VIII (June, 1904), pp. 4873-4880.

117. Lee, Ivy Ledbetter: "Moscow After Twelve Months," *The Spectator* (London), CXXXIV (October 26, 1929), pp. 575-576.

118. Lee, Ivy Ledbetter: "New Center of American Finance," *World's Work,* (November, 1902), pp, 2772-2775.

119. Lee, Ivy Ledbetter: "An Open and Above Board Trust," *Moody's Magazine*, IX (July, 1907), pp. 158-164.

120. Lee, Ivy Ledbetter: "Personality in Publicity," *Electric Railway Journal*, L (August 11, 1917), p. 223.

121. Lee, Ivy Ledbetter: "The Place of Interstate Railroads in Reducing Food Distribution Costs," *Annals of the American Academy of Political and Social Science*, L (November, 1913), pp. 10-19.

122. Lee, Ivy Ledbetter: "Publicity and Propaganda," *in Readings in Public Opinion*, ed. W. Brooks Graves (New York: D. Appleton and Company, 1928).

123. Lee, Ivy Ledbetter: "Railroad Valuation," *Bankers' Magazine,* LXXV (July, 1907), pp. 81-94.

124. Lee, Ivy Ledbetter: "Relationships to the Russian Problem," *Annals*

of the American Academy of Political and Social Science, CXXXVIII (July, 1928), pp. 93-96.

125. Lee, Ivy Ledbetter: "Savings Banks," *World's Work*, IV (September, 1902), pp. 2488-2490.
126. Lee, Ivy Ledbetter: "Some Practical Aspects of the Railroad Problem," *Proceedings of the Academy of Political Science*, VIII (January, 1920), pp. 703-706.
127. Lee, Ivy Ledbetter: "The Technique of Publicity," *Electric Railway Journal*, XLIX (January 6, 1917), pp. 16-18.
128. Lee, Ivy Ledbetter: "A Tour Through Europe Since December," *New York Times*, (May 18, 1919), pp. IV, 8.
129. Lee, Ivy Ledbetter: "Vacant Chair at the Council Table of the World," *Current Opinion,* LXXIII (December, 1922), pp. 763-766.
130. Lee, Ivy Ledbetter: "What A Publicity Bureau Could Do," *Electric Railway Journal*, L (August 18, 1917), pp. 265-267.
131. Lee, Ivy Ledbetter: "Whole-Hearted Publicity," *Electric Railway Journal*, L (August 25, 1917), pp. 304-305.
132. "Manufacturing Public Opinion," *McClure's Magazine*, (February, 1906), pp. 450-452.
133. Markey, Morris: "Merchants of Glory," *The New Yorker*, II (August 28, 1926), p. 25.
134. McPherson, Logan G: "A Concerted Movement of the Railways," *North American Review*, CXCVII (January, 1913), pp. 40-49.
135. Morse, Sherman: "An Awakening in Wall Street," *American Magazine*, LXII (September, 1906), pp. 457-463.
136. Mumford, John Kimberly: "Who's Who in New York, Number 55," *New York Herald Tribune*, (April 5, 1925).
137. *New York Herald Tribune*, 1925-1935.
138. *New York Journal*, 1895-1905.
139. *New York Times*, 1900-1935.
140. *New York World*, 1895-1905.
141. Parrish, Wayne W.: "Ivy Lee: 'Family Physician to Big Business'," *The Literary Digest*, CXVII (June 9, 1934), p. 30.
142. Pringle, Henry F.: "His Master's Voice," *The American Mercury*, IX (October, 1926), pp. 145-153.
143. "The Public Is Not Damned," *Fortune*, XIX (March, 1939), pp. 83-114.
144. "The 'Publicity Men' of Corporations," *The World's Work*, VIII (June, 1906), p. 7703.
145. "Puppeteer," *Scholastic*, XXV (October 20, 1934), p. 23.
146. "Realist Looks at Russia," *Business Week*, (January 29, 1930), pp.

35-36.
147. "T.J. Ross, Pioneering Public Relations Counselor," *Printer's Ink*, (June 13, 1958), pp. 65-67.
148. "USSR, A World Enigma," *China Weekly Review*, XLII (September 24, 1927), pp. 85-87.
149. Wisehart, M.K.: "How Big Men Think and Act," *The American Magazine*, CVIII (July, 1929), p. 30.

Public Documents and Unpublished Material

150. Berlin, Arnold Mark: "Ivy Lee," Unpublished Senior Thesis, School of Public and International Affairs, Princeton University, 1947.
151. Collier, John T.: "Public Relations in the Railroad Industry," Unpublished thesis, American University, 1954.
152. Lee, Ivy Ledbetter: Miscellaneous Publications, Fourteen speeches, pamphlets, and other materials, bound in one volume, by the Princeton University Library, Princeton, N.J..
153. Lee, Ivy Ledbetter: Scrapbooks, Four volumes; vol. I, Campaign Literature for the 1904 Democratic National Presidential Campaign; vol. II, Newspaper Clippings of the 1904 Democratic National Presidential Campaign; vol. III, World War I War Loan Bond Propaganda Literature and Posters; vol. IV, World War I American Red Cross Campaign Literature and War Work Posters and Literature. Princeton University Library, Princeton, N.J..
154. U.S. Congress, House, Special Committee on Un-American Activities. Investigation of Nazi Propaganda Activities and Investigation of Certain Other Propaganda Activities, Vols. I-XVIII. 73rd Cong., 2d Sess., 1934.
155. U.S. Congress, Senate, Commission on Industrial Relations, Final Report and Testimony, Vols. I-XI. 64th Cong., 2d Sess., 1916.
156. U.S. Congressional Record, Vol. LI.
157. U.S. Recognition of Russia. Princeton Library Collection of pamphlets. Vol. VII. Princeton, N.J..

Courtier to the Crowd: Ivy Lee and the Development of Public Relations in America

Copyright ©1963 by Ray Eldon Hiebert

Copyright @ 2014 by Communication University of China Press Ltd.

图书在版编目（CIP）数据

取悦公众：公关之父艾维李·和美国公关发展史 /
（美）赫伯特著；胡百精，顾鹏程，周卷施译.
（公共传播文丛·译著）
— 北京：中国传媒大学出版社，2013.4（2017.1 重印）
ISBN 978-7-5657-0669-1

Ⅰ.①取… Ⅱ.①胡… ②顾… ③周… Ⅲ.①李，I.L.—生平事迹
Ⅳ.① K837.125.42

中国版本图书馆CIP数据核字（2013）第043150号

公共传播文丛·译著
主编　胡百精

取悦公众
公关之父艾维·李和美国公关发展史
Courtier to the Crowd: Ivy Lee and the Development of Public Relations in America

著　　者	〔美〕雷·埃尔顿·赫伯特（Ray Eldon Hiebert）
译　　者	胡百精　顾鹏程　周卷施
策划编辑	司马兰　姜颖昳
责任编辑	司马兰　姜颖昳　范明懿
封面设计	拓美设计
责任印制	曹　辉
出 版 人	蔡　翔

出版发行	中国传媒大学出版社		
社　　址	北京市朝阳区定福庄东街1号	邮　编	100024
电　　话	86-10-65450532 或 65450528	传　真	010-65779405
网　　址	http://www.cucp.com.cn		
经　　销	全国新华书店		
印　　刷	北京中科印刷有限公司		
开　　本	787mm×1092mm　1/16		
印　　张	14.75		
版　　次	2014年5月第1版　2017年1月第2次印刷		
书　　号	ISBN 978-7-5657-0669-1/K·0669	定　价	49.00元

版权所有　　翻印必究　　印装错误　　负责调换